KAS

광고지성총서

03

광고와 사회 그리고 광고비평

이희복 · 소현진 · 지원배 · 서영택 · 최일도
안주아 · 정승혜 · 최민욱 · 오창우 · 차유철 공저

ADVERTISING, SOCIETY, AND ADVERTISING CRITICISM

학지사

발간사

광고지성의 향연

지난 1989년 10월 14일, 한국광고학회 창립총회를 개최한 이후 2019년에 접어들어 학회 창립 30주년을 맞이했습니다. 사람으로 치면 서른 살입니다. 그동안 한국광고학회는 한국 사회에서 광고의 중요성을 환기하는 데 크게 기여했습니다. 지나온 날들의 성과는 분명 눈부셨지만, 미디어 환경이 급변함에 따라 광고와 광고학은 잠시 멈칫거리고 있습니다. 창의성, 인공지능, 블록체인이 인류의 미래를 결정한다는 전환기에 서서, 이제 우리는 광고의 새로운 방향을 모색해야 합니다. 이런 상황에서 한국광고학회 30주년을 기념하는 『광고지성총서』는 광고학계와 광고업계에 새로운 방향성을 제시할 것으로 기대됩니다.

이 총서는 '체인지(Change, 체력, 인화, 지성)'의 가치를 지향하는 제24대 한국광고학회에서 야심 차게 준비한 기획물입니다. 이 총서를 통해 한국광고학회의 체력(體力)을 증진하고, 회원들 사이의 인화(人和)를 촉진하며, 광고지성(知性)이 나아갈 새로운 좌표를 찾기를 기대합니다. 일찍이 플라톤은 『향연(饗宴)』에서 좋은 것(아름다운 것)을 소유하려는 욕망을 에로스라고 정의하고, 정신적인 출산을 추구하는 것도 에로스의 뜻이자 아름다움의 이상향에 도달하는 길이라고 설명했습니다. 정신의 자식을 분만하는 과정에서 105명의 필자가 자주 산통(産痛)을 느끼며 광고의 오늘과 내일을 고민했다는 점에서, 이 총서는 모름지기 집단지성의 플랫폼이자 광고지성의 향연이라 할 수 있습니다.

제1권『한국 광고학연구 30년과 전망』(편집책임 한상필)에서는 한국광고학회의 창립 30주년을 맞이해 지난 30년 동안의 학회 활동을 분석하고 광고학 연구의 발자취를 돌아보았습니다. 제2권『한국의 광고산업과 광고제도』(편집책임 김봉철)에서는 광고산업을 구성하는 단위들이 어떻게 발달해 왔고 어떤 기능을 해 왔는지 체계적으로 분석하고 정리했습니다. 제3권『광고와 사회 그리고 광고비평』(편집책임 이희복)에서는 급변하는 환경에서도 결코 변하지 않는 광고와 사회에 대한 본질을 비평적 관점에서 탐구했습니다. 제4권『소비자심리와 광고 PR 마케팅』(편집책임 이병관)에서는 소비자심리학의 여러 개념을 알기 쉽게 설명하고 광고와 PR 및 마케팅 현장에 적용하는 방안을 제시했습니다. 제5권『광고와 마케팅의 새로운 세계』(편집책임 나준희)에서는 마케팅에서 광고가 어떻게 작동해야 하는지에 대한 이론적 기반을 제시함으로써 광고 활용의 새로운 세계를 모색했습니다.

제6권『디지털 시대의 광고 크리에이티브』(편집책임 윤일기)에서는 디지털 융합 시대에 적합한 광고 크리에이티브의 새로운 차원을 살펴보고 실무적으로 유용한 지침을 제안했습니다. 제7권『광고 미디어의 현재와 미래』(편집책임 박현수)에서는 급변하는 미디어 환경을 살펴보고 광고와 미디어가 나아갈 미래의 방향과 시각을 전망했습니다. 제8권『스마트 광고 기술을 넘어서』(편집책임 김현정)에서는 우리 시대의 스마트 광고 기술에 대해 살펴보고 기술이 광고의 미래를 어떻게 바꿀 것인지를 여러 각도에서 조망했습니다. 제9권『빅데이터의 분석방법과 활용』(편집책임 정원준)에서는 학술적 · 실무적인 사례를 바탕으로 광고와 PR 영역에서 두루 활용할 수 있는 다양한 빅데이터 분석방법에 대해 설명했습니다. 제10권『광고 지성과 철학의 지평선』(편집책임 강승구)에서는 광고의 개념과 본질을 철학적으로 분석함으로써 광고지성의 가치를 환기하는 동시에 광고철학의 가능성을 탐색했습니다.

상당한 비용이 들어가는 10권의 총서가 출판되기까지 정신적으로 그리고 재정적으로 여러분의 도움을 받았습니다. 한국언론진흥재단의 민병욱 이사장님, 제일기획의 유정근 대표님, 이노션의 안건희 대표님, HS애드의 정성수 대표님, 대홍기획의 홍성현 대표님, TBWA의 이수원 대표님, 나스미디어의 정기호 대표님, 메조미디어의 이성학 대표님께 감사드립니다. 이분들의 후원이 없었다면 『광고지성총서』는 결코 세상에 나오지 못했을 것입니다. 이 지면을 빌려 다시 한 번 감사드립니다. 한국광고학회 회원들은 이 총서가 출판되기까지 도와주신 분들에 대한 고마움을 앞으로도 오래오래 기억할 것입니다.

광고지성을 모색하느라 수고하신 105명의 필자는 우리에게 새로운 비전과 깊은 통찰력을 제시하셨습니다. 갈수록 어려워지는 출판 여건에도 불구하고 10권의 책을 기꺼이 출판해 주신 학지사의 김진환 사장님과 최임배 부사장님께 감사드립니다. 편집부 관계자들께서는 난삽한 원고를 손보고 책의 구성을 갖추어 정말 빛나는 총서로 만들어 주셨습니다. 총서를 기획하던 첫 순간부터 끝마무리까지 수고하신 연구이사 김현정 교수님과 편집책임을 맡은 10명의 교수님께도 고마운 마음을 전합니다. 아인슈타인은 "지성의 참된 모습은 지식이 아닌 상상력에서 드러난다."라고 했습니다. 독자 여러분께서는 이 책을 통해 지식만을 얻지 마시고 상상력을 확장하시기를 바랍니다. 우리가 진정으로 추구해야 할 것은 지식보다 상상력이기 때문입니다. 바로 이 점이 『광고지성총서』를 기획하던 순간에 떠올랐던 저의 처음 생각이었습니다.

2019년 12월 5일

한국광고학회 제24대 회장 김병희 삼가 적음

머리말

이 책『광고와 사회 그리고 광고비평』을 읽는 독자라면 광고가 다양한 사회문화를 배경으로 한 마케팅 커뮤니케이션이라는 것을 쉽게 이해할 수 있다. 미디어 환경이 변하고 소비자가 스마트해진다 해도 광고는 사람과 사회에서 벗어나지 못한다. 이 책은 변화하는 환경에서 변하지 않는 광고와 사회에 대한 본질을 탐구하여 학술적 · 실무적 함의를 제공하기 위해 기획되었다. 또 다른 측면에서 광고는 언론과 미디어에 주요한 기여를 하고 있다. 광고는 사회와 필연적 관계를 맺고 있으며, 또한 시대와 소비자에 맞게 새롭게 규명해야 할 다양한 주제를 끊임없이 만들어 내고 있다. 그러나 이를 토의할 수 있는 국내의 텍스트는 매우 부족하며 관련 연구자들이 단편적이고 일회적인 논문으로 풀기 어려운 실정이다. 따라서 보다 다양한 주제를 하나로 묶어 호흡을 길게 다룰 수 있는 단행본 저술이 효과적이지만 개인 연구자 수준에서는 추진하기 힘든 과제이다.

이번 한국광고학회 30주년 광고지성총서 10권 중에서『광고와 사회 그리고 광고비평』은 이러한 맥락을 담아내고자 하였다. 광고와 사회 관련 담론을 주제로 본격적인 지상 토론을 이어가고자 한다. 비록 지면의 한계가 있지만, 그동안 해묵은 광고의 주제들을 나열하면서 이를 심도 있게 논의할 수 있는 장을 펼치고자 하였다. 먼저 이 책이 나오기까지 도움을 주신 분들 그리고 뒤에서 수고하신 한국광고학회 회장님과 집행부에 감사를 전한다.

광고는 '사회를 비추는 거울(Mirror Of Society: MOS)'로서의 입장과 '사회를 바꾸는 매체(Agent Of Change: AOC)'라는 두 가지 시선으로 바라볼 수 있다. 이 책은 학부에서 광고를 전공하는 학생들에게, 또한 광고에 관심이 있는 미래의 광고인에게 광고를 둘러싼 10가지 주제를 제시하였으며, 이를 광고비평의 출발로 삼아 생각하고 구성하고 말하고 나누고 글 쓰는 과정으로 예비 전문가 또는 스마트한 소비자로서의 준비가 가능하다. 이 책을 통해 광고와 사회의 문제를 명확하게 바라볼 수 있는 관점을 갖게 될 것이다.

이 책은 광고와 사회 관련 주제로 각 장(chapter)을 구성하였고, 대학 한 학기 수업에 적당한 10개 장으로 기획하였다. 주제별로 문헌연구와 사례연구 등을 수행하여 토론하고 이를 글로 작성하였다. 각 장의 저자와 주요 내용은 다음과 같다.

제1장 '광고와 소비'는 성신여자대학교의 소현진 교수가 저술하였다. 필자는 "광고는 자본주의와 떼려야 뗄 수 없는 관계를 맺고 있다. 광고는 과도한 소비를 부추기고 가치 없는 소비를 일으킨다는 비판을 받아 온 것이 사실이다."라고 하면서 광고가 소비 생활에 미치는 긍정적 · 부정적 영향에 대한 논의를 중심으로 광고와 소비의 관계를 살펴보았다. 필자는 이 장을 통해 광고와 소비의 관계에 대한 우리의 인식이 더 구체화되기를 기대하였다.

제2장 '광고와 어린이'는 한신대학교의 지원배 교수가 저술하였다. 필자는 "어린이라는 특수성으로 인해 광고 사이에 다양한 의제가 나타나고 있다."라고 하면서 광고가 어린이에게 미치는 영향, 광고 속에 나타난 어린이들의 표현, 인지능력이 완벽하지 않은 어린이에게 광고가 가져다주는 사회문화적 의미, 디지털 시대 어린이들의 광고매체 소비행태의 진화 등을 논의하였다. 어린이와 관련된 광고 현황과 표현방식, 사회문화적 쟁점을 다루었다.

제3장 '공익광고'는 한국방송광고진흥공사의 서영택 박사가 저술하였다. 필자는 "광고를 통해 우리 사회가 당면하고 있는 여러 가지 문제에 대해 사회 구성원들 간의 인식을 공유하고, 올바른 해결 방안을 제시하며, 바람직한 행동변화를 유발함으로써 사회의 건전한 발전을 견인한다."라고 평가하면서 "광고가 사회를 비추는 거울이면, 공익광고는 우리 사회를 이끄는 나침반"이라고 하였다. 공익광고의 역사와 발

전과정, 당면과제 등을 소개하였다.

제4장 '정부광고 제도의 함의'는 한국언론진흥재단의 최일도 박사가 저술하였다. 필자는 "정부광고를 법으로 정하여 시행하도록 한 목적은 '국민의 세금으로 집행되는 정부광고 비용의 효율성과 투명성 제고'에 있다."라고 하면서 정부광고 수수료가 광고산업 발전, 연구지원 등 공적 책무에만 사용되므로 순기능 활성화 방안 마련의 필요성을 강조하였다.

제5장 '불편광고'는 상지대학교의 이희복 교수가 저술하였다. 필자는 내용적인 측면에서 또는 기술적 · 형식적인 측면에서 불편광고(不便廣告, Inconvenience Advertising)라는 새로운 주제를 소개하였다. 그러나 불편광고에 대해서는 본격적인 연구와 통계가 부족한 실정으로 소비자가 외면하는 광고가 아닌 소비자의 눈과 귀를 끌 수 있는 편한 광고, 착한 광고가 시급한 상황이라고 하며, 불편광고에 대한 논의를 본격적으로 펼쳐야 할 때라고 주장하였다.

제6장 '선정적 광고'는 동신대학교의 안주아 교수가 저술하였다. 필자는 선정성의 개념과 정의를 살펴보고, 선정적 광고의 유형과 사례를 분석해 봄으로써 선정적 광고가 사회에 미치는 영향에 대해서 생각해 보았다. 향후 선정적 광고의 미래와 방향에 대해 학습하고 논의하는 것을 목적으로 하면서 새로운 토의 주제를 제안하였다.

제7장 '광고와 스테레오타입'은 서울여자대학교의 정승혜 교수가 저술하였다. 필자는 "숨은 그림 찾기처럼 우리가 알아차려야 하는 오류가 광고 속 스테레오타입"이라고 지적하면서 광고 속 고정관념이 특정 대상을 바라보는 우리의 관점과 시각에 지대한 영향을 미쳐 사회에 불평등한 결과를 야기할 수 있다고 주장하였다. 광고에서 스테레오타입이 구체적으로 무엇이고, 어떤 유형과 방식으로 재생산되고 규제되고 있는지를 살펴보았다.

제8장 '부당광고'는 남서울대학교의 최민욱 교수가 저술하였다. 필자는 부당광고에 대해서 살펴보고 바람직한 규제 방향에 대해 고민하였는데, 부당광고의 개념과 특성에 대해 살펴보고, 부당광고의 유형에 대해 구체적으로 다루었다. 또한 새로운 광고환경에서 부당광고의 바람직한 규제 방향을 논의하였다.

제9장 '광고의 사회적 책임'은 계명대학교의 오창우 교수가 저술하였다. 필자는 "광고의 윤리적 이슈들은 마케팅 커뮤니케이션 전반으로 확대하여 논의하는 것이 바람직하다."라고 하면서 크리에이티브보다는 좋은 제품의 생산 및 판매, 윤리적인 기업의 운영, 지속가능한 가치의 실현 자체가 최고의 마케팅으로 자리 잡는 시대가 되고 있다고 평가하였다.

제10장 '광고비평의 실제'는 우석대학교의 차유철 교수가 저술하였다. 이 장은 이 책의 결론에 해당하는 내용으로 광고비평의 가능성을 살펴보았다. 필자는 "비평가들 혹은 연구자들의 의견을 수렴해서 광고비평의 개념과 방법을 정리할 필요가 있다."라고 하면서 다른 문화예술과 광고의 근본적인 차이에 따른 광고비평의 특성을 다루었다. 광고와 관련된 다양한 주제를 추가 제언함으로써 향후 연구와 교육, 실무에서의 광고비평이 자리매김할 수 있음을 강조하였다.

이 책의 제목을 『광고와 사회 그리고 광고비평』이라고 한 것은 이 10개 장에서 다루는 주제가 사회를 이루고 시대와 함께 숨 쉬고 있음에도 가끔은 쉽게 잊히고 묻히는 것이 안타까웠기 때문이다. 안도현 시인이 『너에게 묻는다』에서 이야기한 〈연탄재〉처럼 광고가 누군가의 발끝에 있는 것은 아닌가 하는 비관적인 생각도 부인하기 어렵다. 다시 한번 광고를 뜨겁게 바라봄으로써 온전한 비평(批評)이 가능해질 것이다. 칠 비(批)와 평할 평(評), 그러나 손으로 스킨십하고 제대로 가치를 인정할 수 있는 사람의 '비평'이 필요한 시점이다. 광고가 업(業)으로서 성장해 나가고 학(學)으로서 자리매김할 수 있도록 이 책의 10개 장이 벽돌이 되어 쌓여 가기를 희망한다.

2019년 12월

필자들을 대표하여 이희복 적음

차례

제1장

광고와 소비

소현진(성신여자대학교 미디어커뮤니케이션학과 교수)

1. 광고가 소비에 미치는 영향
2. 광고가 소비에 미치는 긍정적 효과
3. 광고가 소비에 미치는 부정적 효과

◈◇◈

"광고는 자본주의의 꽃이다." 이 말은 광고가 자본주의와 떼려야 뗄 수 없는 관계를 맺고 있다는 의미이다. 자본주의는 생산과 소비의 순환을 통하여 유지 · 발전되며, 광고는 그 생산과 소비의 순환고리를 원활히 하는 역할을 한다. 이러한 기능으로 인해 광고는 과도한 소비를 부추기고 가치 없는 소비를 일으킨다는 비판을 받아온 것이 사실이다. 이 장에서는 광고가 소비 생활에 미치는 긍정적 · 부정적 영향에 대한 논의를 중심으로 광고와 소비의 관계를 탐색한다. 이를 통하여 광고와 소비의 관계에 대한 우리의 인식이 더 구체화하기를 기대한다.

1. 광고가 소비에 미치는 영향

개별 광고물(advertisement)이 아닌 사회적 제도로서의 광고(advertising-in-general)에 대한 시각은 긍정적 시각보다는 부정적 시각이 많다. 광고와 소비의 관계는 크게 경제적 시각과 문화적 시각에서 바라볼 수 있는데, 경제적 시각에서는 광고가 제품 비용을 상승시키고 필요 없는 소비를 늘리는 낭비라는 비판이, 그리고 문화적 시각에서는 광고가 소비주의와 물질주의를 자극한다는 비판이 있다.

이러한 비판의 중심에는 광고는 소비자가 원하지 않는 상품의 구매를 바람직하지 않은 방식으로 자극한다는 인식이 깔려 있다. 예를 들어, 밴스 패커드(Vance Packard)는 그의 책 『숨은 설득자들』에서 "광고산업은 (미국인들을) 탐욕스럽고, 낭비적이고, 통제력이 떨어지는 소비자로 만들며, 또한 사치스러움을 보장하는 제품을 제공하는 전략을 고안하는 것을 목적으로 한다."라고 하였다(Lewis, 2016, pp. 81에서 재인용). 박남훈은 "광고는 욕망의 유발을 일차적인 목표로 한다. 그렇기 때문에 광고는 이성적일 수 없다. 광고는 충동적이고 본능적이다."라고 하면서, 성적 욕구 충족과 전혀 관계없는 식품광고가 성적인 암시를 짙게 풍기는 것은 광고의 비이성적이며 본능적인 표현 방식을 보여 주는 사례임을 지적하였다(박남훈, 1999, p. 61). 이는 광고가 구매 자극이라는 목적을 달성하기 위해 비이성적인 방식으로 본능을 자극한다는 비판의 한 사례이다.

이러한 비판에도 불구하고 일상에서 광고가 존재하지 않는 것은 이제 상상하기 어렵다. 광고는 곳곳에 존재하며 아침에 눈을 떠서 밤에 잠자리에 들 때까지 우리의 주변을 감싸고 있다. 광고산업 역시 경제에서 핵심적인 위치를 차지하고 있다. 앞서 언급한 다양한 비판에도 불구하고 광고가 우리 생활의 한 부분이 되었다는 것은 광고는 우리 사회에서 특정한 그리고 중요한 역할을 담당하고 있다는 것을 방증한다. 그렇다면 광고는 우리의 소비 생활에서 어떤 역할을 담당하는가? 이 질문에 대한 답을 찾기 위해서 다음에서는 광고가 소비에 미치는 영향에 대한 다양한 시각을 살펴본다.

2. 광고가 소비에 미치는 긍정적 효과

광고가 우리 생활에 미치는 긍정적 효과는 무엇인가? 샌디지(Sandage)는 광고의 궁극적인 기능은 사회에 풍요로움(abundance)을 가져오는 것이라고 보았다. 광고를 통한 풍요로움의 성취는, 첫째, 소비자에게 정보를 주고, 둘째, 소비자에게 더욱 풍요로운 삶을 추구하는 마음을 가질 수 있도록 설득하고, 셋째, 소비자에게 나쁜 제품이나 광고는 배격하고 좋은 제품이나 정보는 채택할 수 있도록 교육하는 것을 통하여 가능하다(오두범, 2003, p. 19에서 재인용). 이를 요약하면, 광고의 정보제공 기능 및 생활수준 향상 기능, 그리고 소비자의 선택범위 확대의 기능을 통해 광고는 더욱 윤택하고 풍요로운 소비 생활에 이바지한다고 볼 수 있다. 광고가 소비에 미치는 긍정적 효과는 다음의 6가지 기능으로 살펴볼 수 있다.

1) 광고는 소비자에게 정보를 제공한다

광고가 소비 생활에 미치는 핵심적인 기능은 제품 관련 정보를 소비자에게 제공하는 것이다. 광고는 브랜드, 가격, 제품 속성, 구매 장소 등에 관한 정보를 제공함으로써 소비자가 제품에 관련된 정보를 직접 탐색하는 데 들어가는 비용을 줄이고, 소비자가 경쟁 제품과 기업을 쉽게 비교할 수 있는 능력을 준다. 특히 광고는 대중매체 및 기타 매체를 통해 추가 비용 없이 노출되므로 소비자는 특별한 비용을 들이지 않고도 제품과 기업에 대한 정보를 공유할 수 있다.

광고가 없었더라면 쉽게 분별하지 못했을 경쟁 제품 간의 특성을 큰 노력 없이도 알게 된 결과로 소비자는 더욱 현명한 소비 생활을 할 수 있게 된다. 정보를 쉽게 획득할 수 있으므로 비슷한 품질의 경쟁 제품들을 비교 · 탐색할 수 있게 되고 상대적으로 유리한 제품을 선택할 수 있게 되기 때문이다. 즉, 품질이 우수한 제품만이 시장에서 살아남아 소비자의 효율적 소비 생활을 가능하게 한다. 만일 제품의 속성을 비교할 수 있는 광고가 없었더라면 소비자는 매번 가장 최적의 상품을 찾기 위해 자신의 직접 경험에 의한 시행착오를 거쳐야 하며, 이는 최적의 상품을 찾는 데 드는 시간과 노력이 부담스럽게 가중된다는 점을 의미한다.

그렇다면 광고는 어떤 유형의 정보를 제공하고 있는가? 레스니크과 스턴(Resnik & Stern, 1977)이 제시한 광고 정보의 유형을 살펴보면 ① 가격 및 가치, 품질, 기능, 성분 및 내용물, 영양, 안정성 등과 같은 제품 내적인 속성에 관련된 정보, ② 구입처, 특별 제공, 보증과 같은 제품 외적인 속성에 관련된 정보, ③ 독립조사 및 자사조사 등 제품 기능에 대한 근거를 제공하는 정보 등을 주로 제공하고 있는 것으로 나타났다.

표 1-1 레스니크와 스턴의 광고 정보 항목

정보 항목	내용
가격/가치 (price/value)	제품 가격 또는 가치에 대해 언급하고 있는가? 예) 1,000만 원대 풀셋트가 200만 원대로
품질 (quality)	경쟁 제품과 차별되는 제품의 특성이 무엇인가? 예) 은이 들어 있는 국내 최초 나노실버 클라쎄 냉장고
기능 (performance)	제품의 기능이 무엇인가? 성능이 얼마나 좋은가? 예) 과도한 색소침착 피부의 점차적 표백
성분/내용물 (component/contents)	제품의 구성 성분이 무엇인가? 부속 아이템들을 갖고 있는가? 예) 히드로퀴논 4% 크림
구입처 (availability)	언제, 어디서, 어떻게 제품을 구입할 수 있는가? 예) 이니스프리는 가까운 대형마트에서 만나실 수 있습니다.
특별 제공 (special offers)	일정 기간 가격 이외의 특별판매 서비스가 제공되는가? 예) 겨울 신상품 세일
맛 (taste)	일단의 소비자들로부터 맛의 우수성을 인정받은 증거가 제시되었는가? 예) 과일과 우유의 진정한 맛과 향이 느껴집니다.
영양 (nutrition)	제품의 영양가에 대한 구체적인 자료나 다른 제품과의 비교 자료가 제시되었는가? 예) 모유 수준의 DHA 함유, 감마-리놀렌산 함유
포장/형태 (package/shape)	제품의 포장 단위 및 형태에 대한 정보가 제공되었는가? 예) 100캡슐 포장
보증 (guarantees)	제품 구매 후 보증 · 보상 · 사후 서비스 등에 관한 내용이 제시되었는가? 예) 100% 환불보장, 패밀리 카드 가입 시 10% 환불
안정성 (safety)	타 제품과 비교 시 안전성과 관련된 내용이나 장치 예) 항생제, 착색제, 산란 촉진제를 사용하지 않았습니다.
독립조사 (independent research)	독립된 연구기관의 조사 결과가 제시되었는가? 예) 서울대 미생물 연구소: 공기 중 인플루엔자 바이러스 제거율 89.15%
자사조사 (company research)	경쟁사와 비교하기 위한 자사조사 자료가 제시되었는가? 예) 수입 제품과의 기능 성분 비교(100g당 함량)
새로운 아이디어 (new idea)	광고 제품이 새로운 개념을 가지고 있는가? 예) 세계 최초, 듀플렉스 벡터 기술과 더모-어댑트 복합체 기술

출처: 문영숙(2007), p. 107.

2) 광고는 생활지식을 증가시킨다

생활지식이란 반드시 상품에 관련된 지식이 아니라 일상생활을 하는 데 활용될 수 있는 다양한 지식을 의미한다. 제품에 대한 정보를 제공하는 광고는 해당 제품의 소비자뿐 아니라 비슷한 관심사를 가진 사회 구성원들에게 생활지식을 제공하는 역할을 할 수 있다. 예를 들어, 자외선 차단제 광고는 자사 제품이 자외선 차단에 얼마나 효과적이며 우수한 점이 무엇인지를 설명하는 등 제품 관련 정보를 전달하는 동시에 자외선이 피부 노화에 매우 큰 영향을 미치며 왜 자외선을 차단해야 하는지에 대한 지식을 전달한다. 이러한 광고에 노출된 소비자는 비록 광고된 자외선 차단 제품을 사용하지는 않더라도 자외선 차단의 필요성을 교육받고 차단할 수 있는 좋은 지식을 얻게 된다. [그림 1-1]에 제시된 자외선 차단제 광고는 자외선뿐 아니라 태양열과 적외선을 막는 것 또한 중요하다는 점을 알린다. 이 광고를 접한 소비자는 해당 제품이 자외선과 적외선을 모두 막을 수 있다는 점을 아는 것과 동시에 또한 자외선 차단에 대해 고민할 때는 빛 이외에 태양열 또한 막는 것이 필요하다는 것을 알게 된다.

"피부를 위해 막아야 할 태양은 하나가 아니라, 둘! 태양열. 적외선+태양광. 자외선+광 모두 차단하는 AHC"라는 광고 문구를 통해 제품의 우수성뿐 아니라 소비자가 간과하기 쉬운 태양열에 대한 지식을 전달한다.

[그림 1-1] AHC의 자외선 차단제 광고

출처: AHC 공식 유튜브 채널.

즉, 생활지식이 증가한다.

3) 광고는 소비자의 생활수준을 향상시킨다

광고는 어떻게 **생활수준**을 향상시키는가? 오귄 등(O'Guinn, Allen, & Semenik, 2015)은 광고가 제품에 대한 대규모의 수요를 창출함으로써 생활수준 향상이 가능하다고 설명하였다. 광고로 인하여 발생한 대규모의 수요에 기대어 기업은 대량생산이 가능한 설비를 갖출 수 있게 되고 대량생산은 제품의 단위 비용을 낮추게 된다. 결과적으로 기업은 질 좋은 제품을 소비자에게 좀 더 낮은 가격으로 공급할 수 있게 되어 소비자의 생활수준이 향상된다. 광고가 없다면 기업은 제한된 수량의 제품만을 생산하게 될 것이며, 이는 단위 제품 생산 단가를 높이게 되어 소비자에게 판매되는 제품의 가격 역시 상승하게 된다. 이러한 높은 가격의 제품을 누릴 수 있는 소비자 계층은 한층 제한될 수밖에 없다.

또한, 광고는 대규모의 소비자들에게 새로운 제품을 즉각적으로 알려 주는 과정을 통하여 신제품의 성공 가능성을 증가시키고 이는 결과적으로 소비자의 생활수준 향상에 기여한다. 만일 광고가 없었다면 그 존재조차 알리지 못할 수도 있었던 제품이 광고를 통해 소비자의 시선을 끌고 시장에서 성공함으로써 제품 혁신이 성공할 가능성이 커지게 된다. 신제품의 성공률이 높아질수록 소비자는 다양한 제품과 서비스를 선택할 기회를 더 많이 얻게 된다.

광고가 소비자의 생활수준을 높이는 것은 **생활표준**을 상향 조정하면서 이루어질 수 있다. 생활표준이란 소비자가 지향하는 삶의 기준으로 '나의 생활수준이 이 정도쯤은 되었으면 좋겠다.'라고 하는 기준을 의미한다. 생활표준은 현재의 수준보다 항상 높은 수준이며, 광고는 소비자에게 더 나은 삶에 대한 열망을 자극함으로써 먼저는 생활표준을 높이고 나아가서 실제 생활수준을 끌어올리는 데 이바지한다(오두범, 2003). [그림 1-2]는 LG전자에서 출시한 최고급 가전제품 라인인 LG오브제 광고이다. 이 광고에서는 기존의 가전제품에서는 볼 수 없었던 새로운 기능과 유려한 디자

새로운 기능과 유려한 디자인을 가진 프리미엄 가전을 소개하여 생활표준을 높이는 결과를 가져온다.

[그림 1-2] LG전자의 LG오브제 광고

출처: LG전자 공식 유튜브 채널.

인을 제시하면서 가전제품에서 기대할 수 있는 소비자의 욕구수준을 높이고 있다. 이는 소비자가 일상생활에서 기대하는 생활표준을 높이게 되어 생활수준을 올리는 결과를 가져올 수 있다.

4) 광고는 새로운 생활양식을 소개하고 촉진한다

광고는 차별화된 신제품과 제품의 새로운 용도, 새로운 생활의 즐거움을 끊임없이 제시해야 하므로 기존에 일반화되지 않았던 **생활양식**을 도입하고 그것을 새로이 받아들여야 할 중요한 가치로 부각한다. 이러한 활동을 통해 소비자는 새로운 생활양식을 접하게 되고, 그 새로운 생활양식을 선택하는 경우 기존과는 다른 소비양식을 만들어 나가게 된다.

집밥은 집에서 해 먹는 밥이다. 그런데 꼭 밥을 집에 있는 밥솥으로 엄마가 해 주어야 제일 맛있을까? CJ제일제당의 햇반은 집에서 한 밥보다 즉석밥인 햇반을 사용

'밥하지 않는 집'이라는 콘셉트의 광고를 통해 집에서도 즉석밥을 먹는 생활양식을 소개하였다.

[그림 1-3] 2019년 햇반 광고

출처: CJ제일제당 공식 유튜브 채널.

하는 것이 더 현명한 생활방식이라고 제시한다. 1996년 출시하여 즉석밥 브랜드의 대명사로 자리 잡은 햇반은 런칭 초기에는 밥이 없을 때 편리하게 먹을 수 있는 '편리한 밥'을 콘셉트로 내세웠다. 그 후 '편리한 밥'을 넘어 '집에서 엄마가 해 준 것처럼 맛있는 밥'으로 집밥 만큼의 높은 질을 보장한다고 이야기하다가 최근에는 '집밥보다 더 맛있는 밥'이라는 콘셉트를 제시하고 있다. [그림 1-3]에 제시된 햇반의 2019년 광고는 '나보다 햇반이 밥을 더 잘한다.' 그리고 '밥하지 않는 집들이 늘어나고 있다.'라는 문구와 함께 노년의 부부, 자녀가 있는 가족 등을 보여 주며 집에서 밥하지 않는 생활양식을 제시하고 있다. 요즘은 가족 규모의 축소와 가족 구성원의 일정 다양화로 밥 한 솥을 해서 한 끼에 다 먹어 치우는 일이 매우 드문 것이 사실이다. 남은 밥을 작게 나누어 담아 냉동하고, 필요할 때 냉동한 밥을 꺼내 데워 먹는 가정이라면 햇반이 제시하는 '집에서 즉석밥을 주문하여 먹는다.'라는 생활양식에 관심을 가지고 이를 시도해 볼 가능성이 있다.

5) 광고는 소비자의 선택 범위를 확대한다

경쟁은 시장에 일정 수의 대체 브랜드가 존재한다는 사실에 근거하는 것이 아니라 실제로는 소비자가 대체 브랜드가 존재한다는 것을 인지할 때 발생한다. 즉, 시장에 아무리 다양한 브랜드의 제품이 있어도 소비자가 그 존재를 모른다면 브랜드 간 경쟁은 발생할 수 없고 소비자의 선택 범위 역시 몇몇 잘 알려진 브랜드에 제한될 수밖에 없다. 광고는 구매 가능한 대체품의 존재를 알림으로써 소비자의 상품이나 생활에 관한 선택 범위를 넓혀 준다. 광고는 소비자에게 정보를 줌으로써 품질이 열등하거나 불만족스러운 수준의 제품을 구매하지 않게끔 도와주고, 불만족스러운 제품의 대체품 존재 여부를 알지 못해 어쩔 수 없이 불만족스러운 제품을 재구매하지 않을 수 있게 해 준다. 광고를 통해 제공된 정보를 통해 소비자는 더 많은 수의 대체품에 대하여 알게 되고 그로 인하여 구매 선택의 폭을 넓힐 수 있게 된다.

광고회사 BBDO의 회장 톰 딜런(Tom Dillon)은 광고가 소비자의 구매 선택의 자

표백제는 성분이 독하고 몸에 해로울 것 같다는 소비자의 부정적 인식을 해결하는 안심표백제를 광고하여 소비자의 선택 범위를 넓히고 있다.

[그림 1-4] 표백제 브랜드 유한젠의 광고

출처: 유한양행 공식 유튜브 채널.

유를 실현해 주는 측면에 주목하여 광고의 긍정적 기능을 옹호하였다. 그는 광고를 종교의 설교자 혹은 정치권의 연사에 비유하면서 광고는 소비자가 가진 경제적 선택권을 알려 줄 수 있는 가장 현실적인 방법이며, 소비자가 자신의 경제적 선택권을 실현하도록 도와주는 기능을 한다고 하였다. 1973년 11월 『Advertising Age』에 게재한 글인 「Freedom Must Advertise, or It Surely Will Lose Itself」에서 그의 주장을 인용해 보면 다음과 같다.

> 인간은 맥주 한 잔을 마실 것인가 또는 그 돈을 은행에 예금할 것인가를 선택할 자유가 있다. 인간은 자기가 가장 하고 싶은 대로 자기 돈을 쓸 자유가 있다. 이 자유는 그를 다스릴 사람이나 자기가 믿는 종교를 선택할 자유 못지않게 중요한 것이다. 진정한 선택의 자유를 행사하려면 우리에게 어떤 선택권이 있는지를 알아야 한다. 이것이 광고의 기능이다. 각종 종교를 설교하는 사람이 없다면 종교의 자유란 없다. 여러 후보자에 대해 말하는 연사가 없다면 자유 선거란 없다. 선택의 여지가 있음을 우리에게 알릴 수 있는 길이 없다면 자유로운 경제적 선택은 없다. 정치나 종교에서 연사나 교직자의 역할을 하는 것이 경제에서는 광고이다. 어떤 제품이나 서비스를 사는 경제적 결정을 하는 데 있어 광고는 최선의 방법으로 최선의 길을 제시해 준다(Toynbee, Levitt, Dillon, 2005, pp. 87-88).

6) 광고는 소비를 즐겁게 한다

우리는 왜 물건이나 서비스를 소비하는가? 욕구를 충족하고 즐거움을 느끼기 위해 제품을 소비한다. 즐거움은 제품의 기능과 속성이 기대를 충분히 만족시킬 때 얻을 수 있을 뿐 아니라, 제품의 이미지나 상징이 소비자에게 충분한 심리적 만족을 제공할 때 발생하기도 한다. 곰곰이 생각해 보면 우리는 기능적으로 충분히 만족스러운 제품을 발견했을 때에도 혹시 같은 기능을 제공하되 좀 더 예쁘고 멋진 제품은 없는지 살피는 경향이 있다. 이는 대부분 제품에서 심리적 · 심미적 만족 없이 기능으로만 충분한 즐거움을 제공하기는 힘들다는 점을 방증한다. 아마도 심미적 측면 없이 만족감을 줄 수 있는 것은 자동차 연료 등과 같은 몇몇 특별한 제품에 한하는 것 같다.

광고는 창조적 미화를 통해 제품이나 서비스에 이미지와 **상징적 가치**를 더하여 소비의 만족감을 높인다. 광고는 커뮤니케이션을 통해 상품을 단순한 물건이 아니라 특별한 의미로 변화시켜 심리적 만족감을 높이고 소비 활동의 즐거움을 배가한다. [그림 1-5]는 톱배우 이영애가 모델로 활동하는 교원웰스의 2019년 신제품 광고이다. 이 광고에서는 신제품의 기능이 자세히 전달되고 있지만, 이와 더불어 이영애라는 톱모델이 주는 상징적 가치, 배경과 모델의 옷차림 등을 통해 부여되는 고급스러운 이미지를 제품에 부가하고 있다. 이러한 광고를 통하여 소비자는 단순히 기능이 향상된 최신 정수기를 사는 것이 아니라 톱배우 이영애처럼 멋진, 남들과 다른, 최신식의 생활양식을 소비한다는 심리적 만족감을 느끼게 된다.

이러한 광고의 이미지 및 상징적 가치 부가의 기능은 광고가 이미지와 상징을 이용하여 상품의 본질적 측면이 아닌 허상을 만들어 낸다는 비판과 맞닿아 있다. 하지만 소비자가 제품을 사용하면서 기능만을 고려하는 것이 아니라는 것 역시 사실이며 광고가 만들어 내는 이미지 또한 소비자가 기대하는 제품의 속성 중 하나가 아닌가라는 질문에 대해서도 생각해 볼 여지가 있다.

하버드대학교 경영학과 교수 데오도르 레빗(Theodore Levitt)은 광고가 제품을 미화하고 이미지를 부여하는 작업을 인간의 본성과 관련된 시각에서 긍정적으로 보

톱배우 이영애를 모델로 활용한 광고에서는 이영애라는 유명 연예인이 주는 상징적 가치와 고급스러운 이미지를 제품에 부가하고 있다.

[그림 1-5] 교원웰스의 정수기 광고

출처: 웰스교원 공식 유튜브 채널.

았다. 레빗은 1971년 3월 『Advertising Age』에 게재한 글인 「The Morality(?) of Advertising. What consumers really want: Ad embellishment not untruth」에서 현실을 그대로 두지 않고 아름답게 창조적으로 미화하는 것은 인간의 본능이라는 점을 강조하였다. 그는 시(詩)를 사례로 들면서 시는 현상 그대로의 기술이 아니라 박자, 음률, 암시, 환상, 비유, 소리의 효과를 이용한 과장되었고 왜곡된 서술이라는 점을 강조하며 모든 예술은 이러한 과장과 왜곡을 이용하여 사람들에게 감동을 주고 매혹하고 설득하려고 한다는 점을 지적하였다. 그의 주장에 따르면, 광고 역시 예술과 마찬가지로 순수한 기능 이상의 것을 약속해 주는 환상, 상징 및 함축성 등을 창조함으로써 독자에게 영향을 미치려는 목적을 가진다. 그가 쓴 내용을 인용해 보면 다음과 같다.

인간은 원시적인 야영이나 생명 없는 기계주의적 생활로 살기를 거부하고 있다. 정어리

깡통에 향내 나는 분을 넣었다고 상상해 보자. 이 깡통에 든 내용물이 아름다운 페이즐리 무늬 용기에 들어 있는 것과 동일하다는 것을 미국 정부 표준국에서 보증한다고 해도 그것은 팔리지 않을 것이다. 지독한 깍쟁이로 정평이 난 보스턴의 부인들조차도 이런 물건은 사지 않겠다고 할 것이다. 차분하고 깍듯한 말씨로 이런 물건을 사지 않겠다고 하는 이 깍쟁이 부인들조차도 분명하게 원하는 것은 과장된 광고, 정교한 포장 그리고 매혹적인 패션이 주는 약속, 심상, 심벌인 것이다(Toynbee, Levitt, Dillon, 2005, pp. 42-43).

이처럼 그는 소비자는 허위광고를 원하지는 않지만, 광고의 미화는 원한다는 주장과 함께 광고에서의 미화와 왜곡은 사라질 수 없는 특성이며 합법적이면서도 사회가 바라는 목적이라는 점을 이야기하였다. 광고의 창조적 미화는 제품의 사용을 통해 기능적인 욕구를 충족하는 것을 넘어서 심리적이고 심미적인 만족감을 얻게 하여 소비자의 소비 생활을 더욱 즐겁게 한다.

여성이 구매하는 것은 화장품 속의 화학물질이 아니라 화려하고 낭만에 찬 포장과 암시에 찬 광고, 즉 이 화학물질을 둘러싼 상징이 약속하는 매혹적인 매력이다.

[그림 1-6] 2015년 한율 화장품 광고

출처: 한율-아모레퍼시픽 홈페이지.

3. 광고가 소비에 미치는 부정적 효과

광고가 소비에 미치는 부정적 효과에 대한 비판은 경제적 시각과 문화적 시각으로 나뉠 수 있다. 경제적 시각에서는 광고가 시급하지 않은 욕구를 창출하여 필요하지 않은 소비를 늘리는 낭비라고 비판하며, 문화적 시각에서는 광고가 소비주의와 물질주의를 자극한다고 비판한다.

1) 광고는 필요하지 않은 소비를 부추긴다

경제학자 갤브레이스(John K. Galbraith, 2006)는 자본주의가 성숙함에 따라 발생한 과잉 생산의 문제를 해결하는 역할로 광고가 필요해졌음을 지적하였다. 1958년 『풍요한 사회(The Affluent Society)』에서 그는 자본주의의 발달로 인한 생산의 확대는 소비자의 기본적인 욕구를 충분히 충족시키고 이제는 욕구보다 더 많이 생산하는 과잉 생산의 시기에 도달하였다고 보았다. 자본주의의 발달기에 자본은 소비자의 기본적인 욕구를 충족시키는 생산을 확대해 왔다. 소비자의 기본적인 욕구인 배고픔, 목마름, 추위 등은 그 욕구 해결이 시급한 것이며 이 욕구를 해결하기 위하여 제품은 생산되고 사람들은 기꺼이 제품을 소비하였다. 이 시기에는 욕구가 생산을 이끌었다고 볼 수 있다. 문제는 시급한 욕구가 이미 충족된 이후에도 생산 시스템은 멈추지 않는다는 점에 있다. 시급한 욕구가 충족된 후 사람들의 소비 동기는 떨어지는 반면, 생산 시스템의 발달로 인하여 늘어난 재화와 서비스의 공급 능력은 사람들의 수요를 초과하게 된다. 결국 제품을 생산하되 그것을 소비할 시장이 없어 생산한 재화는 팔리지 않게 되는 상황에 닿게 되는데, 이러한 사태를 막기 위하여 기업은 인위적으로 욕망을 개발하여 수요를 창출할 필요를 느끼게 된다. 인위적 욕망 개발과 수요 창출을 위해 활용되는 것이 광고이다.

전통적인 시각에서의 생산은 욕망을 충족시키기 위한 것이지만 **'풍요한 사회'**에서는 생산을 위하여 혹은 생산자에 의하여 욕망이 창출된다. 갤브레이스는 생산이 욕구를 창출하는 현상을 **의존효과**(dependence effect)라고 이름 지었다. 의존효과란 성숙한 자본주의 단계에서 소비재에 대한 수요가 소비자 자신의 자주적인 욕망에 의한 것이 아니라 생산에 의존하여 이뤄지는 현상을 의미한다.

> 사회가 점점 부유해지면서 욕구는 점점 그것을 충족시키는 과정에서 다시 만들어진다. 그 과정은 수동적으로 만들어질 수도 있다. 또는 생산자가 광고나 마케팅 전략을 통해 적극적으로 욕구를 만들어 낼 수도 있다. 이 경우 욕구는 생산에 의존하게 된다. 즉, 욕구는 그것을 충족시키는 과정에 의존한다. 이것을 의존효과라고 부른다(Galbraith, 2006, p. 166).

이 인용문에서 보듯이 소비자를 자극하고 생산이 요구하는 욕망을 불러일으키는 기능을 담당한 것이 광고이다. 광고의 역할에 대한 갤브레이스의 생각은 다음과 같다.

> 현대의 광고와 마케팅 기법은 생산과 욕구를 더욱 밀접하게 결합시키고 있다. 광고와 마케팅 기법의 목적은 욕망을 만들어 내는 것, 즉 지금까지 존재하지 않았던 욕망을 만드는 것이기 때문에 독립적으로 구축된 욕망의 개념과는 융화될 수 없다. …… 새로운 소비재는 그에 관한 관심을 불러일으킬 만한 적절한 광고를 통해 세간에 알려진다. 생산을 확대하려면 적절한 광고예산을 확대해야 한다. 현대 기업전략에서는 제품을 만들기 위한 지출만큼 중요한 것이 제품의 수요를 만들기 위한 지출이다(Galbraith, 2006, p. 163).

시급하지 않은 욕구의 창출을 통한 과잉 생산의 해결은 바람직하지 않은 일인가? 갤브레이스는 자본주의 체제 내에서 생산성 증대가 사회적 딩위로 받아들여지는 짐을 부정적으로 바라보며 생산성을 증대시키기 위하여 소비를 진작하는 것이 반드시 옳은 일은 아니라는 의견을 제시한다. 소위 풍요한 사회의 남는 자원을 다른 더 긴요하고 그 자원을 필요로 하는 사회적 부분에 투입해야 한다는 주장이다.

> 옛날에는 생산 증대가 굶주린 사람에게 식량을, 추운 사람에게 의복을, 집 없는 사람에게 집을 제공하는 것을 뜻했다. 그런데 오늘날 생산 증대란 더 우아한 고급 자동차와 색다른 음식, 멋진 옷, 세련된 오락 등 한마디로 감각적이고 부도덕하고 파괴적인 현대의 모든 욕망을 충족시켜 주는 것을 뜻한다(Galbraith, 2006, p. 149).

> 욕구가 광고나 마케팅 기법이나 교묘한 수법에 의해 인위적으로 만들어질 수 있다는 사실은 그 욕구가 그리 긴요하지 않다는 점을 시사한다. 정말 굶주린 사람은 자신에게 음식이 필요하다는 얘기를 들을 필요가 없다(Galbraith, 2006, p. 166).

커뮤니케이션학자 저스틴 루이스(Justin Lewis, 2016)는 과잉 생산의 해결을 위한 광고의 역할을 **'계획적 노후화**(planned obsolescence)'라는 개념으로 설명하였다. 계획된 노후화란 사물을 오래가게 하는 것이 아니라 가능한 한 빨리, 계획적으로 낡은 것으로 만들어 버린다는 뜻으로 물건의 수명을 단축해 생산이 지속할 수 있도록 하

패션 산업은 매번 새로운 스타일과 멋진 옷을 제시하며 소비자의 욕망을 자극한다.

[그림 1-7] 패션 브랜드 TIME의 광고

출처: 한섬 홈페이지.

는 전략이다. 예를 들어, 패션 산업과 통신 기기 산업은 계획적 노후화의 대표적 산업군이다. 새로운 스타일이나 기종이 수용될 수 있는 시간의 주기는 정해져 있으며, 일정 시기가 지나면 지난 시즌의 상품은 그 기능과는 관계없이 이제는 멋진 스타일이 아니므로 혹은 혁신적이 아니므로 교체해야 할 것으로 치부된다.

광고는 소비자가 중요하게 인식하는 상징적 가치의 수정을 통해 계획적 노후화를 실행한다. 광고는 제품에 새로운 상징적 가치를 부가함으로써 이전의 제품이 가졌던 상징적 가치를 쉽게 변색시킬 수 있다. 예를 들어, 여성복 광고는 이번 겨울에는 검은색이야말로 멋지고 우아한 색이며, 도회적이고 시크한 여성이라면 검은색 롱코트를 입는다고 속삭인다. 소비자는 작년 겨울에 멋지고 우아하다고 여겨서 구매했던 보라색 코트가 아직 멀쩡함에도 불구하고 올해 겨울에 그 보라색 코트를 입고 나서기는 망설여진다. 왠지 낡아 보이고 멋져 보이지 않기 때문이다.

루이스에 따르면, 계획적 노후화의 문제점은 그것의 결과가 과잉 소비이기 때문이다. 기능적으로 이상이 없는 제품을 새것으로 교체하는 것은 필요 이상의 소비이며 이 과잉 소비는 자원의 고갈 및 환경오염을 유발한다. 루이스는 생산력의 규모가 커짐에 따라 생태계를 훼손하고 파괴하는 능력도 함께 성장한다고 하면서 지속적인 경제성장 및 생산력의 성장으로 인해 환경을 파손되고 기후변화 등 환경문제 역시 심각해졌다고 주장한다. 이러한 면에서 그는 과잉 생산과 과잉 소비는 바람직하지 못하며, 과잉 소비를 부추기는 광고 역시 바람직하지 못하다고 보았다.

2) 광고는 소비주의를 확산한다

소비주의란 삶의 의미와 자아정체성을 소비 활동에서 찾는 것을 말한다. 소비로서 자신의 존재를 확인하고 모든 욕구의 충족은 소비를 통해서만 이루어진다고 기대하는 것이다. '가족과의 여가를 즐기기 위해서는 집 앞 목욕탕 냉탕에서 더위를 식히는 것으로는 부족하다. 가족과 함께 멋진 캠핑 장비를 들고 캠핑을 즐겨야 진정한 여가 활동이다.' '나는 세련된 도시인이기에 유명 커피 전문점에서 아메리카노를 테이크

아웃하여 마신다.'라는 생각 등이 소비주의의 사례가 될 수 있다. 소비주의의 확산은 수요의 창출과 이에 따르는 지속적인 소비를 가능하게 하며 결과적으로 생산을 지속할 수 있는 원동력이 된다.

포스트모더니즘 철학자이자 사회학자인 장 보드리야르(Jean Baudrillard, 1991)는 광고는 제품에 상징적 가치를 부여하는 활동을 통해 소비주의 확산에 이바지한다고 보았다. 그의 저서『소비의 사회(La société de consommation)』(1991)에서 보드리야르는 현대사회를 소비사회로 정의하였다. **소비사회**란 간단히 말해 소비가 미덕인 사회이며 모든 욕망의 충족은 소비를 통해서만 이루어질 것을 기대하는 사회를 의미한다.

보드리야르의 통찰에 따르면, 소비사회에서 상품의 소비는 단순한 사용가치의 소비를 뛰어넘는다. 상품의 소비는 사용가치의 소비를 포함하여 그보다 훨씬 더 큰 가치를 포괄하는데, 이러한 가치들은 행복, 안락, 풍요, 성공, 위세, 권위 등을 포함한다. 소비사회에서는 이미지와 기호 등으로 만들어진 기호적 가치 혹은 상징적 가치가 더 우위를 차지하게 되고, 소비는 사용가치의 소비보다 상징적 가치의 소비에 초점이 맞추어진다. 소비자는 상품을 소비하는 것이 아니라 상징적 기호와 그 이미지를 소비한다.

광고를 비롯한 대중매체는 커뮤니케이션 활동을 통해 상품에 이러한 상징적 가치를 부가하는 기능을 한다. 앞서 광고의 창조적 미화를 인간의 본성이라고 본 레빗의 말처럼, '창조적 미화와 왜곡'을 통해 광고는 상품을 단순한 상품이 아니라 의미로 변화시킨다. [그림 1-8]에 제시된 내셔널지오그래픽 어패럴의 광고에서는 '옷을 사서 입는다.'라는 단순한 소비 행동이 '모험을 한다.'라는 가치로 변화된다. 광고는 세계의 오지를 탐험한 내셔널지오그래픽이라는 저명한 포토저널리즘 브랜드의 가치를 동일한 브랜드를 가진 의류에 접목하여 내셔널지오그래픽 어패럴의 옷을 입는다는 건 130년의 모험을 입는다는 메시지를 전달하고 있다. 이렇게 내셔널지오그래픽 브랜드가 붙은 점퍼는 그냥 점퍼가 아니라 새로운 세계를 탐험하며 개척하는 모험의 점퍼로 탄생한다.

내셔널지오그래픽이 가지는 '모험'의 가치를 의류 브랜드에 부가하고 있다.

[그림 1-8] 2019년 내셔널지오그래픽 어패럴의 광고

출처: 내셔널지오그래픽 어패럴 공식 유튜브 채널.

2000년대 활발히 집행된 고급 아파트 브랜드의 광고들은 아파트가 가족이 편히 쉴 수 있는 주거 공간이라는 본질을 넘어 성공과 행복의 상징이라는 메시지를 전달한다. 백선기(2010)는 고급 아파트 브랜드의 광고 분석을 통하여 주거 공간인 아파트가 어떻게 중산층의 성공과 행복의 획득이라는 의미로 변화되는지를 잘 보여준다.

'래미안' 광고의 '집들이' 편은 누구보다 열심히 일하며, 알뜰살뜰 살림을 꾸려 온 상준 씨 부부가 꿈에 그리던 새집을 장만했고, 바로 그 집에 부모님과 여동생 식구들을 초대한 것을 묘사하고 있다. 현관을 들어서자 여동생의 장난꾸러기 쌍둥이들은 우르르 뛰어 들어가고 깔끔하게 잘 꾸며진 탁 트인 거실이 상준 씨의 여동생은 부럽기만 하다. …… 가족 모두가 즐거운 한때를 보낸 상준 씨의 집들이에서 집안 곳곳을 누비던 쌍둥이들은 새집에서 가기 싫은 듯 자고 가면 안 되냐며 투정을 부리고, '래미안'에서의 첫 집들이는 행복한 웃음이 가득한 채로 마무리된다. 이렇듯 집들이 편 광고를 통해 한 가족의 구성원인 어머니, 아들, 딸, 며느리, 손자 등이 행복한 새집을 자랑스러워하는 모습과 이를 부러워하는 딸의 모습 등이 이미지로 형상화되어 있다. …… '래미안'이라는 물적 획득을 통한 어머니와 며느리의 갈등 없는 모습과 서로 아끼는 모습은 전형적인 '행복' 담론을 생성하고 있다. …… 가족들 간의 집

> 들이를 통해 좋은 집, 획득하고 싶은 집, 부부의 노력과 성공의 상징인 집 등을 통해 중산층 수준의 물적 토대의 획득으로 인한 안성감이라는 '주거 이데올로기'를 실천하고 있음을 알 수 있다. 더불어 이러한 물적 토대의 획득은 자본주의 사회에서 성공을 이룰 수 있는 요소 중 한 가지로 확장되고 있다. 잠시 머무르는 주거의 존재가 아니라, 행복과 성공의 획득이라는 의미가 확장됨을 의미하는 것이다(백선기, 2010, pp. 212-218).

이처럼 광고에 나타난 많은 이야기는 삶의 질이 상품의 구매에 따라 좌우된다는 메시지를 전달하고 있다. 상품의 소비를 통해서만이 당신의 인생은 의미를 찾으며 당신이 원하는 사람, 즉 자아정체성을 찾을 수 있다고 속삭인다. 광고 하나하나를 놓고 보면 광고는 우리 일상 속의 많은 모습을 소재로 다룬다. 하지만 전체를 놓고 보면 광고는 기쁨, 지위, 안전, 의미의 유일한 원천이 상품의 소비를 통해서만 가

당찬 커리어우먼으로 성공한 여고 시절 단짝을 동창회에서 만난 윤재씨는 래미안에 산다는 이유로 친구의 부러움을 받는다.

[그림 1-9] 2008년 래미안 광고

출처: 래미안 공식 유튜브 채널.

능하다고 주장한다. 즉, 광고는 소비주의 세계관을 유지하고 표현한다(Lewis, 2016, p. 11).

광고가 상징적 가치를 이용하여 수요를 창출하는 방법 중 한 가지는 **차별화**이다. 광고는 특정 물건의 소비에 차별적인 상징적 가치를 부여하면서 이 물건을 사용하는 나와 다른 물건을 사용하는 이들과의 사이에 '차이'를 둔다. 예를 들어, 유사한 가격대의 고급 패션 브랜드라도 A브랜드는 시크한 여성을, B브랜드는 로맨틱한 여성상을 구현하는 것이다. 소비로 나를 표현하고 자아정체성을 확립하는 데 익숙한 소비자에게 이러한 차별화는 구매 욕구를 자극한다. '오직 당신만을 위해'라는 메시지 역시 차별화의 한 유형으로 볼 수 있다. 사실 대량 생산의 시대에 당신만을 위한 제품

당당한 모습을 자신의 정체성으로 생각하는 소비자가 싼타페를 만나 자신의 정체성을 표현할 수 있게 되었다는 내용이다.

[그림 1-10] 2005년 현대자동차 싼타페 광고

출처: 서울신문(2005. 12. 20.).

은 불가능하지만 '꼭 당신 같은 사람에게만 어울리는'이라는 메시지는 상품의 소비로 자신의 성체성을 표현할 수 있나는 기대를 하게 한다.

3) 광고는 생활양식을 획일화한다

광고의 긍정적인 기능에 주목한 시각에서는 '광고는 새로운 생활양식을 소개하고 촉진한다.' 그리고 '광고는 소비자의 선택 범위를 확대한다.'라는 점을 광고의 긍정적 기능으로 제시하였다. 이는 광고가 새로운 제품과 생활양식을 소개함으로써 소비자가 자신에게 적합한 보다 다양한 선택을 할 수 있도록 도와준다고 보는 것이다. 하지만 광고가 소개하는 신제품이 대량 소비를 전제로 하고 있다는 점에서, 광고를 통한 새로운 제품과 생활양식의 소개는 소비자의 생활양식을 오히려 획일화시키는 결과를 가져올 수 있다. 대량 소비를 전제로 하는 광고가 소개하는 생활양식은 특정한 취향을 가진 특수 계층을 위한 것이 아니라 일반 대중에게 받아들여져야 하며, 광고의 목적 역시 일반 대중에게 해당 생활양식이 수용되는 것이기 때문이다. 광고가 자신의 목적을 충분히 달성한다면 새로운 취향의 대량 소비는 생활양식을 획일화하게 된다.

광고로 인한 생활양식 획일화를 촉진하는 수용자 요인으로 동조심리(bandwagon effect)가 있다. 옳고 그름의 판단과는 관계없이 무조건 다른 사람들과 같아지고 싶다는 욕구인 동조심리로 인하여 새로운 스타일은 빠르게 퍼진다. 이러한 동조심리로 인하여 광고가 새로운 생활양식을 소개하더라도 모두 비슷한 새로운 생활양식을 영위하는 결과가 초래될 수 있다. ■

제2장

광고와 어린이

지원배(한신대학교 미디어영상광고홍보학부 교수)

1. 어린이 광고 현황
2. 어린이 대상 광고의 쟁점

◈◇◈

경제성장과 가계소득 증가로 자녀에게 투자되는 비용이 늘어나고 있다. 특히 자녀의 수가 많지 않아 어린이를 대상으로 프리미엄 시장 등 다양한 상품이 출시되고 있어 기업이 제품을 판매하는 데 광고의 역할이 무엇보다 중요하다. 그러나 어린이라는 특수성으로 인해 광고 사이에 다양한 의제가 나타나고 있다. 예컨대, 어린이는 광고에 얼마나 영향을 받고 있는지, 광고인은 광고 속에 나타난 어린이를 어떻게 표현하고 있는지, 아직 인지능력이 완벽하지 않은 어린이에게 광고는 사회문화적으로 어떠한 의미를 지니고 있는지, 디지털 시대의 어린이의 광고매체 소비형태가 어떻게 진화됐는지 등 다양한 논의가 가능하다. 이 장에서는 어린이와 관련된 광고 현황과 표현방식, 사회문화적 쟁점에 대해서 살펴보고자 한다.

1. 어린이 광고 현황

1) 어린이 광고시장의 성장

오늘날 가족의 형태가 대가족에서 핵가족으로 변화되고 있고, 자녀의 수가 감소됨에 따라 어린이의 위상이 높아지고 있다. 과거에는 소비자의 의사결정이 부모 중심이었다면 최근에는 어린이의 주장이 성인과 동등하거나 그 이상으로 받아들여지고 있다. 2018년 경기불황에도 불구하고 '키즈 산업' 시장은 불황을 모르고 있다. 비단 2018년뿐만 아니라, 2000년대 들어서 꾸준히 성장하고 있는 키즈 산업 규모는

2002년 약 8조 원에서 2007년 19조 원, 2012년 27조 원, 2017년에는 40조 원을 넘어서는 등 '뷰티' 시장과 함께 가장 빠른 성장을 보이며 유례없는 전성기를 맞고 있다([그림 2-1] 참조; 유진희, 2019). 기존 TV 매체 시장에서 벗어나 모바일 콘텐츠 시장에서도 활발하게 마케팅 비용을 투자하고 있다. KT, SKT 통신업계는 물론 네이버와 카카오 등 포털업계도 어린이 콘텐츠, 광고시장에 뛰어 들고 있다.

경제성장으로 인한 가계소득 수준이 높아지면서 어린이를 대상으로 하는 광고시장이 더욱더 증가하고 있다. 가정에서는 자녀의 위상이 높아져 어린이를 위한 구매가 늘어나고, 더 나아가 성인의 소비생활까지 영향을 주고 있다. 결국, 광고로 인해 어린이는 여러 면에서 영향을 받기 쉬우며 미래의 주 소비자로 성장할 것으로 예측되고 있다. 이러한 환경에 따라 어린이를 대상으로 한 광고마케팅 전략이 늘어나고 있어 광고 담당자는 어린이를 대상으로 소비자 특성을 파악해야 한다.

현대사회에서 어린이 소비자의 특성을 살펴보면 다음과 같다(이의자, 최환진,

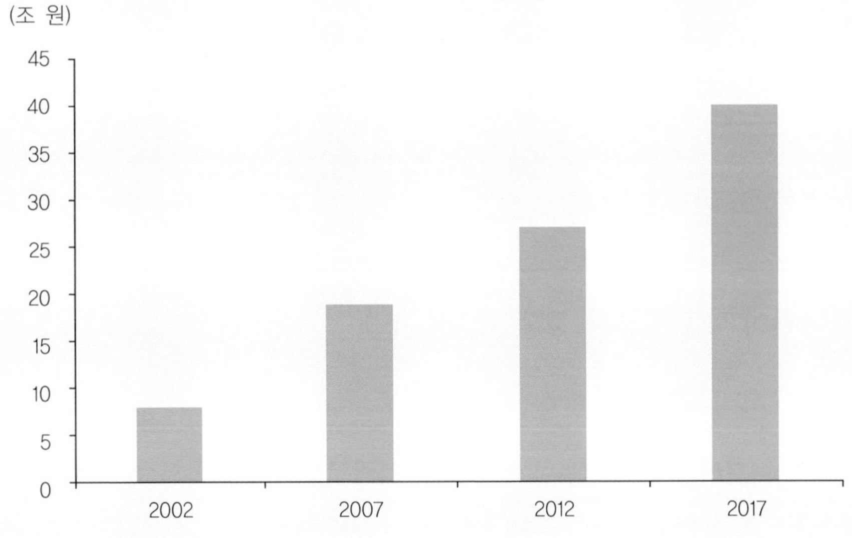

[그림 2-1] 키즈 산업 규모

출처: 유진희(2019)에서 재인용.

1997: 김인수, 2004에서 재인용). 첫째, 고도의 경제성장으로 인해 가계소득 수준이 높아지고, 핵가족화 및 자녀 출산율 저하로 가정에서의 어린이의 지위가 향상됨에 따라 어린이가 소비할 수 있는 금액이 증가하였다. 부모는 자녀에게 보다 좋은 음식과 옷 등을 제공하기 위해 더 많은 돈을 지출하게 되었고, 자녀에게 지출하는 비중은 가족의 총 지출금액에서 중요한 요인으로 자리 잡았다. 둘째, 현대의 어린이 소비자는 소비 욕구를 자극하는 대중매체에 과다하게 노출되고 있다. 과거에는 TV가 가장 강력한 매체였으나, 지금은 유튜브 콘텐츠와 같은 1인 미디어 채널이 어린이 소비를 주도하고 있다. 이로 인해 어린이는 마케터가 제공하는 제품 광고나 서비스에 대한 메시지를 무방비 상태로 받아들이고 있다. 셋째, 현대의 어린이 소비자는 부모가 어린이 용품을 구매하는 데 자신의 의사를 반영시킴으로써 구매 행위에 직간접적으로 영향력을 행사한다. 이 시대의 어린이는 자신의 주된 소비자가 되는 제품의 구매는 물론이고, 가족 구성원으로서의 공동 소비 영역이나 부모의 소비 영역에도 영향력을 행사하고 있다.

일반적으로 **어린이 광고**에 대한 연구는 어린이 시간대에만 나타나는 광고와 어린이가 주된 소구대상인 광고로 협의의 개념으로 국한하고 있지만, 어린이 광고에 대해서 다양한 정의를 내리고 있다. 우선 윤희중(1991)은 어린이 광고를 수용자의 절반 이상이 어린이인 프로그램에 나타나는 광고, 주된 소구대상이 어린이인 광고, 공휴일 오전처럼 어린이에게 특히 매력적인 시청 시간대에 나타나는 광고, 어린이가 보는 광고, 어린이를 통해 성인에게 전달되는 것을 목적으로 하는 광고 등으로 통틀어서 정의하였다. 정만수(1999)는 실제 제작하여 방영되고 있는 어린이 광고를 어린이가 모델로 등장해서 어린이 시청자를 주 대상으로 하는 광고, 어린이가 등장하지만 결과적으로는 성인을 주 대상으로 하는 광고, 어린이가 모델로 등장하지는 않지만 어린이를 주 대상으로 하는 광고로 보았다. 이처럼 어린이 광고를 정의할 때 다양하게 해석이 가능하다.

어린이가 모델로 등장하는 광고는 매우 효과적이며, 어린이를 주된 소구대상으로 하는 광고도 많이 활용되고 있다. 광고의 속도가 빠르고, 색상의 대비가 명확하며,

생동감 있는 동영상 광고의 경우 어린이에게 미치는 영향이 거의 절대적이다. 어린이나 청소년을 대상으로 하는 광고는 이것을 시청하는 어린이나 청소년에게 많은 영향을 미쳐 왔다. 긍정적 측면에서 보면 광고는 어린이에게 **소비자 교육**을 시키고 있다. 어린이에게 있어 광고 내용은 관찰학습을 통한 모방이나 기존 성향 강화라는 측면에서 볼 때 생활의 일부이며 상품 정보를 전달해 주는 교사로서 역할을 하고 있다. 다시 말하면, 광고는 소비자 사회화에 있어 중요한 학습 주체로 자리 잡고 있다고 보아야 한다.

반면, 부정적 측면에서 보면 광고는 중요한 사회적 문제를 야기하고 있다. 어린이의 TV 시청시간은 채널의 증가로 인해 점차 늘어나고 있는 추세를 보여 준다. 이처럼 광고가 어린이의 생활 속에 깊이 침투함에 따라 어린이에 대한 광고의 영향력 역시 중요한 사회적 문제로 인식되고 있다. 어린이가 느끼는 불행감, 부모-자녀 간의 갈등, 과도한 물질주의적 가치의 조장 등이 그 예이다.

2) 어린이의 TV 시청과 광고태도

어린이의 TV 시청과 관련한 연구결과를 살펴보면, 어린이들은 대체로 TV를 많이 시청하고 있으며 특정 제품의 광고에 대한 인식도 높은 것으로 나타났다. 어린이들의 TV 시청량은 어린이 주 시청 시간대뿐만 아니라 그 이외의 시간에도 많은 시청량 비율을 차지하고 있다. 이는 어린이 주 시청 시간대의 광고량뿐만 아니라 그 외의 시간에도 어린이에게 광고가 영향을 미칠 수 있음을 보여 준다. 어린이와 청소년은 TV 시청을 통해 지적 발달과 사회성을 높이고, 지식을 제공하여 사고력을 발달시킬 수 있다는 긍정적 측면도 제시되고 있지만, 폭력적 · 선정적인 상황에 자주 노출되면 이러한 상황에 무감각하게 되어 비도덕적 · 비관적인 가치관을 갖게 되며, 과도한 소비를 부추길 수 있는 부정적 측면도 제기된다. 결국 TV 시청은 어린이의 사회화 과정에 중요한 영향을 미치고 있는 것으로 나타났다.

어린이의 TV 시청과 관련된 광고태도 분석결과를 살펴보면, 연구자들이 어린이

표 2-1 어린이의 TV 시청 관련 특징

시청 관련 특징	TV 시청 관련 연구결과
시청 시간 (윤희중, 1991)	• 초등학생: 평균 시청 시간 1시간 20분 • 중학생: 평균 시청 시간 2시간 40분 • 고등학생: 평균 시청 시간 1시간 30분
정보출처 매체 (김경희, 강금지, 1997)	• 식품광고 정보출처는 83.9%가 TV에서 얻음
어린이의 여가활동 (KOBACO, 2005)	• 주로 TV 시청을 함(평일 TV 시청 61.6%, 주말 TV 시청 51.8%)
광고 시청 후 구입 요청 여부 (KOBACO, 2005)	• TV 광고 시청 후 자녀의 특정 제품 구입 요청 여부(20.9%) • 장난감(27.5%) > 아이스크림, 과자(24%) > 게임기(17.1%) > 휴대폰 (14.3%)
TV 유형별 시청량 (현대리서치, 2006)	• 지상파: 평일 116.6분, 주말 165.7분(하루 평균: 130.6분) • 케이블: 평일 96.5분, 주말 128.5분(하루 평균: 105.7분) • 위성방송: 평일 124.7분, 주말 129.8분(하루 평균: 129.8분)

출처: 한상필, 지원배(2010), p. 97.

의 인지발달과 관련하여 많은 연구를 하였다. 대부분의 연구에서 어린이의 인지발달에 따라서 프로그램과 광고의 구별이 가능하고, 연령에 따라 광고에 반응하는 차원이 다르다는 분석결과를 제시하였다. 즉, 연령이 낮은 어린이일수록 즉각적으로 반응하며 시청각적으로 복합도가 높은 광고에 주목한다고 결과를 제시하고 있다. 따라서 연령이 낮은 어린이일수록 비언어적 반응척도를 사용할 때 인지반응이 높아진다고 분석하고 있다.

어린이의 사회적 변인도 중요한 척도 중 하나인데, 가장 중요한 변인은 부모의 교육수준으로 보고 있다. 그것은 부모의 교육을 받았거나 동료 집단과의 교류가 많은 어린이는 광고에 영향을 덜 받게 된다는 연구결과를 제시하였다. 또한 어린이 대상 식품광고에서 부정적인 영향으로 어린이와 부모와의 갈등이 조장될 수 있고, 어린이의 건강에 부정적인 영향을 끼칠 수 있으며, 프로그램 주인공이 광고에 나올 경우 혼동이 생길 수 있다고 분석하고 있다.

표 2-2 TV 시청과 관련된 어린이의 광고태도

연구자	분석결과
Atkin (1978)	어린이들이 TV에서 광고된 장난감이나 시리얼을 사달라고 했을 때 부모가 그것을 거절할 경우에 부모와 어린이 간에 잦은 다툼이 일어난다.
Bever, Smith, Bengen, & Johnson (1975)	광고의 목적에 대한 어린이들의 이해는 그들의 나이와 인지발달에 따라 증가되며, 초등학교 3학년이 될 때면 거의 모든 어린이가 잘 이해하고 표현할 수 있게 된다.
김희정(2003)	첫째, 광고는 어린이와 부모 사이의 갈등을 일으키는 주요 원인이 되고, 둘째, 식품 및 음료 광고는 어린이의 건강이나 식습관에 나쁜 영향을 미칠 수 있으며, 셋째, 어린이는 프로그램과 광고 내용을 잘 구분하지 못하고, 현실과 광고가 만드는 허구의 세계를 혼동한다.
Ward & Wakmam (1973)	나이에 따라 분류해 보면, 5~8세 어린이의 대부분(79%)이 프로그램과 광고의 차이를 아는 데 있어 낮은 수준을 나타냈고, 9~12세 어린이들은 73%가 높은 수준을 보였다.
Sheikh & Moleski (1977)	TV 광고는 어린이 및 청소년에게 강한 영향을 미치는 것으로 나타났으며, 많은 어린이 · 청소년이 광고에 나온 상품을 부모에게 요구하는 것으로 나타났다.

3) 광고 속에 나타난 어린이 표현방식의 진화와 한계

저출산 가정이 늘어남에 따라 가족관계에서 부모 중심이던 문화가 어린이 중심으로 변화되면서 어린이의 의견이 중요시되고 있다. 이러한 현상은 광고에서도 두드러지게 나타나고 있다. 어린이를 모델로 하는 광고 업종으로는 식품 · 음료 · 기호식품이 가장 많았다. 예를 들어, 기호식품인 핫초코 미떼는 2004년부터 시작하여 가족이라는 소재를 중심으로 광고물을 제작하였다. 부모와 자녀와의 관계성에서 나타나는 미묘한 감정을 활용하여 찬바람이 불 때 소통의 매개체로 사용하였다. 특히 최근에는 광고물에서 자녀의 비중이 커졌다. 예컨대, 아버지가 직장 상사와의 불화로 스트레스를 받고 있을 때, 아들이 핫초코 미떼를 보며 “어 그거! 회사 가서 친구랑 나눠먹어~.”라는 촌철살인과 같은 카피를 통해 어린이의 생각이 성인보다 깊은 사고를

부모와 자녀의 관계성을 소재로 한 광고이다.

[그림 2-2] 핫초코 미떼 광고

출처: TVCF 홈페이지.

할 수 있다는 생각을 전달해 주었다. [그림 2-2]에서는 학원 버스에서 통학하는 유치원생들이 자신의 아빠를 자랑하는데 한 아이가 "우리 아빠는 판다거든."이라는 대사와 함께 아빠와의 친밀감을 나타내고 있다. 과거에는 아빠는 아침 일찍 출근해서 저녁 늦게 들어오는 존재로 인식했다면, 지금은 자녀와 소통하는 존재로 변화했음을 알 수 있다. 특히 광고 속에서 어린이들이 주 배경으로 전체 흐름을 이끌어 가고 부모는 어린이의 시각에서 비춰지는 보조적인 수단으로 표현되고 있다.

다음으로 컴퓨터 정보통신, 가정용품, 가정용 전기전자, 출판, 제약/의료 순으로 나타났다. 특이한 점은 과거 인터넷 · 통신 · 전자 광고에서 **어린이 모델**의 비율이 현저히 낮은 것과 달리 최근에는 두 번째로 많이 등장한다는 점에서 상반된 결과라 할 수 있다(남경태, 김봉철, 2004; 현은자, 이은영, 김가영, 2015). 과거에는 컴퓨터 정보통신의 주 소구대상이 성인이었던 반면, 최근에는 어린이의 접근성이 매우 높아지면서 이와 관련된 제품 및 서비스의 구매에 어린이들의 직간접적인 영향력이 증가되었다. 컴퓨터 정보통신 업종 중 우리나라에서 어린이를 모델로 활용하여 성공한 대표적인 광고는 바로 삼성전자 '또 하나의 가족' 기업광고이다. [그림 2-3]의 광고를

어린이를 주 소비자로 묘사한 광고이다.

[그림 2-3] 삼성전자 '또 하나의 가족' 기업광고

출처: TVCF 홈페이지.

보면, 게임을 하는 자녀에게 부모가 "훈아, 한 시간 다 됐다. 게임 그만하고 과일 먹자."라고 하자, 자녀가 "방으로 갖다 주세요."라고 하여 부모를 난감하게 만든다. 결국 1990년대부터 시작되었던 '또 하나의 가족' 삼성전자 광고캠페인은 향후 주 소비자층이 어린이가 될 것이라는 것을 짐작하는 대목이다.

이처럼 어린이가 등장하는 광고에서는 어린이를 대상으로 한 제품뿐만 아니라 성인 등 전 연령층을 소구하는 광고에서도 많이 나타나고 있다. 성인을 대상으로 광고를 제작했던 과거와는 달리, 최근에는 광고에서 어린이를 직접적인 대상으로 설정하는 경우가 늘었는데, 이는 어린이가 의사결정과정에서 중요한 위치를 차지하는 현실이 반영된 결과이다(Oswald, 2013). 어린이가 등장하는 TV 광고의 이미지를 기호학적 관점에서 분석한 결과, 광고 속에서 어린이 모델이 화면을 정면으로 응시하는 장면이 많았고, TV 광고 속 어린이 모델은 독백, 대화, 행동 등 다양한 방식으로 자신의 생각과 감정을 전달하는 역할을 했다.

또한 광고의 이미지는 색상과 구도 등 다양한 요소를 통하여 광고 수용자와 직접적으로 감정을 공유하려는 의미를 나타낸다. 예컨대, IBK기업은행 광고([그림 2-4]

어린이의 순수한 이미지를 활용한 광고이다.

[그림 2-4] IBK기업은행 광고

출처: TVCF 홈페이지.

참조)에서는 천진난만한 여자 어린이의 순수한 이미지가 광고 수용자들로 하여금 상업광고에 대한 거부감을 완화시키고 광고가 주는 메시지에 마음을 열게 만들었다. 어린이는 광고제품과 기업의 이미지를 나타내고, 제품의 장점과 특징을 묘사하며, 감정적으로 소비자를 설득하는 적극적인 역할을 하였다(현은자, 이은영, 이나은, 김가영, 2014). 이처럼 과거와는 달리 광고 속 어린이는 제품의 장점과 특징을 직접적으로 보여 주고, 소비자를 설득하는 적극적인 존재로 인식되고 있다.

그러나 광고 속 어린이의 **젠더 표상**을 살펴본 결과, 성인 모델을 분석한 연구결과와 다르지 않게 성역할에 관한 정형성을 보여 주고 있다. 남녀 어린이가 등장하는 제품의 종류나 어린이 모델이 보이는 폭력성의 정도에서는 여전히 성별 차이를 드러내고 있다. 기능성이 강조되는 제품의 경우 남자 어린이가 등장하는 비율이 높은 반면, 아름다움과 관련된 제품에서는 여자 어린이의 등장이 두드러졌다. 특히 남자 어린이가 여자 어린이보다 약 6배에 달하는 폭력성을 보이거나 폭력성에 노출되었다(남경태, 김봉철, 2004). 이는 적절한 성역할에 대한 학습이 성별에 따라 다르게 이루어질 수 있음을 암시한다. 즉, 정형화된 성 이미지에 노출된 어린이는 폭력적인 행동이 남자 어린이에게 더욱 적절하거나 용인되는 행동이라는 믿음을 가질 수 있다.

어린이의 속성에 관해 비교해 보면, 여자 어린이가 남자 어린이보다 더 긍정적으로 묘사되고 있다. TV 광고에 등장하는 여자 어린이는 남자 어린이보다 희망적이고, 착하고, 안정적이며, 귀엽게 표현되고 있다. 하지만 여자 어린이를 묘사하는 이러한 긍정성이 긍정적으로 해석될 수 있을지는 의문이다. 그 이유는 성인 모델을 대상으로 젠더 표상을 연구한 선행연구들을 보면 이러한 긍정성은 소극적, 수동적, 종속적이라는 부정성으로 해석될 수도 있기 때문이다. 오히려 여자 어린이에 대한 긍정성은 남녀 성역할에 대한 믿음을 어릴 적부터 공고히하는 결과라고 해석할 수도 있다.

임지혜, 엄소명과 이정욱(2015)의 연구에 따르면, 만 5세 남자 어린이들은 광고를 보면서 남자와 여자에 대한 강한 성역할 고정관념을 형성하고 있었고, 남자와 여자라는 대립적인 경계를 만들면서 자신의 성 정체성을 지키려고 하였다. 그러나 성 고정관념이 비교적 덜 드러나는 광고에서는 자신의 성역할 고정관념을 순간순간 해체하기도 하였다. 이러한 결과를 보았을 때, 어린이 TV 광고가 성역할 고정관념에 중요한 영향을 미칠 수 있기에 광고 제작자들은 성역할의 고정관념에 주의를 기울여야 할 것이다. 국내 TV 광고에 등장하는 어린이 모델의 표상은 대체로 능력, 희망, 착함, 안정, 귀여움으로 나타나고 있다. 사회의 보편적 가치관이 광고에 반영되고 있지만, TV 광고에 등장하는 어린이 모델의 표상을 직접적으로 결정하는 사람들은 광고 제작자나 광고주일 것이다. 광고 제작자는 향후 어린이를 광고모델로 활용할 때 우리 사회의 다양한 모습을 반영할 수 있도록 노력해야 할 것이다.

2. 어린이 대상 광고의 쟁점

1) 어린이 대상 광고의 사회적 문제점과 규제

현대사회에서의 광고의 양상은 이성적 광고보다는 감성적 광고가 주류를 이루고 있어 광고의 사회문화적 영향력이 어린이를 포함한 모든 연령층의 소비자에게 막대하다고 볼 수 있다. 어린이 광고의 사회문화적 쟁점으로 '광고가 어린이를 대상으로 **소비자 사회화**의 기재로서 역할을 하고 있는가?' '광고가 어린이에게 물질주의 성향을 갖도록 부추기고 있는 것은 아닌가?' '광고로 인해 부모와 갈등을 일으키는 것은 아닌가?' 등과 같은 문제에 대해 논의하고 있다.

감성적 광고는 사리분별력이 약한 어린이에게 광고의 정보적인 요소를 제대로 전달하지 못할 뿐 아니라 무분별한 구매 충동을 유발하고 소비 풍조를 조장하는 등의 역기능을 일으키게 된다. 어린이 대상 광고는 진실성과 관련된 문제가 가장 크다.

흔히 사용되는 제작기법으로, 첫째, 실제 화면보다 더 크고 더 맛있게 보이게 하고, 둘째, 화면 속의 배경과 그림은 아름답게 하고, 셋째, 음악과 배경음악이 상품을 더욱 매력적으로 보이게 하고, 넷째, 상품의 이름과 상표는 사람들이 기억할 때까지 반복하며, 다섯째, 실제로 가능한 기능 이상으로 부풀려서 보여 준다. 특히 광고에 제시된 문제점은 상품을 통해 반드시 해결된다는 약속을 하고 있다는 점이다. 이러한 결과는 모든 부분이 미성숙한 어린이에게 현실도피를 조장하고 상품 구매를 통해서 문제해결을 할 수 있다는 착각 속에 빠져들게 한다. 즉, 어린이는 광고의 숨은 의도를 알지 못하고 광고 내용을 그대로 받아들이거나 모방한다.

한편, 경제수준이 낮을수록 TV 시청량이 많을수록 물질주의적 경향이 나타났으며 TV 광고로 인한 구매 요구에 대해 부모가 확고한 중재 행위를 수행하지 못하는 것으로 나타났다. 어린이는 광고를 보고 난 후 그 구매 요구 과정에서 부모와 갈등을 경험하고, 광고에 의해 기만당하게 되면 사회와 성인에 대한 불신감이 형성되어 결국은 냉소주의자가 된다. 이러한 결과에서 알 수 있는 것은 어린이는 광고로 인해 물질주의적 가치관을 갖게 되고, 부모와의 갈등을 경험하게 되며, 광고는 바람직한 방향으로 어린이를 사회화하지 못하고 있다는 것이다. 이때 어린이를 보호할 수 있는 광고심의의 필요성이 제기된다.

어린이는 성인에 비해 광고 메시지를 쉽게 신뢰하고 11~12세가 되어서야 광고에 대응하거나 진실성에 의문을 제기할 수 있는 능력을 갖춘다. 일부 개정된 「방송심의에 관한 규정」과 「방송광고심의에 관한 규정」에서 어린이 및 청소년과 관련된 부분을 살펴보면 다음과 같다. 기존의 「방송심의에 관한 규정」에서는 어린이를 14세 미만인 자로, 청소년은 18세 미만인 자로 정의하였으나, 개정된 규정에서는 어린이를 13세 미만인 자로, 청소년은 19세 미만의 자로 규정하고 있다. 어린이의 특성을 볼 때 강렬한 동작과 색상, 빠른 화면, 구체적인 상품 제시, 반복적인 메시지, 구매를 할 경우 확실한 보상을 받을 수 있다는 보장성 메시지, 광고모델의 친근감 등과 같은 광고표현 논리는 어린이 계층에 더욱 설득력 있는 메시지로 광고가 일반 소비자에게 의도하는 것 이상으로 광고효과를 높일 수 있는 가능성이 내재되어 있다. **「방송광고심의에 관한 규정」**에 대한 세부내용은 〈표 2-3〉에 잘 나타나 있다.

표 2-3 방송광고심의에 관한 규정[개정 2016. 12. 22. 방송통신심의위원회규칙 제124호]

제23조(어린이 · 청소년)

① 방송광고는 어린이 및 청소년의 품성과 정서, 가치관을 해치는 표현을 하여서는 아니 되며, 신체가 과도하게 노출되는 복장으로 어린이 및 청소년을 출연시키거나, 어린이 및 청소년이 지나치게 선정적인 장면을 연출하도록 하여서는 아니 된다. 〈개정 2014. 1. 9.〉

② 방송광고는 어린이 보호를 위하여 다음 각 호의 표현을 하여서는 아니 된다. 〈개정 2014. 1. 9.〉

1. 어린이가 상품과 관련된 상업문이나 광고노래, 또는 제품의 특징을 전달하는 표현
2. 상품의 소유로 어린이의 능력이나 행동이 변할 것이라는 표현
3. 상품을 소유하지 못하면 열등감을 갖거나 조롱의 대상이 된다는 표현
4. 상품을 구입하도록 어린이를 충동하거나 부모 등에게 상품 구매를 요구하도록 자극하는 표현
5. 어린이의 사행심을 조장하는 표현
6. 어린이를 위험한 장소에 있게 하거나 위험한 행동을 취하게 하는 표현
7. 어린이의 건전한 식생활 또는 건강을 저해하는 표현

③ 장난감, 게임기 및 기타 어린이들의 관심을 끄는 상품에 대한 방송광고는 어린이의 판단과 경험을 고려하여 다음 각 호의 표현을 하여서는 아니 된다.

1. 상품의 크기와 비례를 실제 이상으로 보이게 하는 표현
2. 장난감이 기계적으로 움직이는지, 수동적으로 움직이는지 분명하지 않은 표현
3. 장난감과 실제 물건이 혼동될 수 있는 소리나 표현

④ 어린이 대상 방송광고에서는 주된 상품 이외의 부수적인 제품이나 경품을 강조하여서는 아니 된다.

⑤ 어린이 대상 방송광고는 상품을 작동시키거나 사용하기 위하여 부속품이 필요한 경우 이러한 사실을 명확히 인식할 수 있는 방식으로 방송하여야 하며, 가격을 고지하는 때에는 상품과 부속품의 가격을 명확히 구분하여야 한다. 〈신설 2014. 1. 9.〉

나이 어린 모델이 선정적인 춤을 추며 구매를 자극하는 광고이다.

[그림 2-5] 선정적인 아이스크림 광고 사례

출처: TVCF 홈페이지.

「방송광고심의에 관한 규정」을 보면 문제의 소지가 있거나 위배가 되는 광고가 곳곳에서 발견되고 있다. 우선, 방송광고는 어린이 및 청소년이 지나치게 선정적인 장면을 연출해서는 안 되는 조항이 있는데, 이를 교묘하게 활용하는 사례도 있다. 과거 아이스크림 광고의 경우 네 가지 종류의 아이스크림을 묶어서 앞 글자만 딴 것으로 하나의 상품이 아니라 네 가지 제품을 한꺼번에 소개하고 있는 광고를 내보냈다. 이 광고에서 나이 어린 모델이 춤을 추면서 '한 번 먹고 꽂혀 버렸어 ○○○○에……'라는 CM을 부르며 모델이 탄성을 지르는 모습들이 나와 선정적인 느낌을 주었다([그림 2-5] 참조). 이 광고에 나온 모델이 설령 성인이어도 시청자들은 청소년으로 오인할 수 있기에 주의가 필요하다.

다음은 어린이가 상품과 관련된 상업문이나 광고 노래 또는 제품의 특징을 전달하면 안 되는데, 이를 간접적으로 위반한 광고 사례이다. 과거 초코파이 광고에서 어린이가 제품을 가리키는 화면과 "정이 뭔데. 정 모르지."라고 표현하였다. 제품을 직접 제시하는 표현은 아니지만, 어린이가 제품의 주요 카피인 '정'에 대해 언급하는 것은 어린이 상업문 전달 표현으로 볼 수 있어 광고를 수정하게 하였다.

상품의 소유로 인해 어린이의 능력이나 행동이 변할 것이라고 표현한 사례도 있었다. H사의 '집념과 중심 & 노력 초콜릿'은 초콜릿 제품임에도 불구하고 초콜릿을 먹으면 집중력이 생기고 두뇌 회전이 좋아지는 것처럼 광고에서 표현하고 있다. 어린이들이 퀴즈를 풀면서 집중력이 필요한 순간에는 초콜릿이 필요하다는 것을 보여줌으로써 마치 상품을 소유하여 퀴스를 더 잘 풀 것으로 오인할 수 있는 광고이다([그림 2-6] 참조).

다음으로 상품을 구입하도록 어린이를 충동하거나 부모 등에게 상품 구매를 요구하도록 자극하는 사례도 있다. 패스트푸드 광고에서 제공하는 인형의 수량이 한정되어 있음을 나타내는 "늦게 오면 없어요."라는 멘트는 광고 상품이 어린이를 주 소구 대상으로 하는 상품인 것을 고려할 때, 구매를 충동 · 자극할 우려가 있는 것으로 판단하였다. 패스트푸드 업체의 장난감 사은품 제공을 내세운 광고에서는 해당 장난감이 등장하는 영화 장면을 통해 동일한 장난감을 사은품으로 제공한다면서 상품 구매를 유도하고 있는데, 본 제품에 대한 광고보다는 사은품 광고(영화 화면 포함)가 과다하여 어린이에게 충동구매를 유도하였다는 점에서 문제가 되었다. 그 밖에 어린이

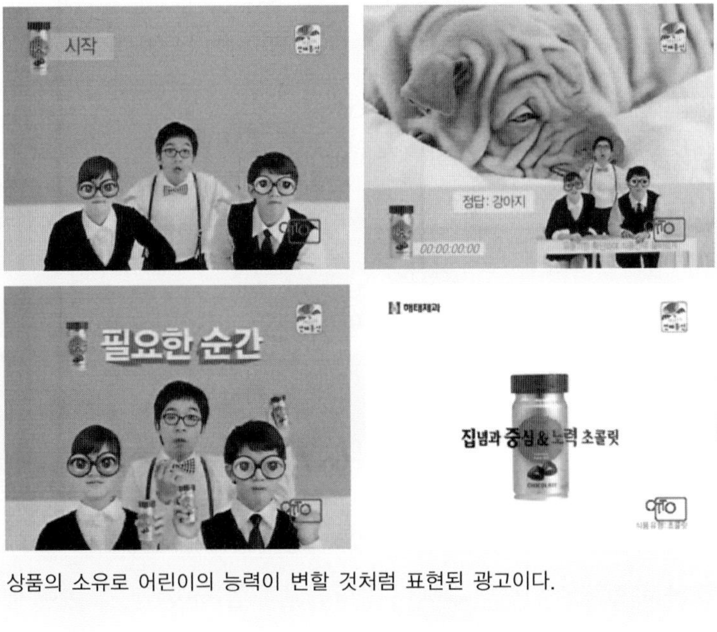

상품의 소유로 어린이의 능력이 변할 것처럼 표현된 광고이다.

[그림 2-6] 초콜릿 광고 사례

출처: TVCF 홈페이지.

영양보충용 식품 광고에서 어린이 모델들이 밥 위에 콩을 덜어 내어 옆 사람에게 주는 편식 표현 장면은 어린이의 건전한 식생활 저해 표현으로 지적되었다.

한편, 공정거래위원회에서도 「**표시 · 광고법**」을 기반으로 규제를 실시하고 있다. 소비자 안전에 관한 표시 · 광고 심사지침 중 어린이 관련 규정이 있는데, 어린이 관련 상품 등에 관한 부당한 표시 · 광고 예시는 다음과 같다. 어린이 등이 주로 사용하는 폭죽 제품에 안전상 필요한 사용방법이나 주의사항이 영문이나 한자로만 표시되어 있어서 어린이 등이 이를 오인하여 안전과 관련한 주의를 하기 어렵도록 표시 · 광고하는 경우, 장난감을 가지고 높은 곳에서 뛰어내리거나 장난감으로 때리거나 던지거나 사용하여도 자신 또는 타인의 생명 등에 위해가 없는 것처럼 사실과 다르게 표시 · 광고하는 경우, 장난감 등 어린이 관련 상품 등에 있어서 해당 상품에 표시 · 광고된 그림이나 설명 등을 어린이가 모방했을 때 생명 등에 위해를 발생시킬 수 있는 사항에 대하여 사실과 다르게 또는 은폐 · 축소 등의 행위를 하여 표시 · 광고하는 경우, 어린이 놀이방 매트에 대하여 인체에 해로운 환경호르몬을 포함하고 있음에도 불구하고 이 사실을 은폐 · 축소하여 "○○사의 믿을 수 있는 기술로 만들어 어린이에게 안전한 매트"라고 표시 · 광고하는 경우, 어린이가 사용할 경우에 생명 등에 위해를 초래할 우려가 있어서 보통의 성인만이 사용할 수 있는 의약품에 대하여 성인전용이라고 표시 · 광고하지 않거나 어린이에 대해서는 안전성이 확립되어 있지 않음을 표시 · 광고하지 아니하는 경우, 어린이가 주로 섭취하는 제품 ○○에 대하여 사실과 다르게 "무농약, 무화학비료로 재배한 정말 귀한 유기농 원료로 만든 ○○"이라고 표시 · 광고하는 경우 등이 있다.

2) 어린이 대상 식품광고 규제

어린이 비만율이 높아지면서 영양섭취 과잉과 운동량 부족으로 인한 생활습관병 증가로 사회경제적 비용이 증가하고 있다. 미국의 경우 6~11세 소아의 비만율이 최근 20년 사이 약 2배 증가한 반면, 우리나라는 18세 이하 비만율이 최근 7년 동안

1.5배 증가하여 과체중 및 비만율이 급격히 상승하고 있다(보건복지가족부, 2005). 2007년 2월 9일부터 16일까지 TNS미디어코리아에서 소사한 결과에 따르면, 오전 8시부터 9시 사이에는 중 · 고등학생보다는 미취학 어린이가 높은 TV 시청률을 보였으며, 오후 7시에는 성인보다 미취학 어린이, 초등학생, 중고등학생에게 높은 시청률이 나타났다. TNS미디어코리아(2007) 조사결과에 따르면, 어린이 프로그램 전후에 나오는 광고의 1/3 이상이 식품광고였다. 식품광고 중 과자, 시리얼, 탄산음료, 라면 등 당과 나트륨이 높은 가공식품의 비율이 2/3 이상을 차지하고 있다.

어린이 식품광고의 연구 분석결과를 살펴보면 다음과 같다. 위닉 등(Winick, Williamson, Chuzmir와 Winick, 1973)은 어린이 대상 식품광고의 표현을 분석하였는데, 제품광고의 유형으로 스낵 및 디저트 식품류(22%), 시리얼류(20%), 과자류(20%), 음료수(16%), 다른 식품류(15%)의 순으로 나타났다. 이 중 절반 정도가 애니메이션 표현방법을 채택하였고, 2/3의 광고에서 슬로건을 채택하였으며, 대다수의 광고가 맛, 향기 등의 주제를 언급하고 있으나 영양에 대한 주제의 언급은 거의 없는 것으로 나타났다. 어린이는 TV 식품광고를 시청한 후 약 60%가 그 제품을 구매하고 있었고, 실제 구매를 해 본 어린이 중 45%가 실제와 다르거나 속았다고 생각하고 있어 어린이 식품광고에 대한 표현에 주의를 기울여야 할 것으로 나타났다(김경희, 강금지, 1997). TV에서 어린이 대상 식품광고의 표현상 특성을 살펴보면, 먼저 식습관에 대한 표현 내용 중 '구매 욕구 자극'에 대한 표현이 가장 많이 사용되고 있었다. 소비자 현혹에 대한 표현 내용을 살펴보면, 인지능력이 떨어지는 어린이를 현혹하기 위한 방법으로 '프로그램 동화 사용' '광고 모델' '호스트 셀링(host selling)' '외부 인증' '이벤트 · 경품' '의약 효과 및 두뇌 향상 표현' 등을 사용하고 있었다. 광고의 자막 표시와 관련된 내용에서는 자막 표시를 사용하는 광고가 대부분이었으나 제품과 관련된 성분 표시보다는 자사에 유리한 정보를 내보냈다(한상필, 지원배, 2010).

어린이 대상 식품광고 내용에 대한 국내외 문헌연구를 살펴본 결과, 올바른 식습관 저해, 판촉 광고 확대, 구매 욕구 자극 등이 어린이에게 영향을 미칠 수 있는 요인으로 나타났다. 우리나라에서는 2010년부터 「**어린이 식생활안전관리 특별법**」 및 「어린이 식생활안전관리 특별법 시행령」을 시행하여 **고열량 · 저영양 식품**에 대해서 〈표 2-4〉와 같이 광고를 제한 · 금지하고 있다.

고열량 · 저영양 식품에 대한 TV 광고를 오후 5~7시에 금지하고, 그 밖의 시간에도 어린이를 주 시청대상으로 하는 프로그램에는 관련 중간 광고를 할 수 없게 하는 규정을 도입하였다. 정부는 이후 2013년 1월 이 규정의 존속기한을 2년 더 연장하였고, 2014년 1월에는 카페인 식품을 광고 제한 대상에 포함시켰으며, 2015년 1월에는 존속기한을 다시 연장하여 현재까지 진행되고 있다. 윤지현, 정상진, 이수경과 김효규(2015)의 고열량 · 저영양 식품의 TV 광고 제한과 어린이 비만의 관계에 관한 연구에 따르면, 비만율은 TV 광고 제한 후에 통계적으로 유의한 증가를 보이지 않았

표 2-4 「어린이 식생활안전관리 특별법」의 광고 제한 · 금지 내용

제2조(정의)

이 법에서 사용하는 용어의 정의는 다음과 같다. 〈개정 2010. 5. 25., 2013. 3. 23〉

2. "어린이 기호식품"이란 「식품위생법」 또는 「축산물 위생관리법」에 따른 식품 중 주로 어린이들이 선호하거나 자주 먹는 음식물로서 대통령령으로 정하는 식품을 말한다.
5. "고열량 · 저영양 식품"이란 식품의약품안전처장이 정한 기준보다 열량이 높고 영양가(營養價)가 낮은 식품으로서 비만이나 영양불균형을 초래할 우려가 있는 어린이 기호식품을 말한다.

제10조(광고의 제한 · 금지 등)

① 어린이 기호식품 중 고열량 · 저열량 · 저영양 식품 및 고카페인 함유 식품을 제조 · 가공 · 수입 · 유통 · 판매하는 자는 방송, 라디오 및 인터넷을 이용하여 식품이 아닌 장난감이나 그 밖에 어린이의 구매를 부추길 수 있는 물건을 무료로 제공한다는 내용이 담긴 광고를 하여서는 아니 된다. 〈개정 2016. 2. 3.〉

② 식품의약품안전처장은 어린이 기호식품을 제조 · 가공 · 수입 · 유통 · 판매하는 자가 「방송법」 제2조제1호 가목의 텔레비전방송을 이용하여 고열량 · 저영양 식품과 고카페인 함유 식품을 광고하는 경우 그 광고시간의 일부를 제한하거나 광고를 금지하게 할 수 있다. 〈개정 2013. 3. 23.〉

③ 식품의약품안전처장은 제2항에 따라 광고시간의 일부를 제한하거나 광고를 금지하고자 하는 경우 그 대상이 되는 고열량 · 저영양 식품을 정하여 고시하여야 한다. 〈개정 2013. 3. 23.〉

④ 제2항에 따라 광고가 제한되는 시간, 그 밖에 제한 및 금지와 관련된 필요한 세부사항은 대통령령으로 정한다.

「어린이 식생활안전관리 특별법 시행령」
제7조의2(광고시간의 제한 등)

① 법 제10조제2항에 따라 어린이 기호식품을 제조 · 가공 · 수입 · 유통 · 판매하는 자에게 고열량 · 저영양 식품에 대한 텔레비전방송광고를 제한하는 시간은 오후 5시부터 오후 7시까지로 한다.

② 식품의약품안전처장은 제1항에 따른 텔레비전방송광고 제한시간 외에도 어린이 기호식품을 제조 · 가공 · 수입 · 유통 · 판매하는 자에게 어린이를 주 시청대상으로 하는 방송프로그램의 중간광고(「방송법」 제73조 제2항 제2호에 따른 중간광고를 말한다. 이하 같다)에 고열량 · 저영양 식품의 광고 금지를 명할 수 있다. 〈개정 2013. 3. 23.〉

③ 제2항에 따른 어린이를 주 시청대상으로 하는 방송프로그램의 범위 등에 관하여는 식품의약품안전처장이 미래창조과학부 및 방송통신위원회와 협의하여 정한다. 〈개정 2013. 3. 23.〉

④ 식품의약품안전처장은 제2항에 따라 중간광고를 금지하려는 때에는 법 제25조에 따른 어린이식생활안전관리위원회(이하 "위원회"라 한다)의 심의를 거쳐야 한다. 〈개정 2013. 3. 23.〉

[전문개정 2013. 2. 5.]

지만 제도가 장기적으로 지속되거나 적극적인 개입의 방향으로 확대된다면 어린이 비만율의 감소에 기여할 것으로 보았다. 그러나 어린이가 오후 5~7시에 TV를 시청하는 경우가 많지 않아 현행 제한 시간대의 비현실성을 지적하였다.

3) 어린이 대상 해외 광고 규제 현황

TV 광고에 대한 국가별 규제 현황을 살펴본 결과(WHO, 2004), 73개 국가 중 62개(85%)의 국가가 어린이와 관련된 세부적인 TV 광고에 대한 규제를 하고 있었고, 46개(63%)의 국가는 법적 지침을 가지고 있었으며, 51개(70%)의 국가는 자율 규제를 실행하고 있었다. 법적 규제와 자율 규제가 함께 존재하고 국가는 37개 국(50%)이었고, 32개의 국가는 세부적인 어린이 대상 TV 광고에 대한 규제를 하고 있었다. 어린이를 대상으로 하는 세부적 규제는 어린이를 오인하게 하거나 기만하게 하는 것을 막는 목적으로 구성되었다.

미국은 1974년 어린이 대상 광고 자율 규제 기구로서 **어린이광고심사위원회**(Children's Advertising Review Unit: CARU)를 설립하였다. CARU는 어린이가 매체에 무방비 상태로 노출될 뿐만 아니라 쉽게 영향을 받는다는 점을 고려해 어린이 대상 광고주의 특별한 주의와 노력을 요구하고 있다. CARU의 '어린이 광고에 대한 가이드라인'은 〈표 2-5〉와 같은 기본 원칙을 두고 있다.

표 2-5 미국의 어린이 광고에 대한 가이드라인

- 광고주는 판단능력과 이해력이 부족한 어린이들을 갖가지 해악으로부터 보호할 특별한 책임을 진다.
- 광고주는 어린이들의 풍부한 상상력을 부당하게 이용하지 않도록 배려해야 한다.
- 광고에 의해 직접 또는 간접적으로 제품의 품질이나 성능에 대해 과다한 기대를 유발해서는 안 된다.
- 광고가 어린이의 교육에 중요한 일부를 차지한다는 점을 인식해서 광고주는 정보를 성실하고 정확하게 어린이들이 알기 쉬운 말로 전해야 한다.
- 광고주는 어린이들에게 유익하고 바람직한 사회 행동을 적극 환기시키도록 해야 한다.
- 친사회적이고 바람직한 역할 모델을 제시하기 위해 소수 민족이나 기타 계층의 사람들을 적극 광고에 포함하도록 배려한다.
- 어린이의 인격 형성이나 사회성의 발달에 영향을 주는 요인은 여러 가지가 있지만 특히 부모는 어린이를 지도할 책임이 있다. 따라서 광고주는 이러한 부모-자식 관계의 구축에 공헌해야 한다.

출처: 김국진(2012).

규제를 하는 주요 국가들은 대부분 유럽 국가들이다. 33개 유럽 국가들은 TV 광고 규제의 형식을 가지고 있으며, 아일랜드, 네덜란드, 영국과 같은 국가는 강력한 규제를 실행하고 있다. 27개의 국가는 자율 규제와 법적 규제를 모두 가지고 있다. 유럽에서는 어린이를 대상으로 하는 TV 광고의 시간과 규제의 제한에 대한 규제 또한 널리 적용되고 있다. 25개의 유럽 국가는 어린이를 대상으로 하는 30분 이하의 TV 프로그램은 광고를 방영할 수 없고, 11개의 국가는 더 세부적인 제한을 하고 있다. 이러한 규제의 범위는 어린이를 대상으로 하는 TV 광고에서 약하게는 어린이 프로그램에 등장하는 캐릭터의 제한부터 강하게는 완전한 금지까지이다(Hawkes, 2004).

북유럽 국가들은 소비자 옴부즈맨의 활동이 어린이 대상 광고 규제에 있어서 중요한 역할을 하고 있다. 예를 들어, 핀란드는 어린이와 마케팅에서 세부적 지침을 발전시켜 왔고, 이러한 지침의 내용에 반하는 기업은 강제적 규제를 받게 된다. 스웨덴과 노르웨이에서는 어린이를 대상으로 한 광고가 1990년대 이후 금지되어 왔다.

주요 유럽 국가들의 어린이 대상 광고의 시간 및 내용 규제를 살펴보면 〈표 2-6〉과 같다.

해외에서 어린이 대상 식품광고 규제를 구체적으로 살펴보면 다음과 같다. 미국의 **연방통상위원회**(Federal Trade Commission: FTC)는 어린이의 치위생에 해가 되는 설탕 첨가 음식물의 광고를 금지하거나 건강에 관련된 주의 문구를 삽입하여 균형을 맞춰야 한다고 제시하고 있다. 그러나 미국의 경우 정부 규제보다는 CARU의 어린이 광고 자율 규제 지침을 통해서 포괄적인 **자율 규제**를 실시하고 있다. 내용상의 규제를 살펴보면, 식사시간을 나타내는 광고에서 균형 있는 식습관을 표현해야 하고, 간식 식품은 식사 대용이 아닌 간식 식품이라는 것을 뚜렷하게 설명해야 한다. 또한 유명인의 출연으로 제품이 고품질일 수 있다는 잘못된 인상을 주지 말아야 하고, 프로그램 주인공이 경품 · 서비스 등을 판촉하는 데 이용되어서는 안 된다고 명시되어 있다. 미국의 경우 정부 규제보다는 미디어사의 자율 규제를 하고 있으며, 식품업계

표 2-6 유럽 국가 어린이 대상 광고의 시간 및 내용 규제

국가	세부 광고 규제
노르웨이, 스웨덴	12세 이하의 어린이를 대상으로 하는 광고 금지
오스트리아, 벨기에, 룩셈부르크, 노르웨이	어린이 프로그램을 전후로 하는 광고 금지
이탈리아	만화영화 시간대의 광고 금지. 해당 프로그램에 등장하는 만화 캐릭터를 사용한 광고는 그 프로그램 전후 2시간 동안에 사용될 수 없음
핀란드, 독일	어린이에게 직접적인 제안을 통해 구매를 촉진하는 광고 금지
핀란드	잘 알려진 만화 주인공과 또는 어린이가 등장하여 판매에 영향을 주는 광고물 금지
덴마크	어린이 프로그램에 등장하는 인물이나 동물은 어린이 대상 광고에서 사용될 수 없음
영국	오후 9시 이전의 모든 어린이 대상 광고 금지. 어린이 TV 프로그램을 기반으로 하는 제품은 그 관련한 프로그램의 전후 2시간 동안 광고할 수 없음

출처: Hawkes (2004).

에서도 업계의 자율적인 노력이 시도되고 있다.

미국과는 달리, 영국은 상당히 세부적인 어린이 대상 식품광고에 대한 규제를 하고 있다. 영국에서는 18세 이하 어린이 · 청소년을 보호하고 유해한 광고를 차단하기 위해 법안을 만들었다. 영국은 광고 규제를 하기 위하여 1단계로 식품광고가 어린이의 식습관에 미치는 영향 조사를 실시하였고, 2단계로 HFSS(High Fat, Salt and Sugar: 고지방, 고염분, 고과당) 식품 분류 기준을 정했으며, 3단계로 소비자, 식품업계, 광고업계 등 다양한 집단의 자문위원을 구성하여 규제를 실시하였다. 영국의 통합규제기구(Office of Communications: Ofcom)는 16세 이하 어린이의 HFSS 식품광고에 대한 노출을 줄이고, 광고 내용의 기준을 정하는 것에 의해서 부모뿐만 아니라 어린이의 보호를 강화하려고 하며, 이는 HFSS 식품광고에 의해 어린이가 감정적으로 연관되는 것과 어린이나 부모가 제품의 주장에 대해 오인하는 것을 줄이는 데 목적이 있다(FSA, 2005). 규제 내용으로는 식품 · 청량음료 광고와 관련하여 식습관, 구매 압력, 사은품 제공, 캐릭터와 유명인의 등장에 대한 제한을 하였고, 식품광고의 정확성, 과도한 소비, 치아 건강, 식품의 규정량 등 식품과 규정량에 대한 조항을 만들었다.

스웨덴은 어린이 프로그램 전후로 방영되는 12세 이하의 어린이를 타깃으로 하는 모든 광고는 금지하고 있다. 이러한 조치는 식품이 좋고 나쁨을 떠나서 프로그램 내용으로부터 광고 메시지를 구별할 수 없는 12세 이하의 어린이를 보호하고자 하는 의지가 반영된 것이라 볼 수 있다. 특히, 아일랜드의 경우 기존의 규제를 개정하여 건전한 생활습관이나 불건전한 식습관을 조장하지 못하도록 하였고, 유명인, 스포츠 스타, 만화 캐릭터를 식품이나 음료의 판매를 촉진하는 데 사용할 수 없게 하며, 치아 건강과 관련한 로고를 포함시키기도 하였다(한국광고자율심의기구, 2004). 이와 같이 많은 해외 국가에서는 자율 규제 또는 정부 규제 형태로 국가별 식품과 관련된 어린이 대상 TV 광고를 규제하고 있다.

4) 키즈 콘텐츠 시장의 성장과 광고시장의 변화

21세기 소비시장의 핵심 키워드는 '어린이'라 해도 과언이 아닐 정도로 어린이가 중요한 소비자로 급부상하고 있다. 다양한 문화산업 전략에 따라 틈새시장에 불과하던 어린이 산업이 이제는 주요 시장으로 성장하였다. 특히 자신을 표현할 수 있는 유튜브 콘텐츠의 확산으로 실제 어린이가 수익을 창출하는 경우가 늘어나고 있다. 최근 국내 유튜브 콘텐츠 중 최대 광고수익을 올리고 있는 '보람튜브' 주인공 보람이(6세)의 가족회사가 95억 원 상당의 강남빌딩을 매입했다고 신문에서 보도되었다(정은혜, 2019. 7. 23.). 보람이의 유튜브 방송은 가족과 함께 장난감을 가지고 놀거나 요리를 해 먹는 등 일상을 담고 있다. '보람튜브 브이로그'는 구독자 수만 1,700만 명이 넘는다. 보람튜브 토이리뷰의 구독자는 1,300만 명 이상이다. 미국의 유튜브 분석 사이트인 소셜블레이드에 따르면, 한국 유튜브 채널 중 광고수익 1위 채널은 '보람튜브 토이리뷰'로 월 160만 달러(약 19억 원)로 추정되고, 2위도 '보람튜브 브이로그'로 150만 달러(17억 8,000만 원)로 추정된다. 두 채널의 광고수익으로 보람패밀리

[그림 2-7] 보람튜브

출처: 보람튜브 유튜브 채널.

는 매달 최소 36억 원 이상의 매출을 올리고 있다.

키즈 콘텐츠 산업이 지속적으로 발전하면서 기존의 매체 중요도가 떨어지고, 모바일을 활용한 매체가 급성장하고 있다. 키즈 콘텐츠 산업의 인기는 다중채널 네트워크(Multi Channel Networks: MCN) 기업들의 전망도 밝게 한다. 현재 1인 크리에이터들이 운영하는 유튜브 채널 중 상위권을 차지하는 것은 대부분 키즈 콘텐츠 채널들이다. 국내 탑 크리에이터 '도티'가 소속된 '샌드박스네트워크'의 투자사인 게임개발업체 '넵튠'은 샌드박스 네트워크의 지분 23.9%를 보유했는데, 2018년 10월 말의 최저가와 비교했을 때, 2019년 1월 기준 주가가 66% 이상 상승했다(이정은, 2019. 1. 21.).

키즈 크리에이터들의 콘텐츠는 다양한 장난감을 활용해서 재미있게 노는 영상들이 많다. 주 소비층인 '키즈' 세대의 특성상 영상 속에 등장하는 어린이 제품이 그대로 구매로 이어지기 쉬워서 영상과 제품, 콘텐츠와 광고의 융합이 자연스럽기 때문이다. 결과적으로 키즈 콘텐츠를 매개로 콘텐츠 산업과 광고산업의 융합을 이끄는데 일조한다(유진희, 2019).

최근 키즈 콘텐츠 시장에서는 또래 세대를 대표하는 어린이 크리에이터들이 늘고 있다. 대표적으로 '보람튜브' '마이린TV' '어썸하은' '라임튜브' 등을 들 수 있다. '보람튜브'와 '마이린TV'는 두 아이가 놀고 공부하는 일상의 모습을 담고 있다는 점, 다양한 문구 · 완구나 교육용 교재, 식품 · 음료, 의류 등 제품들의 PPL 또는 브랜드사와의 협업을 통한 '**브랜디드 콘텐츠**'가 등장한다는 점에서 유사한 면이 있다. 키즈 장르의 특성상 일상생활 속에서 아이들의 감정, 판단, 행동 등을 보여 주는 내용들로 구성되다보니 등장하는 모든 소품은 광고에 준하는 강력한 홍보 효과를 갖게 된다.

브랜디드 콘텐츠는 브랜디드 엔터테인먼트를 포괄하는 개념으로 광고를 엔터테인먼트 맥락에서 통합하여 생산된 콘텐츠를 말한다(지원배, 2019). 엔터테인먼트에 대한 소비자 욕구의 증대는 브랜디드 엔터테인먼트 전략을 등장시켰고, 디지털 미디어 기술에 의해 이 전략은 보다 구체적인 전술의 힘을 얻어 목표 소비자층을 향해 집행된다(조재영, 2014). 즉, 키즈 콘텐츠에 열광하는 소비자는 브랜드가 녹아 있는 콘텐츠를 즐기면서 구매 결정을 하게 된다. '보람튜브' 채널에서 최다 조회수를 얻은 영상은 2.9억 뷰를 기록했는데, 영상 한 편에 각종 자장면 제품들과 양치도구 세트가 등장한다. '마이린TV'에서 가장 인기 있는 콘텐츠는 '밤 12시에 엄마 몰래 라면 먹기'에 도전하는 영상으로 누적 조회 수는 823만이며, '엄마가 숨긴 문방구에서 산 액체괴물 장난감' 영상도 270만 조회 수를 기록하였다(유진희, 2019).

하지만 모바일을 활용한 키즈 콘텐츠의 증가로 어린이들이 스마트폰에 중독되는 부작용을 초래하고 있다. 스마트폰 중독으로 사람들 간의 대인관계가 악화되고, 공격적인 성향 및 선정적 콘텐츠로 어린이의 정서발달을 저해한다. 뿐만 아니라 브랜디드 콘텐츠라는 명목하에 상업적 메시지를 제공하여 어린이로 하여금 무비판적으로 받아들이게 하여 소비를 부추기고 있다. 따라서 이러한 동심을 악용한 지나친 상술 또는 자극적 내용을 담은 콘텐츠가 유통되지 않도록 인터넷상에서의 가이드라인 마련이 시급하다.

인터넷 광고는 한국인터넷광고심의기구에서 업계 차원의 자율 규제를 진행하고 있다. 어린이에 관한 조항을 보면 선정적인 내용이 주요 골자이다. 구체적으로 살펴보면, 제18조(어린이 · 청소년 보호)에서는 "청소년에게 유해한 인터넷 광고는 청소년의 접근을 제한하는 기능이 없이 배포하거나 시청 · 관람 또는 이용에 제공해서는 안 된다."라고 명시하고 있는데, 구체적으로 "① 청소년에게 성적인 욕구를 자극하는 선정적인 것이나 음란한 것, ② 성폭력을 포함한 각종 형태의 폭력행사와 약물의 남용을 자극하거나 미화하는 것, ③ 청소년의 건전한 인격과 시민의식의 형성을 저해하는 반사회적 · 비윤리적인 것, ④ 청소년에게 정신적 · 신체적 건강을 해칠 수 있는 우려가 있는 청소년 유해매체, 청소년유해업소, 청소년유해물건 또는 청소년유해약물 등이 내용에 포함된 것 등 선정적인 내용의 광고는 배포 등을 금지해야 한다."라고 명시하고 있다.

또한 20조(성인광고)에서는 "① 불특정 다수를 대상으로 하거나 어린이 · 청소년을 대상으로 하는 디지털 전송매체에는 성인광고를 게재하여서는 아니 된다. ② 성인 광고물은 '로그인' 또는 '성인인증' 과정 등을 통해 성인에게만 노출하여야 한다.

③ 사실적이거나 자극적인 성행위 장면이 노출된 광고소재의 집행을 해서는 아니 된다. ④ 성인 광고물에 연결된 인터넷 홈페이지는 성인임을 확인할 수 있는 인증수단을 갖추어야 하며, 당해 인터넷 홈페이지를 종료할 경우 연결된 인터넷 홈페이지를 두어서는 아니 된다."라고 명시함으로써 어린이나 청소년이 성인광고에 접촉할 수 없도록 제도적 장치를 마련하도록 하였다.

어린이와 청소년 보호를 위한 인터넷 선정적 광고의 규제 방안에 대해서 전문가들은 어린이 및 청소년 보호를 위한 강력한 수준의 규제 방안이 필요하다는 의견을 내놓았다(김봉철, 안주아, 2015). 이들은 구체적인 방안으로 삼진아웃제와 같이 선정적 광고를 반복적으로 게시하는 광고주에 대한 처벌, 시스템적으로 어린이와 청소년의 선정적 광고에 대한 접근 차단법 등을 제시하였다. 또한 인터넷 매체들을 언론사로 등록시켜 관리하는 방안을 제시하기도 하였다.

이 장에서는 광고와 어린이에 대한 다양한 관점을 살펴보았다. 디지털 매체의 성장으로 어린이는 수용자인 동시에 제작자의 역할을 수행하고 있다. 결국 어린이는 수용자를 넘어서 콘텐츠 제작자로 확장되어 다양한 어린이 시장을 창출할 것이고, 이로 인해 어린이의 역할과 활동, 소비는 늘어날 것이다. 이때 명심해야 할 점은 성인이 어린이를 무분별하게 상업적으로 이용해서는 안 된다는 것이다. 어린이의 의사를 존중하고 그들이 선택할 수 있는 권리를 주어 자연스럽게 어린이 광고시장이 성장할 수 있도록 지켜 주어야 한다.

제3장

공익광고

서영택(한국방송광고진흥공사 미디어다양성팀 차장)

1. 공익광고의 배경
2. 공익광고의 유래와 역사
3. 공익광고의 개념 정의와 범주
4. 세계 각국의 공익광고
5. 우리나라의 공익광고
6. 공익광고의 확장
7. 공익광고의 당면 과제

◈◇◈

공익광고는 대표적인 설득 커뮤니케이션의 툴인 광고를 통해 우리 사회가 당면하고 있는 여러 가지 사회문제에 대해 사회 구성원들 간의 인식을 공유하고, 올바른 해결 방안을 제시하며 바람직한 행동 변화를 유발함으로써 사회의 건전한 발전을 견인하는 데 주요한 역할을 해 오고 있다. 감동적인 공익광고 한 편은 우리의 가슴속에 건강한 시민의식을 다시 일깨우며 양심의 메아리를 울리게 한다. 광고가 사회를 비추는 거울이라 한다면, 공익광고는 우리 사회를 이끄는 나침반이라 할 수 있을 것이다. 이 장에서는 광고를 통해 사회 발전을 이끌어 온 공익광고의 역사, 발전과정 그리고 당면과제들에 대해 살펴보고자 한다.

1. 공익광고의 배경

1) 공공의 개념

공익광고란 영리를 추구하는 상업광고와 다른 공공선의 목적 달성을 위한 광고로서 상품 및 서비스를 판매하기 위해 소비자에게 소구하는 상업적 광고와는 대치되는 광고의 한 형태이다. 공익광고는 상업적인 영리를 목적으로 하지 않는다는 점에서 공공의 개념과 밀접한 연관이 있으며, 공익광고 캠페인의 궁극적인 지향점은 공공의 이익 달성에 있다고 할 수 있다. 공공성의 개념은 흄(David Hume, 1711~1776)이 제시한 **사회적 공감**(social sympathy)과 맥을 같이 하는데, 그는 인간의 이기심은 다른 사람과의 커뮤니케이션을 통해 사회적 공감으로 발전할 수 있다 하여 '공공성'의 철학적 기초개념을 설명하였다. 하버마스(Jürgen Habermas, 1962)는 그의 저서『공공성의 구조전환(Structurwandel der Öffentlichkeit)』에서 **'시민적 공공성'**은 근대국가에서 시민사회가 확립되어 가는 과정에서 성립되었다고 해석되는 역사적 개념이라 하였으며, 하세가와(長谷川公一, 1993)는 공공성이란 "일반적으로 사적인 것에 대비되는 공적인 성질과 가치라 할 수 있으나, 그 구체적인 함의와 사회적 기능은 사회에 따라 특히 국가로부터 자립한 시민사회의 전통이 강한가 약한가에 따라 달라진다."라고 하였다(우에조 노리오, 2005). 공익성은 사전적으로 ① 일반에게 공개되어 잘 알려진 것, ② 전 국민이나 국가 및 정부에 관련되었거나 영향을 미치는 것, ③ 일반 공중에게 관련된 것이나 이들에 의해 이용되고 공유되는 것이나 곳(예: 공중화장실, 공영주택 등), ④ 사적인 것과 반대되는 공동체의 이익과 관련된 것이라는 의미를 가지고 있다(윤석민, 2008). 철학사상적 맥락에서 공익성의 개념은 ① 공공체의 이익, 다수의 이익, 환경에 대한 책임, 사회적 책임 등 전체의 효용성을 극대화하는 의미의 차원, ② 사회적 약자의 보호, 개인의 자유 보장, 기본권 보장 등의 사회적 가치에 대한 실현을 의미하는 차원, ③ 공론의 장 마련, 시민의식에서 능동성과 참여를 강조하는 과정과 절차에서의 공익성을 실현하는 차원이다(박혜영, 2018).

'공익'이란 개념은 다분히 철학적이어서 대단히 논쟁적인 성격을 지니고 있으며, 대체로 어떤 사회에 공익이 존재한다고 가정할 때 우리는 그 의미 속에 흔히 보편화된 가치, 공동체의 권익, 재화나 용역의 사회적 효용가치 극대화, 미래의 이익이나 효용성, 다수의 이익, 사회적 약자의 이익과 같은 요소들을 포함시킨다. 따라서 공익 개념의 핵심 요소는 공동체의 유지, 자원의 효율적 배분, 사회적 약자의 보호로 요약될 수 있다(김민기, 박기태, 2005). 코틀러(Philip Kotler, 1980)는『마케팅 원리(Principles of marketing)』의 사회적 마케팅(social marketing) 중에서 다음과 같은 예를 소개하고 있다. 흡연이 건강에 해롭다는 것은 의학적으로 이미 증명된 사실이기 때문에 공익캠페인을 통해 흡연의 해악에 대해 홍보하였지만 흡연을 하던 사람들이 금연을 하게 되면 니코틴 금단 현상과 스트레스 때문에 사탕을 먹거나 입맛이 좋아져 과식을 하게 되어 비만이 되는 사례가 많이 발생하였다. 인간이 흡연으로 인한 질병 때문에 수명이 단축되는 것은 평균 7년인데 비해, 비만으로는 평균 14년, 음주로는 평균 4년이 단축된다고 하였다. 이에 대해 반론이 있을 수는 있지만, 결국 공익의 개념은 절대적으로 고정된 개념은 아니며 사람들의 생활양식과 가치관, 시대적 상황 등 다양한 요소에 의해 좌우되고 규정된다는 점을 우리에게 일깨워 주고 있다.

2) 공익광고의 성립 요건 및 환경

공익광고의 성립 요건 및 환경은 세계 각국의 역사적 · 문화적 배경과 경제적 환경 등에 따라 상이하다. 하지만 공익광고가 성립하는 기본적인 요건에 있어서는 상당히 공통적인 배경이 있다고 생각된다. 우에조 노리오(2005)는 공익광고의 성립에는 ① 대중사회의 성립, ② 경제적 도약, ③ 매스커뮤니케이션의 발달, ④ 병리(病理)현상의 발생, ⑤ 기업 시민정신(corporate citizenship)의 보급, ⑥ 볼런티어 정신(voluntarism)의 성숙 등 6가지 조건을 갖추어야 한다고 주장하였다. 우에조 노리오가 제시한 공익광고의 성립 요건은 국가별 · 사회별 상황에 따라 차이가 있을 수 있으나 공익광고의 탄생 조건 및 배경을 보편적으로 해석할 수 있는 체계적인 틀을 제공하였다는 점에서 그 의미가 크다고 할 수 있다. 공익광고의 성립 요건 6가지를 세부적으로 살펴보면 다음과 같다.

첫째, 공익광고뿐만 아니라 모든 광고는 매스미디어를 매체로 하여 일반 대중에게 의사소통하는 정보 활동인데, 그 소구대상으로서 대중 및 대중이 구성하는 대중사회의 탄생이 광고의 성립 조건이 된다. 대중이란 전국 어디에 있다 하더라도 매스미디어가 제공하는 정보와 광고를 섭취할 수 있는 매스커뮤니케이션의 다수의 수용자로서 광고정보에 있어서는 소비자 내지 생활자로서 존재하고 있다. 즉, 공익광고 역시 광고의 한 형태로서 공익적 광고 메시지를 소구할 수 있는 대상이 필요한데 대중사회의 성립으로 인해 메시지를 전달할 수 있는 대상이 생겼던 것이다. 공익광고의 성립은 단지 매스로서의 대중이 탄생했다고 하는 것만이 아니라, 근대사회에 있어서는 존재하지 않았던 혹은 그 중요성이 일부 사람에게서만 지적되었던 사회적 과제가 일반 대중의 문제로 인식됨으로써 비로소 그 조건의 하나를 충족시키게 된 것이다.

둘째, 미국의 경제학자 로스토우(Rostow)는 잘 알려진 바와 같이 국가경제 발전의 단계를 ① 전통적 사회, ② 이륙의 선행조건, ③ 이륙, ④ 성숙으로의 전진, ⑤ 고도 대중소비 시대로 구분하였다(우에조 노리오, 2005). 공익광고의 성립은 이러한 단계 중 '이륙의 선행조건'에서부터 경제성장과 비례하여 여러 가지 경제적 · 문화적 모순이 축적되고, 그것이 '이륙' 단계에서 현실적인 사회문제로 표면화될 때 나타난다. 경제성장의 대가로 복잡한 병리현상이 출현하게 되고, 이러한 문제들을 해결하기 위하여 광고의 사회적 커뮤니케이션 기능으로서의 공익광고가 출현하게 되는 것이다.

셋째, 광고는 본래 매스미디어를 매개로 하여 성립되는 커뮤니케이션 형식이다. 그러므로 근대적 광고는 매스미디어의 존재 없이는 성립하지 않는다. 광고의 한 형식인 공익광고 역시 마찬가지이다. 맥루한(McLuhan)은 인간의 커뮤니케이션 혁명을 ① 말의 발명, ② 문자의 탄생, ③ 인쇄술의 발명, ④ 영상미디어의 출현으로 설명하고 있다(우에조 노리오, 2005). 사회적 · 공공적 문제들을 광고가 가진 뛰어난 커뮤니케이션 기능을 통해 해결하려고 하는 것이 공익광고의 목적인데, 매스미디어의 발달이 없었다면 문자언어와 영상언어로 표현되는 광고 메시지를 효과적으로 전달할 수 없었을 것이다.

넷째, 공익광고의 탄생에는 무엇보다도 사회적 병리현상의 발생이 중요한 요건이라는 것을 인식하지 않으면 안 된다. 앞서 언급하였듯이, 매스미디어의 소비자로서 본격적인 대중의 등장과 급속한 경제성장 등으로 인해 그동안 잠재되어 있던 사회적 모순과 갈등들이 표면화되어 표출되고, 인플레이션, 환경파괴, 인간소외 등 다양한 사회적 병리현상들이 발생하게 된다. 공익광고의 성립 배경에는 인류가 해결해 나가지 않으면 안 될 현재나 가까운 미래에 수많은 병리현상이 전제조건이다.

다섯째, 제2차 세계대전 이후 오일쇼크 등을 거치면서 미국과 일본 등에서는 기존의 이윤추구만의 기업경영에 대한 성찰이 일어났다. 마케팅에서도 1970년대 이익추구형의 전통적인 관리주의 마케팅(managerial marketing)으로부터 코틀러가 주창

하는 **사회 마케팅**(social marketing)으로의 이행이 기업경영에 있어서 큰 화두가 되었다. 사회공헌은 기업의 중요한 활동으로서 인식되기에 이르렀으며 21세기에 접어들어 기업의 사회적 책임(Corporate Social Responsibility: CSR)이 더욱 관심을 모으게 되었다.

여섯째, 계급사회의 전통이 남아 있는 유럽 사회와 달리 이민자 중심의 미국 사회에서는 도움을 주는 자와 받는 자 사이의 양자관계가 고정적이지 않았으며 사회가 유동적으로 양자의 관계를 명확히 구별할 수 없을뿐더러 주는 쪽이나 받는 쪽 모두 입장이 바뀔 수 있었다. 이러한 사회적 배경은 일찍부터 기부와 참여 등과 같은 볼런티어 문화를 미국사회에 뿌리내리게 하였다. 볼런티어란 각 개인의 '자발성'에 바탕을 둔 것이고 시민이 행하는 시민의 활동이다. 또한 그것은 대중의 집단과 이익을 목표로 하는 것으로서 특정 개인의 이익을 추구하는 것이 아니다.

2. 공익광고의 유래와 역사

공익광고의 역사와 관련해서는 학자들 간 견해의 차이로 그 기원에 대해 다양한 주장이 존재한다. 공익광고는 일반적인 상업광고와는 달리 영리를 목적으로 하지 않고 일반 국민 다수의 공공선의 구현을 위해 공익적 메시지를 광고라는 고도의 설득 커뮤니케이션 도구를 통해 공중에게 노출시킴으로써 공익을 실현하는 데 목적이 있다. 이러한 점을 감안할 때 제2차 세계대전 중 나치의 선전 · 선동이나 근대 · 현대 사회에서 일부 독재 국가의 일방적인 정부 정책 홍보 등 정치색이 짙은 집권자 주도의 광고는 제외되어야 한다는 것은 주지의 사실이다. 공익광고는 넓은 의미에서 정부의 대국민 커뮤니케이션인 정부광고와 일반 공공기관의 공익적 광고 및 비정부기구(Non-Governmental Organization: NGO), 비영리조직(Non-Profit Organization: NPO) 등 비영리단체의 공익적 광고를 모두 포괄하는 공공광고의 일환이다. 따라서 볼런티어 정신이 일찍부터 발달한 미국 등의 국가들과 계급사회의 역사적 전통이 남아 있는 유럽 국가들 사이에 문화적 · 역사적 배경에 따라 개념 정의와 범주가 상이하게 나타나고 있어, 정부광고와 일정 부분 독립적인 미국의 공익광고와 정부 및 공공기관을 중심으로 공익광고가 발달한 유럽 국가들의 공익광고 개념을 포괄하는 역사적 기원을 찾는 것이 타당할 것이다.

먼저, 미국의 공익광고는 제2차 세계대전 중에는 전시공보처(Office Of War Information) 소속인 캠페인 선전기관으로 전시광고협의회(War Advertising Council)를 설립하여 라디오 방송사와 광고회사 등이 공공 캠페인 제작을 위한 제작 기술과 설비 등을 제공하고 인쇄, 옥외, 라디오 매체에서 메시지 전달을 위한 매체를 제공한데 기원이 있다. 이 시기의 대표적인 작품으로 적국에 대한 군사 비밀보호와 관련한 "Loose Lips Sinks Ships", 전시 국민 독려 "Keep'em Rolling", 전시 여성의 역할 및 중요성에 대한 "We can do it" 등이 있다. 제2차 세계대전 종전 후에는 공공선을 위한 무료 매체 기부의 전통이 지속되었으며 제도화되었다. 전시광고협의회는 미국광고협의회(Advertising Council)로 개명되었으며, 1950년대 TV 방송 개국과 함께 공익 메시지의 시각적 표현이 활성화되었다. 제2차 세계대전 중 정부의 요청으로 설립된 전시광고협의회의 활동은 미국의 전쟁 승리에 크게 공헌하였고, 미국 정부뿐만 아니라 일반 시민이 광고의 사회적 역할에 대해 인식을 달리하는 계기가 되었다. 1945년 루스벨트 대통령은 공공을 위해 광고를 사용하는 것이 국가의 이익임을 인식하고 공익을 위한 광고 캠페인 기구가 평화 시에도 계속 존속해야 한다고 촉구하여 미국광고협의회로 명칭을 바꿔 조직과 운영방식을 정비하고 지금까지 미국의 공익광고 캠페인을 전개해 오고 있다(하봉준, 한희정, 2012).

다음으로, 영국 공익광고의 중심은 정부 및 공공 광고가 차지하고 있으며, 공익광고와 정부광고와의 구별은 없다. 제2차 세계대전 중 정부기관에 의해 전쟁 독려와 병사모집과 관련된 공보영화(Public Information Film: PIF)가 제작되고 극장 등에 배포되어 무료로 송출되었으며, 이후 2011년 공보처(Central Office ofInformation)가 폐지되기까지 다수의 PIF가 제작되고 방송사에 배포되어 방송사에서 기증하는 미판시간대에 무료로 송출(fillers)되었다. 영국에서 정부 커뮤니케이션이 최초로 시작된 것은 제1차 세계대전이 발발한 1914년 외무부 내에 뉴스 부서를 설치하여 크고 강력한 군대를 육성하기 위해 정부의 커뮤니케이션 역량을 집중하는 데 있었다. 중앙 정부 내에 공식적인 커뮤니케이션 부문이 탄생한 것은 1917년 내각 총리실(Cabinet Office)과 함께 설립된 공보부(Department Of Information)였으며, 이후 정부 각 부처가 각각 홍보 정책의 책임을 맡게 되면서 각 부처 및 공공기관들이 진행하는 홍보 활동의 효율성을 극대화하기 위해 제2차 세계대전 직후인 1946년에 중앙공보원(Central Office of Information: COI)이 설치되었다. 중앙공보원은 1946년 창립되어 66년 동안 모든 정부광고를 총괄해 오다 2011년 6월 폐쇄되었다. 곧이어 영국 정부는 다시 정부 조직 내에 중앙공보원의 역할과 기능을 계승한 정부소통 서비스(Government Communication Service: GCS)를 설치해 오늘에 이르고 있다.

3. 공익광고의 개념 정의와 범주

그동안 학자들은 공익광고의 개념을 다양한 맥락에서 정의해 왔다. 공익광고에서 추구하는 가치는 어떤 이슈에 대해 사회적으로 올바른 태도와 행동이 무엇인지 제시하고 설득해 일탈적 태도나 행동을 규제하고 사회통합을 시도하는 사회 커뮤니케이션 과정과 유사하다. 공익광고의 최종 목적은 공공성에 위배되는 일탈적 태도와 행동을 변화시키거나 예방하는 데 있다. 공익광고는 제품 광고와 달리 브랜드 인지도나 선호도를 제고하지도 않고 판매 촉진에 직접적인 영향을 미치지도 않는다. 그렇지만 공익광고가 중요한 사회 마케팅 메시지라는 인식에는 모든 나라의 광고 연구자들이 대체로 동의하는 듯하다(김병희, 2016). 공익광고의 개념 정의는 크게 커뮤니케이션 학자들을 중심으로 규정한 일반적 · 학술적 정의와 정부기관 및 법 규범에서 정의하고 있는 규범적 · 법률적 정의로 구분할 수 있다.

1) 일반적 · 학술적 정의

공익광고의 정의와 관련하여 김태철(1983)은 "공익광고란 인간존중의 정신을 기본으로 하여 범국민적 일상생활의 제반문제를 광고가 지닌 뛰어난 커뮤니케이션의 기능을 발휘하여 공공의 복리(public welfare)를 실현하고자 전 국민을 대상으로 알기 쉽게 친근감을 주며 설득력 있게 소구하는 광고활동"으로 정의하였다. 원우현, 김태용과 박종민(2001)은 공익광고를 "영리 · 비영리 기관, 정부기관이나 공익광고만을 담당하는 특별한 기관이 사회 및 공중의 문제를 공공의 이익을 목적으로 공익에 부합하는 이슈 혹은 메시지를 그 주제로 삼아 인간존중의 정신에 입각하여 대중매체의 광고시간/지면을 유료 또는 무료의 사용을 통한 광고 커뮤니케이션을 통해, 사회의 모든 사람에게 알기 쉽게 설득력 있게 소구하는 프로모션"이라 하였다. 권중록(2002)은 공익광고는 "일반 공중의 이익을 위해서 사회적 문제를 설득적 방법으로 제시하는 활동"이라 정의하였으며, 이시훈(2002)은 공익광고는 "비영리기관이 공공의 이익에 부합하는 비상업적 주제와 메시지를 대중매체에 무료로 게재하는 설득 커뮤니케이션 행위"라고 하였다. 정흥균(2010)은 "공익광고는 그 시대의 지배적 가치를 표출함으로써 대중이 행동변화를 유도하고, 국가의 공공정책에 대한 국민적 합의를 이끌어 내는 공익적인 설득 커뮤니케이션 수단이다."라고 규정하였으며, 유종숙(2004)은 공익광고를 "현재 사회에서 문제가 되거나 이슈가 되는 현상을 변화시키기 위해 고도의 설득 커뮤니케이션 도구인 광고를 활용하여 공공의 이익을 추구하고자 벌이는 커뮤니케이션 활동이다."라고 정의하였다.

코틀러와 로베르토(Kotler & Roberto, 1989)는 공익광고는 시대상을 반영한다는 점, 시대를 보는 창이 된다는 점에서 의미가 큰 활동이며 사회 마케팅의 일종으로 사회변화를 추구하는 광고 주체가 표적집단에게 어떤 아이디어, 태도, 행동의 실행을 수용하거나 수정 또는 포기하도록 설득하는 체계적인 노력과 활동의 성격을 띤다고 하였다. 바고치와 데이비드(Bagozzi & David, 1994)와 딜리아드와 펙(Dilliard & Peck, 2000)은 공익광고에 대한 효과연구를 통해 공익광고를 수용자의 태도나 행동

표 3-1 협의의 공익광고 테마 선정과 관련한 고려사항

1. 캠페인은 긴급하고 중요한 사회적 · 공공적 테마로 시민 일반의 욕구에 부응해야 한다.
2. 캠페인은 영리를 목적으로 하는 것이 아니며, 어떠한 당파, 종파, 기업 등 이익집단에 편향되지 않아야 한다.
3. 캠페인은 실태가 파악되고, 문제에 대한 해명이 가능하며, 시민의 관심과 의식을 높이고 자발적인 협력과 제휴를 촉진하는 것이어야 한다.
4. 캠페인은 광고에 의해 최대의 효과를 발휘해야 한다.
5. 캠페인은 시의적절해야 한다.
6. 캠페인은 현재의 문제 이외에도 장래성, 사회성으로 보아 중요한 문제를 먼저 다룸으로써 계몽적인 역할을 해야 한다.

출처: 우에조 노리오(2005).

변화에 효과적으로 영향을 끼치는 커뮤니케이션 활동으로 규정하였다. 우에조 노리오(2005)는 공익광고란 "인간, 사회, 국가가 안고 있는 공공적 · 사회적 문제 혹은 장래에 일어나려고 하는 문제에 관하여, 커뮤니케이션 미디어를 매개로 일반 시민에 대하여 주의의 환기, 문제의 인식 계몽, 계발을 촉구하고 그 해결을 위한 협력과 행동을 불러일으키려는 자발적인 광고 커뮤니케이션이다."라고 정의하면서 공익광고를 성격에 따라 광의의 공익광고와 협의의 공익광고로 나눌 수 있다고 하였다. 먼저 광의의 공익광고는 "테마가 공공성, 사회성을 가지고 있고 광고주의 영리를 소구하는 자세가 이기적으로 표현되어 있지 않은 것은 민간기업이건 정당이건 각종 단체건 어떠한 광고주인가에 관계없이 공익광고의 범주에 넣어도 좋을 것이다."라고 하였다. 이에 비해 협의의 공익광고는 〈표 3-1〉에 제시된 고려사항을 검토하는 것이 바람직하다고 하였다.

2) 규범적 · 법률적 정의

1997년 공보처에서 정의한 내용을 보면 공익광고란 "광고의 설득 커뮤니케이션 기능을 활용하여, 인간존중의 정신을 바탕으로 사회 및 공동체의 발전을 위해 펼치

는 의식개혁 캠페인"이며, 한국방송광고공사(KOBACO)는 "사회 전체의 이익을 보호하고, 그 발전을 도모하기 위하여 광고가 가진 뛰어난 설득 커뮤니케이션의 힘을 활용하여 우리 사회가 안고 있는 문제점을 지적하고, 그 해결방법을 제시함으로써 보다 건전한 사회를 만들기 위해 행하는 의식 캠페인"으로 정의하였다. 미국 **연방통신위원회**(Federal Communication Commission: FCC)는 미 연방법에 근거하여 공익광고를 "비용이 지불되지 않는 연방 · 주 · 지방정부(채권 모집 등) 또는 비영리기관(United Way, 적십자 헌혈 등)의 활동, 서비스, 프로그램을 촉진하는 광고표출이며, 지역사회의 이익에 봉사하는 것으로 간주되는 광고표출로서 시간 고지, 통상적인 일기예보와 일방적인 홍보를 배제한다."라고 정의하고 있다(미 연방법 47조). 또한 **미국 공익광고협의회**(Advertising Council: AC)는 공익광고를 "비정치적인 조직에 의해 운영되는 것으로 공평해야 하며, 모든 활동에 관계되는 봉사활동은 지역적 · 종교적 단체를 막론하고 어느 특정 대상의 이익을 배제하고 전 국민을 위한 공익 봉사 캠페인을 전개하는 것"이라고 정의하고 있다(Ad Council, 2005). 한편, 영국 중앙공보원은 공익광고란 "공중에게 정부의 정책이나 법률에 있어서의 변화나 동시대의 공중건강이나 안전에 대한 문제들을 알리기 위해 고안된 정보 캠페인이다."라고 정의하였다(원우현 외, 2001: 이시훈, 2002에서 재인용).

우리나라의 공익광고에 대한 법률적 정의는 비교적 명확하게 규정하고 있으며 주로 비상업적 공익광고의 의무편성과 관련하여 공익광고에 대한 정의를 내리고 있다. 「방송법」 제73조 4항 4호는 "방송사업자 및 전광판 방송사업자는 공공의 이익을 증진시킬 목적으로 제작된 비상업적 공익광고를 대통령령이 정하는 비율 이상 편성하여야 한다."라고 규정하고 있다. 「방송법 시행령」 제59조 3항 1호의 2에서는 "방송사업자 및 전광판 방송사업자는 법 제73조 제4항의 규정에 의하여 비상업적 공익광고를 다음 각 호에서 정하는 비율 이상 편성하여야 한다. 다만, 방송의 내용이 대부분 공익적인 채널로서 방송통신위원회가 고시하는 채널의 경우에는 그러하지 아니하다."라고 정하고 있으며, 방송사업자는 채널별로 매월 전체 방송시간(데이터방송 채널의 경우에는 전체 방송 내용물을 말함)의 100분의 1 이내에서 방송통신위원회가 고시하는 비율 이상 공익광고를 편성해야 함을 규정한다.

방송통신위원회 고시 비상업적 공익광고 의무편성비율(제2008-135호)은 지상파 텔레비전 방송사업자의 경우 채널별로 매월 전체 방송시간의 1,000분의 2 이상, 지상파텔레비전 방송사업자 외는 매월 전체 방송시간의 1,000분의 0.5 이상 의무편성토록 하고 있다. 「방송법 시행령」 제59조 4항 4호에서 방송사업자 및 전광판 방송사업자가 제3항에 따라 편성하여야 하는 비상업적 공익광고는 국가, 지방자치단체, 공공기관 또는 비영리기관이 공익적 목적으로 제작한 광고로서 방송사업자 및 전광판 방송사업자가 영리를 목적으로 하지 아니하고 방송하는 광고와 방송사업자가 공익적 목적으로 자체적으로 제작 · 편성하는 광고로 정하고 있다.

4. 세계 각국의 공익광고

1) 미국의 공익광고

미국의 공익광고가 본격적으로 전개되기 시작한 것은 제2차 세계대전 중 일본의 진주만 공습을 계기로 전쟁기금을 모금하기 위해 1942년 1월에 발족한 전시광고협의회에 뿌리를 둔 광고협의회(AC)가 중심이 되면서부터였다. 전시광고협의회는 제2차 세계대전 동안 정치 선전활동으로 350억 달러를 모금했으며, 전후에 광고협의회로 명칭을 바꾸고 지금까지 공익 캠페인을 전개하고 있다(김병희, 2016). AC는 비정치적 · 비영리적 조직으로 국민 전반을 위한 공익 캠페인만을 실시하며 운영은 모두 자발적 봉사에 토대를 두고 있다. 캠페인의 주제는 긴급성과 공공성이 충분히 있어야 하며 입법에 영향을 미치는 내용은 실시하지 않는 것을 원칙으로 하고 있다. 주요 업무로 ① 광고회사와 스폰서 간의 연락 및 소통 담당, ② 공익광고 캠페인의 제작 · 개발 · 배포를 관리하는 책임, ③ 캠페인 예산의 관리, ④ 매체 노출 측정, 모니터링 및 평가 등의 역할을 수행하고 있다. 기관의 운영은 기업, 재단, 개인 기부자들로부터 공익광고 캠페인의 운영자금(AC 운영비 등)을 지원받는다(배찬수, 2015). 미국 AC는 기본적으로 광고주(정부기관이나 비영리단체)의 예산을 통해 캠페인을 운영한다. 광고주 예산의 대부분이 캠페인 운용에 사용되지만 일부는 AC의 운영비로 사용된다. 그러나 이 금액만으로는 AC의 운영비를 모두 충당할 수 없기 때문에 나머지 부분은 일반 기업의 기부금을 통해 충당한다. 공익광고의 주제는 자체적으로 혹은 정부, 민간 비영리단체가 제안하는 주제들을 검토하여 자문위원회(Advisory Committee)를 통해 최종 선정한다. 그리고 이 자문위원회에서 주제가 결정되면 캠페인의 제작에 드는 비용을 지불할 광고주(정부기관 또는 비영리단체)를 찾게 된다. 이때 광고주가 되는 기관은 3년간의 캠페인 비용인 최소 250만 달러를 지불할 수 있어야 한다. 이 금액은 공익광고 제작을 위한 실비로 사용되며, 그 중에 약 25~30%는 일종의 커미션 형태로 AC의 운영비로 사용되고 있다. 공익광고 캠페인의 주제와 예산이 확정되면 AC는 해당 캠페인을 총괄할 캠페인 매니저를 선출하고 크리에이티브, 노출, 평가 등을 담당하는 스태프들로 구성된 캠페인팀을 구성한다. AC 공익광고의 크리에이티브 제작은 모두 광고회사의 자발적인 재능기부에 의해 이루어지고, AC는 실제 제작에 소요되는 실비(광고주 예산으로 충당)만을 제공한다. AC는 검토위원회(review committee)의 동료 평가(peer review)를 통해 광고회사와 해당 캠페인의 크리에이티브를 발전시켜 나간다. AC는 광고인들의 재능기부 활성화를 위해 미국 광고대행사협회(American Association of Ad Agencies) 등과 친밀한 네트워크 관계를 유지하고 있다. 제작된 공익광고는 다양한 매체를 통해 전국으로 노출된다. AC의 모든 광고는 모두 매체사의 매체 기부(방송기간, 지면 등)를 통해 노출된다.

매체집행 및 노출은 TV, 라디오, 인쇄(신문, 잡지 등), 옥외(빌보드, 버스 정류장 등) 및 인터넷(웹배너) 등 33,000여 개의 미디어 아웃렛을 통해 전국 단위로 노출되며, 2018년 기준 매체 기부액은 10억 달러(정상단가 기준, 약 1조 1천억 원)에 이른다. 공익광고물의 평가는 제작 단계 및 과정 중 광고 콘셉트 및 크리에이티브를 평가하고 매체 노출 후 광고효과 평가는 광고 노출 수, 임프레션, 금전적 가치, 이슈에 대한 인지도, 광고 인지도, 태도 · 행동 변화 및 소비자 반응 등을 측정하여 공익광고 작품 수준의 평가와 향상에 대한 환류 자료로 활용한다(Ad Council, 2005).

2) 일본의 공익광고

일본의 공익광고는 민간을 중심으로 자발적으로 형성되었으며, 그 중심에는 일본광고기구(AC Japan)가 있다. 일본의 공공광고기구(公共広告機構)는 미국보다 30여 년 늦은 1971년 오사카에서 간사이공공광고기구(關西公共広告機構)라는 이름으로 출발해서, 1974년에 공공광고기구(公共広告機構)로 인가되어 전국 조직을 갖추었다. 2009년 7월에 공공광고기구에서 'AC Japan(ACザャパン)으로 그 명칭을 바꾸었고, 2011년에 40주년을 맞이해 내각부의 승인을 얻어 공익사단법인으로 재출발했다(AC Japan, 2016). 미국에 비해 역사는 짧지만, 정부와 긴밀히 연계되어 있는 미국과는 달리 광고의 사회적 책임을 자각한 광고업계 내부로부터 운동이 일어났다는 점이 AC Japan의 특징이다. AC Japan의 이념은 미국 AC와 거의 비슷하다. 설립 취지문에도 잘 나타나 있듯이, 광고라는 수단을 통해 공공에 봉사하려는 비영리조직이다(김병희, 2016). AC Japan은 ① 일반 기업과 기관, ② 매스미디어, ③ 광고회사 등 3개 분야의 회원사로 구성되어 있으며, 2019년 3월 기준 회원사의 수는 1,100여 개에 이른다. 회원사는 연간 회비로 12만 엔(약 120만 원) 이상을 지불하여 2018년 회계연도 기준 AC Japan 회원사 회비 수입은 1억 6,300만 엔(약 16억 원)에 달하고 있다.

공익광고 제작물의 매체집행 및 노출은 주로 TV, 라디오, 신문, 잡지 등 주요 미디어사의 기부로 진행되는데, 최근에는 인터넷, 교통광고, 디지털사이니지 등에도 활발히 매체집행을 진행하고 있다. AC Japan이 2018년 집행한 매체 기부액은 정상단가 기준으로 543억 엔(약 5,430억 원)에 달한다. 공익광고 캠페인의 기간은 통상 6월 1일에서부터 이듬해 6월 30일까지 1년을 기준으로 하며 전국단위 캠페인, 지역단위 캠페인 및 지원 캠페인의 3가지 종류의 캠페인 형태로 진행된다. 캠페인의 주요 과정 및 일정은 〈표 3-2〉와 같다.

표 3-2 AC Japan 공익광고 캠페인 주요 과정 및 일정

구분	주요 내용
6월	• 3,000명 시민대상 웹 서베이 실시 • 지난해 캠페인 및 다음 주제 선정 관련 의견 수렴
9월	• 서베이 결과 익년 주제 선정과 금년 지원 대상 기관 선정의 기초 자료로 활용
10월	• 전국 및 지역 캠페인 주제 발표와 전국 오리엔테이션 실시 지원 캠페인 관련 지원 대상 기관의 요청을 고려, 오리엔테이션 브리프 제작 및 발표
12월~ 익년 2월 초	• 12월 로컬 광고회사 프레젠테이션 접수 후, 지역위원회가 1차 선정(일본 전국으로부터 20여 개 캠페인을 위한 900여 개 기획안 제출 및 접수) • 지역 스태프로 구성된 평가위원회 지역 캠페인 선정
2~3월	• 도쿄에서 지역 대표로 구성된 전국위원회에 의해 전국 캠페인, 지원 캠페인이 선정됨
6월	• 총회에서 광고제작물 소개 및 승인, 7월에 캠페인 시작

출처: AC Japan (2019).

3) 영국의 공익광고

2017년 현재 영국의 공익광고는 정부광고를 중심으로 정부기관인 GCS가 총괄하며 연간 2억 8,500만 파운드(4,200억 원)의 예산을 사용하고 있다. GCS는 영국 공익광고 제작 및 집행뿐만 아니라 이와 관련한 교육, 이론 전파 등 공공 캠페인의 광범위한 영역을 주관하며, 영국의 국가 이미지를 세계에 알리고 전파하는 업무도 담당하고 있다. 각 부처 및 공공기관들이 진행하는 홍보 활동의 효율성을 극대화하기 위해 중앙공보원(Central Office of Information: COI)이 1946년에 설치되었으며, 정부홍보, 정부광고, 공익광고의 중심기관으로 기능하였다. 영국의 정부홍보 및 정부광고와 관련된 또 하나의 중요한 기관으로 정부 커뮤니케이션 네트워크(Government Communication Network: GCN)가 있었다. GCN은 각 부처의 홍보 담당자들을 연결하는 네트워크로서 정부 각 부처의 홍보 담당자들이 자신의 역할 수행에 필요한 지식 및 기법을 획득할 수 있도록 지원하였다. GCN은 정부 각 부처 및 기관의 홍보 업

무 담당자들(대언론, 마케팅, 광고, PR, 뉴미디어 분야 등)을 포괄하고 있으며, 이들에게 전문성과 윤리적 기준을 제공하였다. 이후 2011년 COI가 폐지되었으며, 그 이후 현재 GCS로 변모해 왔다. 영국의 COI는 설립된 이래 전 국민을 대상으로 한 공익성 메시지의 홍보와 바람직한 행동변화 유발을 위해 PIF 공익광고를 제작하여 방송사의 미판시간대에 활발히 송출하였다. 미국 AC 공익광고와 유사한 영국의 PIF는 다양한 주제로 전 국민에게 노출되었으나 노출 시간대 및 제작비의 한계로 인해 점차 유명무실해졌다. 현재 영국에서는 정부 및 소속기관이 정부정책 및 공익적 메시지의 홍보를 위해 방송사에 통상적인 요금을 지불하고 공익광고를 제작 · 집행하고 있다.

현재 COI의 역할과 기능을 계승하고 정부 및 공공기관의 커뮤니케이션 업무를 담당하고 있는 GCS의 주요 업무로는 정부홍보 및 정부광고의 모든 측면에 걸친 자문 서비스 및 캠페인 관리 서비스, 정부광고를 위한 매체기획에 대한 조언 및 매체구입의 통합적 수행, 정부홍보 및 정부광고에 필요한 일체를 조달하는 업무를 수행하고 있으며, 정부홍보 및 공공 부문의 마케팅 커뮤니케이션의 효율성 확보를 위해 직원의 다수를 민간 영역으로부터 충원하고 있다. 영국 공익광고의 주요 의제 및 주제는 공공 보건(Public Health), 공공 안전(Public Safety), 복지 시스템(Welfare System), 공공 복무(Public Service Workers), 국민건강보험 개혁(NHS reforms) 등이 있다. 매체 노출과 관련해서 매체 기부나 디스카운트가 전무하고 민간 광고회사를 선정하여 상업광고 시스템과 동일하게 시장가격으로 매체를 집행하고 있다. 민간 영역에서 집행하는 공익 캠페인은 있으나 목적은 결국 상업적 브랜드 제고 및 기업 이미지 제고 등 상업성을 띠고 있으므로 CSR 차원으로 보고 공공 캠페인으로 간주하고 있지는 않다.

4) 프랑스의 공익광고

프랑스에서 광고는 크게 상업광고(Commercial Advertising)과 공익광고(General Interests AD)로 구분하고 있으며, 상업광고는 다시 일반 상업광고(Classical AD)와 협찬(Sponsorship)으로 구분되며, 공익광고는 크게 3가지 영역으로 나뉘진다. 첫째, 정부의 새로운 정책이나 제도를 고지 · 홍보함으로써 수혜자들의 이용을 촉신하는 광고, 둘째, 다양한 현안에 대해 개개인의 태도나 행동 변화를 유도하는 광고, 즉 헬스 케어, 에너지 절약, 차별 금지, 성 평등 등과 같은 광고, 셋째, 공공 영역의 일자리 이미지 제고와 공공 영역 일자리 모집 광고(군대, 학교, 교정시설 등) 등이 있다. 프랑스 역시 공익광고는 정부에서 시행하고 있는 공공광고가 중심을 이루고 있는데, 정부기관인 **정부공보 서비스**(Service d'information du Gouvernement: SIG)가 중심이 되어 실행하고 있다. SIG는 총리실 산하 정부기관으로 총리의 직접적인 관할하에 있는 기관으로, 정부의 공공 캠페인을 총괄하고 커뮤니케이션 캠페인, 웹사이트, 조사, 여론조사 등을 실행하며 각 정부기관의 공공 캠페인을 조정 · 조율하고 있다. 정부 및 공공기관 등 광고주의 미디어 예산을 주도적으로 운용함으로써 공적 예산을 효과적 · 효율적으로 집행하고 있다.

프랑스는 공익광고와 관련 미디어 예산을 집행함에 있어 단일한 미디어 에이전시를 선정하며 모든 정부 및 공공기관의 미디어 예산 집행을 위임함으로써 규모의 경제를 실현하고 있고(2017년 기준 Aegis Media에서 대행), 상업광고주들에 비해 큰 폭의 할인율로 매체집행을 진행하고 있다(매체에 따라 5~40% 할인). 하지만 매체 기부 등 무료 집행은 없으며 몇몇 NGO 등에는 재정지원을 통해 공익광고의 제작 및 매체집행을 지원하고 있다. 2016년 프랑스 전체 미디어 시장 규모는 305억 유로(41조 원)로 이 중 상위 10개 광고주가 전체의 39%를 점유하고 있으며, 이 중 SIG의 공공광고 예산은 2억 유로(2,680억 원)를 차지하여 전체 미디어 시장에서 0.66%를 점유하고 있다.

정부 · 공익 광고의 1편당 매체집행 예산은 2014년 기준 160만 유로(21억 원)를 집행하고 있으며, 정부 부처는 110만 유로(15억 원), 기타 기관은 190만 유로(25억 원)를 집행하고 있으나 대부분의 공익광고는 100만 유로(13억 원) 이하로 매체집행을 하고 있다. 공익광고의 영역별 구성 현황(2016년 기준)은 ① 행동변화를 유도하는 광고가 전체의 43%를 차지하여 가장 큰 비중을 점유하고 있으며, ② 공공 부문 일자리

표 3-3 2016년 프랑스 공익광고 주요 캠페인 주제

예방	극복	준비/대비
• 암 조기검진 • 도로안전 • HIV/AIDS 예방 • 금연 • 복제약품	• 사회통합 • 차별 금지 • 성차별 금지 • 자폐증 • 학대 금지	• 중소기업 고용 • 온라인 세금 환불 • 도제교육 • 음식물 쓰레기 • 친환경 행동 • 과학 페스티벌
참여	**대응**	
• 공공 복무 • 공군입대 모집 • 경찰입대 모집 • National Guard • 학대금지 • Anti-Conspiracy theory campaign	• Stop-jihadism.com • 테러 대응 • 응급 모바일 앱 • Always a choice	

출처: 서영택(2017).

모집 광고(군대, 교사 등)는 30%, ③ 정부정책 및 제도의 고지 및 홍보 광고가 17%, ④ 기타 주제 및 이벤트 관련 광고가 10%를 차지하고 있다. 프랑스 공익광고 주요 캠페인 주제는 〈표 3-3〉과 같다.

5) 중국의 공익광고

중국의 공익광고는 광고의 발전과 더불어 다양한 양식과 내용을 갖게 되었으며, 주로 국가기관 아래에서 실시 · 관리된다고 해도 좋을 것이다. 1999년 왕중부(王衆浮)는 "공익광고는 정신문명 건설의 일부이고, 공익광고의 질은 국가와 사회의 문명 수준을 반영하고 있다. 공익광고는 공공의 이익과 장기적인 사회의 이익을 위한 사상과 관념을 전파하는 것을 목적으로 하는 비상업적 광고이다. 중국에 있어서의 공익광고 활동은 정치의식, 책임의식을 수립하는 것이고, 개혁발전의 촉진과 사회의

안정적 유지 등을 위해 봉사해야 한다."라고 기술하여 공익광고가 국가의 정치이념이나 사회사상을 반영해야 한다는 점을 강조하였다. 반택굉(潘澤宏)은 "공익광고는 사회를 향해 광고라는 형식이 가진 특수한 표현수법을 써서 대중의 흥미를 끌어올리고, 현실의 좋지 않은 풍습과 사실에 대해 선의의 충고를 하고, 바른 방향으로 이끄는 것이다. 이는 여론에 영향을 주어 사람들의 사회적 행위를 규범화함으로써 정상적인 사회도덕과 질서를 유지하고, 인간과 자연과의 조화 속에서 영속적인 사회발전을 실현하는 것을 목적으로 하는 광고이다. 따라서 공익광고라 인정되는 것은 반드시 ① 캠페인 테마가 현실적인 문제에 초점을 맞춘 것이어야 하고, ② 사회도덕과 정상적인 질서의 유지를 목적으로 하는 것이어야 한다."라고 하여 공익광고에 대해 보다 구체적이고 실천적인 개념을 규정하였다.

초기 중국의 공공광고는 1950년 시작된 한국전쟁 시기에 '抗美援朝' '參軍光榮'(한국전쟁 참전 홍보) 등의 광고가 제작되었으며 1960년대 문화혁명 시기에는 '혁명무죄' '계급투쟁' 등 정치색 짙은 광고가 제작 · 배포되었다. 1970년대는 '獨生子女'(가족계획) 주제로 전환하였고 시기 및 정부의 주장에 따라 어지럽게 변화되었다. 이후 개혁개방과 중국 경제의 성장에 따라 여러 가지 사회적 병리현상과 모순이 발생함에 따라 공익광고의 주제 또한 환경보호, 빈곤퇴치, AIDS · 마약 방지, 민족의식 고양 등 다양한 주제가 등장하게 되었다. 중국의 공익광고는 초기 정치적 프로파간다(propaganda)에서 점차 일반적인 사회병리 현상에 따른 공공문제 해결로 변모하고 있다. 하지만 공익광고의 중심에는 여전히 정부 및 국가기관이 자리잡고 있어 중국의 공익광고가 정치선전의 도구로 활용되고 있는 내재된 모순을 극복하지 못한다면 앞으로 발전의 한계가 있을 수밖에 없다(김병희, 2016). 현대적 맥락에서 중국의 공익광고는 1978년 개혁개방 이후에 시작되었고 〈표 3-4〉의 5단계를 거쳐 발전했다(허친포, 2012).

표 3-4 중국 공익광고 발전 단계

구분	내용
자연적 맹아기 (1979~1985)	• 『원후이바오(文匯報)』(1979. 1. 14.)에 '광고의 명예를 바로잡다(爲廣告正名)'의 글 게재, 중국광고산업 발전의 신호탄 역할 • 공익광고는 정치선전의 도구 역할
초보적 탐색기 (1986~1993)	• 1986년 구이저우(貴州)성 구이양(貴陽)시 절수판공실(節水辦公室)과 구이양TV 공동 물절약 공익광고 발표, 중국 최초의 공익광고 • 중국 관영 CCTV에서 1987년 10월 황금시간대에 〈광얼까오즈(廣而告之)〉라는 프로그램 방송, 이후 여러 방송에서 공익광고 프로그램을 선보임.
점진적 안정기 (1994~2000)	• 다양한 채널에서 공익광고 제작 · 방송 • 정부와 매체사를 제외하고 기업, 광고회사, 사회단체도 공익광고 제작 참여 • 공익광고 제작 주체가 다양해짐 • 1996년 중국광고협회, 공익광고 사업 적극 참여 독려 내용의 '창의서' 발표
쾌속 발전기 (2001~2007)	• 정부 주도하에 공익광고가 계획적 · 체계적으로 발전 • 공익광고 관련 정부 조직관리 강화, 기업 참여 활발, 전국 공익광고경연대회 개최
병목 현상기 (2008~현재)	• 2008년 쓰촨성 대지진과 베이징 올림픽을 거치면서 빈도와 물량 면에서 최대 규모의 공익광고를 하여 집행. '중국 공익광고의 해'로 불림. • 공산당 중앙선전부 전국 규모의 공익광고 평가심사단 조직

출처: 허췬포(2012).

5. 우리나라의 공익광고

1) 공익광고의 역사

우리나라의 공익광고는 1960년대에 이미 광고회사 만보사(萬報社)가 공익광고의 중요성을 제창하였다. 그리고 기업의 공공적 · 사회적 책임에 대한 자각이 배양되어 1970년대에는 이미지 제고를 목적으로 한 공익광고적인 성격이 강한 기업광고나 신문사의 기획광고들이 출현하였다. 그 당시의 광고에서는 사회문제로서 인식되기 시작했던 공해방지, 자연보호 등이 그 테마로 선정되었으며(김민기, 2009), 1979년에는『중앙신문』에 자연보호 등의 광고가 게재되기도 하였다(정병섭, 리대룡, 2001). 이처럼 공익적 광고의 필요성에 관한 논의는 오래전부터 진행되어 왔고 간헐적으로 공익적 성격의 광고가 출현하기도 했지만, 본격적인 출발점은 1981년 KOBACO가 '방송광고향상협의회'를 구성하고 같은 해 12월 5일 '저축으로 풍요로운 내일을'이라는 내용의 공익광고가 KBS-2TV를 통해 방송된 것이라 할 수 있다. 이후 '방송광고향상협의회'는 1982년 '공익광고향상자문위원회'로 개명되었으며, 제작한 공익광고 작품에 '공익광고협의회'의 로고를 사용하였다. 1988년 7월 1일 '공익광고향상자문위원회'는 자발적으로 해체되고 자율기구로 광고계, 학계, 시민단체 등 각계 전문가로 구성된 협의체로 **'공익광고협의회'**가 발족되었는데, 이 협의회는 공익광고의 주제 선정, 주제별 제작 방향 설정, 제작물의 심의 등 공익광고 제작 및 운영과 관련한 주요 사항을 의결해 오고 있다.

1981년 최초의 공익광고가 방송된 이후, 38년 동안 공익광고는 환경문제, 국민의식 문제 등을 심도 있게 다루어 왔고, 경제 살리기, 청소년 문제, 공중도덕 고취, 도덕성 회복 등과 같이 우리 사회가 직면한 다양한 사회문제를 시의성 있게 다루면서 공동체 구성원들에게 공감을 얻고 그들의 생각과 행동을 변화시켜 왔다. 특히 2000년대 이후에는 경제 불황으로 고통받는 국민에게 경제에 대한 희망과 자신감을 고취하는 광고를 계속적으로 전개하는 한편, 환경문제를 지구온난화와 저탄소녹색성장 등으로 보다 확대하고, 새로운 사회문제로 대두되고 있는 다문화가정, 소외계층 문제, 가족공동체의 와해, 인터넷 예절 등에도 적극적으로 대응해 왔다(하봉준, 한희정, 2012).

우리나라의 공익광고는 1942년에 본격적으로 시작한 미국보다 40년이나 늦었고, 1971년에 시작한 일본에 비해서도 10년이나 늦게 출발하였다. 그러나 그동안 공익광고 메시지가 우리나라 국민에게 미친 영향은 결코 미미하다 할 수 없다. 이제 공익광고는 국민 누구나가 그 존재와 역할을 알 수 있을 만큼 정착되었다. 우리나라의 공익광고는 그동안 한계점도 있었지만 공익성을 제고하는 비영리단체의 사회 마케팅적 메시지로 정착하였다(김병희, 2016).

2) 공익광고의 시대 구분

우리나라 공익광고의 발전 경과에 대한 시대 구분은 일찍이 여러 학자들에 의해 시도되었다. 대표적으로 정권이 바뀔 때마다 공익광고의 특성이 어떻게 변화했는지에 대한 구분이 있었으며(유종숙, 2004), 해방 이후의 공공 캠페인에 나타난 쟁점의 변천을 시기별로 분석한 연구(한미정, 이영애, 김현정, 2005) 등이 있었으나, 각각 공익광고의 자생적 변화를 반영하지 못했다는 점과 시기별 명칭에 있어서 정치체제와 경제상황을 혼용함으로써 혼선을 야기하고 공익광고 자체의 변화를 충분히 반영하지 못했다는 아쉬움을 남기고 있다. 여기서는 기존의 선행연구들을 참고하여 공익광고 주관 기구의 변화나 크리에이티브 스타일의 변화를 바탕으로 공익광고의 시기를 구분한 김병희(2011, 2012)의 연구를 기초로 〈표 3-5〉와 같이 우리나라 공익광고의 발전과정을 구분하고자 한다.

표 3-5 우리나라 공익광고 발전과정

공익광고 태동기 (1981~1988)	공익광고 성장기 (1988~1998)	공익광고 성숙기 (1998~현재)

출처: 김병희(2011, 2012).

(1) 공익광고 태동기(1981~1988)

공익광고의 태동기는 1981년 9월 9일 KOBACO가 '방송광고향상자문위원회'를 구성하던 때부터 1988년 7월 1일 공익광고에 대한 자문 역할을 해 오던 '공익광고향상자문위원회'를 해체하고 자율기구 성격의 '공익광고협의회'를 탄생시킨 시점까지이다.

1980년대 전반기는 밝은 사회 건설, 주체의식, 한국 문화에 대한 자긍심, 국민화합, 안보의식, 공중도덕, 물가안정, 절약과 저축 같은 주제가 강조되었으며, 1986년 아시안게임 시기에는 아시안게임에 대한 국민의 관심을 유도하는 주제가 강조되었

저축으로 풍요로운 내일을,
(방송광고향상협의회, 1981)

물가안정
(방송광고향상협의회, 1982)

[그림 3-1] 공익광고 태동기 주요 주제 및 작품

출처: KOBACO.

고 환경에 대한 공익광고 시리즈에서는 환경보호 의식을 강조하였다. 1987~1988년에는 민주시민 시리즈, 공명사회 건설 주제가 강조되었으며, 1988년 서울올림픽 유치가 결정된 이후부터 환경의식 개선, 질서, 친절, 청결 같은 주제가 많이 등장했다. 1988년까지 서울올림픽 개최를 주제로 공익광고 캠페인을 지속적으로 전개하였다. 공익광고 태동기의 주요 주제 및 작품은 [그림 3-1]과 같다.

(2) 공익광고 성장기(1988~1998)

공익광고의 성장기는 1988년 서울올림픽 시기부터 1997년 말 외환위기가 시작되고 1998년 국제통화기금(IMF) 관리체제에 본격적으로 들어간 시점까지이다. 이 시기의 공익광고는 주로 환경보호, 밝은 사회 건설, 공중도덕 지키기 같은 주제들이 강조되었는데, 이는 당시 국가적 행사였던 1988년 서울올림픽과 관계가 깊다. 서울올림픽은 한국의 존재감을 세계에 알리는 국가적 대사였으므로, 올림픽의 성공을 위해 행사 홍보, 선진 시민의식, 공중도덕 지키기 같은 주제가 강조되었다. 또한 경제 활성화, 청소년 교육, 환경 보전, 도덕성 회복 같은 다양한 메시지도 채택되었는데, 다원화 사회를 살아가는 개인의 의식과 생활양식을 공익광고에 반영한 결과였다.

금메달(공익광고협의회, 1988)

맑은 물 되살리기(공익광고협의회, 1994)

[그림 3-2] 공익광고 성장기 주요 주제 및 작품

출처: KOBACO.

이 시기에는 크리에이티브의 측면에서도 표현 기법이 눈부시게 발전했다. 이전까지의 공익광고가 어떤 내용을 전달할 것인지 메시지 전달 위주였다면, 1988년 이후에는 실천의 동기를 유발하는 데 초점을 맞추었다. 공익광고에서 컴퓨터 그래픽을 활용해서 새로운 영상 이미지를 제시하거나(1994년 '마약' 편), 빅 모델 전략을 써서 어떻게 전달할 것인지를 모색함으로써 크리에이티브의 질적 수준을 높였다. 공익광고 성장기의 주요 주제 및 작품은 [그림 3-2]와 같다.

(3) 공익광고 성숙기(1998~현재)

IMF 경제위기에 놓인 1998년에는 '경제 살리기'라는 주제가 공익광고 제작 편수의 거의 절반이나 되었다. 우리나라는 1996년에 2002년 월드컵 개최지로 결정되고 OECD에 가입하면서 외교적으로 눈부신 성과를 거두었다. 그렇지만 빈부격차 문제, 소외계층 문제, 학원 폭력 문제, 환경오염 문제가 사회적 쟁점으로 떠올랐다. 1998년에는 전반기에 '경제 살리기' 시리즈 3편과 후반기에 '국민화합' 시리즈 3편이 제작되었다. 경제위기가 어느 정도 극복된 1999년과 새천년에 접어든 2000년에는 공동체 의식을 강조하는 주제들이 채택되었으며, 2000년대 후반기를 지나 2010년대의 공

다시 뛉시다(공익광고협의회, 1997)

다문화(공익광고협의회, 2013)

[그림 3-3] 공익광고 성숙기 주요 주제 및 작품

출처: KOBACO.

익광고는 환경문제, 불우이웃 돕기, 다문화 가정에 대한 관심, 외국인에 대한 인종차별 금지 같은 주제들이 강조되었다. 또한, 성숙한 사회를 만들자는 주제를 제시하며 구체적인 실천을 강조하였다. 이처럼 공익광고의 주제는 시대 상황과 사회적 변화를 반영하면서 발전해 왔다. 공익광고 성숙기의 주요 주제 및 작품은 [그림 3-3]과 같다.

3) 공익광고의 운영체제

(1) 운영 기구

현행 「방송법 시행령」 제59조 4항에서 규정하고 있는 비상업적 공익광고는 "국가, 지방자치단체, 공공기관 또는 비영리기관이 공익적 목적으로 제작한 광고로서 방송사업자 및 전광판 방송사업자가 영리를 목적으로 하지 아니하고 방송하는 광고와 방송사업자가 공익적 목적으로 자체적으로 제작 · 편성하는 광고"로 규정하고 있다. 공익광고의 제작 주체, 목적 및 노출 방식 등에 따라 공익광고의 개념 정의와 범주를 어느 선까지 포함할지는 논외로 하더라도 「방송법 시행령」에서는 '비상업적 공익광고'의 유형을 2가지로 제시하고 있다. 첫째, 국가, 지방자치단체, 공공기관 또는 비영리기관이 공익적 목적으로 제작한 광고이다. 둘째, 방송사업자가 공익적 목적으로 자체적으로 제작 · 편성한 광고이다(이승선, 홍은희, 2012).

따라서 현행 법령에 따르면 공익광고의 운영 주체는 정부, 지방자치단체, 공공기관, 비영리 공공기관 및 공익적 목적으로 공익광고를 제작 · 편성한 방송사업자가 된다. 하지만 정부와 지방자치단체, 공공기관 및 방송사업자들은 기존에 관행적으로 공익적 광고를 정부광고 또는 방송사 협찬 등으로 유료로 집행해 온 것이 대부분이었고 특별한 공익광고 운영기구나 협의체 등 구심점 없이 개별적으로 진행해 온 것이 현실이었기 때문에 우리나라의 공익광고 관련 대표적 운영기구로는 1988년 설치된 이래 현재까지 활발하게 공익광고 캠페인을 실행해 오고 있는 '공익광고협의회'를 가장 먼저 떠올리게 된다. 공익광고협의회는 광고학계, 방송계, 광고계, 시민단체 등 사회 각층의 저명인사 20명 내외로 1년 단위로 위촉되며 연중 수시로 전체회의 및 제작소위원회가 개최된다. 주요 기능으로는 공익광고 캠페인의 기본 방향 및 주제선정과 주제별 제작 방향 결정, 제작물 시안 심사, 공익광고의 제작 방영 및 게재 후의 평가 등이 있다.

(2) 주제선정 및 제작

공익광고협의회 공익광고의 주제선정은 전 국민을 대상으로 '주제선정 국민여론조사'를 실시해 국민여론의 추이를 살펴보고, 정부 및 비영리기관의 주제제안과 KOBACO 홈페이지에서 국민들로부터 직접 주제제안 요청을 접수받아 주제선정과 관련된 기초 자료를 작성하여 전체회의에 상정하고 공익광고 제작 주제를 선정한다. 공익광고협의회 주제선정 전체회의는 국민여론 추이의 변동성과 시의성 있는 주제선정의 필요성을 감안하여 연간 3회 개최한다.

선정된 주제는 기획회의를 거쳐 제작 방향을 설정하고 입찰공고를 통해 광고제작사를 선정한 후 제작에 들어간다. 제작사 선정은 공익광고협의회 위원 중 광고제작 전문가와 외부 전문가들로 구성된 제작소위원회를 통해 예심(스토리보드 심사), 본심(경쟁 프레젠테이션)의 2단계 심사를 거쳐 최종 선정한다. 제작은 제작사와 공익광고

주제선정 국민여론조사

① 주요 포털, 블로그, SNS 등 빅데이터 분석, 핵심 이슈 추출
② 온라인조사 실시
: 15~64세, 남녀 3,000명 대상
- 이슈별 주요여론선호도 조사
③ 초점집단토론(FGD) 의견

\+

정부/공공기관 제안 주제

정부 및 공공기관, 비영리단체 등으로부터 주제제안 접수

국민의견 접수

KOBACO 홈페이지 '공익광고 주제 관련 고객의견' 통한 일반국민 제안 주제 접수

↓

공익광고협의회 심화토론

↓

주제선정

[그림 3-4] 공익광고협의회 주제선정 과정

협의회 위원 중 광고전문가를 전담 · 지정하여 여러 차례의 제작회의를 거쳐 최종 시안을 완성한 다음 최종 심사를 거쳐 완료된다.

(3) 매체집행 및 노출

공익광고의 매체 노출은 비상업적 공익광고를 「방송법」 및 「방송법 시행령」과 방송통신위원회 고시에 따라 지상파 방송사업자의 경우 월 프로그램 방송시간 총량의 1,000의 2, 케이블 방송사의 경우 1,000의 0.5 이상을 방송하도록 되어 있으며, 전광판 방송사업자는 「옥외광고물 등 관리법 시행령」에 따라 일정 비율 이상을 방송하도록 되어 있다. 이와 같이 방송사업자(지상파 및 케이블)와 전광판 방송사업자는 일정 비율 이상의 비상업적 공익광고에 대한 편성 · 제작 의무를 지니고 있으나, 인쇄 및 인터넷, 모바일 등 그 외의 매체는 특별한 의무를 부여받고 있지 않고 통상적인 요금으로 유료로 집행되고 있다. 공익광고 방송에 대한 의무편성 비율은 규정하고 있지만 시간대에 대한 규정이 없어 대부분 프라임타임 시간대 외 비인기 시간대에 노출되어 광고효과 측면에서 한계가 있는 것이 사실이다. 따라서 일부 정부기관, 지

방자치단체 및 공공기관 등에서는 정부광고의 형태로 유료광고로 공익광고를 노출하고 있으며, 방송사업자 또한 광고 수입 확대를 위해 유료 협찬 형태로 공공광고를 유치해 방송하는 경우가 빈번히 발생하고 있다.

(4) 효과평가

공익광고의 효과평가는 공익광고 작품의 방송광고 노출 후 광고효과를 정량적으로 측정하는 **노출량**(Reach)과 **시청률**(GRP 등) 등 노출효과와 매체 수용자를 대상으로 광고효과를 조사하는 수용자 조사로 진행된다. 공익광고협의회의 매체 수용자 조사는 매 공익광고 작품 방송 후 작품에 대한 인지 여부와 정도를 조사하는 '인지도 조사'와 공익광고 작품에 대한 주제의 적절성, 태도 및 행동 변화, 크리에이티브 수준, 사회적 기여 및 공익성을 가중치별로 종합적으로 측정하는 광고효과지수가 있다. 인지도 조사와 광고효과지수는 전국 7대 도시(서울, 부산, 대구, 광주, 대전, 인천, 울산)를 기준으로 남녀 각 2,000명의 온라인 패널을 중심으로 조사된다. 이러한 정량적인 광고효과 조사 외에도 사안별로 일반 시민 및 광고전문가를 대상으로 공익광고 작품에 대한 평가와 향후 개선점 등에 대한 초점집단토론(Focus Group Discussion: FGD)의 정성적인 평가가 병행된다.

6. 공익광고의 확장

1) 공익광고 국제협력

오늘날의 공익광고는 개별 국가의 사회문제뿐만 아니라 많은 분야에 걸쳐 국제적으로 확대해 나가는 모습을 보이고 있다. 예전에는 한 나라만의 문제였던 것이 전세계적인 사회문제가 되는 경우가 급속하게 늘어나고 있다(우에조 노리오, 2005). 맥루한(MacLuhan)이 제시한 교통 · 통신의 발달로 지구는 하나의 마을과 같이 변모한다는 '**지구촌**(Global Village)'의 개념을 말하지 않더라고 환경, 건강, 안전 등 범세계적 이슈들은 한 국가에서 해결하기에는 역부족인 경우가 많다. 예를 들어, 아마존 열대우림 파괴 문제는 단지 아마존이 존재하는 브라질만의 문제가 아니다. 지구의 허파 역할을 하는 환경의 파괴로 인해 미국, 캐나다 등 인접 국가들은 물론 전 세계의 대기문제와 밀접한 관련이 있다. 이러한 범세계적 공통 이슈의 발생으로 공익광고에 대한 국제적 협력이 더욱 필요해지고 있으며, 국가 간의 공익광고 공동 캠페인이 전개되고 있다. 대표적으로 미국 AC와 AC Japan은 1993년 태평양 오염을 주제로 공익광고 공동 캠페인을 전개하였다. 태평양은 미국과 일본 사이의 주요 교통로로서 해상 운송 및 선박 운행의 핵심 역할을 하는 해양인데 무분별한 해상 오염물 투기(投棄)와 무관심으로 해양 오염이 심각한 상태에 직면하게 되었다. 이에 미국 AC와 AC Japan은 문제의 심각성을 공동으로 인식하고 태평양 해양오염 예방을 위한 '21세기의 화가도 물을 그릴까'라는 주제로 공동 캠페인을 전개하였다.

2005년에는 한국과 일본 사회가 공동으로 당면하고 있는 가족 간의 소통문제를 주제로 하여 공익광고협의회와 AC Japan이 공동으로 1차 한 · 일 공익광고 공동캠페인을 제작하여 한국과 일본에서 동시에 방송하였으며, 2007년에는 한 · 일 양국 간 공동으로 실행에 옮길 수 있는 주제로 '환경'을 선정하고 양국에서 인지도 높은

당신의 말을 기다리고 있습니다
(공익광고협의회 · AC Japan, 2008)

링
(AC Japan, 2005)

에코 라이벌이 되자
(한국, 공익광고협의회, 2005)

[그림 3-5] 한 · 일 공익광고 공동 캠페인

출처: KOBACO.

모델을 캐스팅하여 “환경 파트너-에코 라이벌이 되자”라는 주제의 2차 공동캠페인을 실시하였다. 한 · 일 공익광고 공동 캠페인의 주제 및 작품은 [그림 3-5]와 같다.

가장 최근에 공익광고 국제협력의 사례로 공익광고협의회와 중국 중앙방송국(Central China TV)이 공동으로 진행한 한 · 중 공익광고 공동 캠페인 ‘효(孝)’ 편을 들 수 있다. 한국과 중국은 동일한 유교문화권에 속한 나라로서 사회경제적으로 급속한 발전에 따라 과거로부터 이어 내려온 미풍양속인 ‘효(孝)’에 대한 인식이 점점 희박해지고 있다. 특히 물질적인 풍요 속에 자라난 젊은 세대에서 서구 문화의 무분별한 유입 및 수용으로 인해 물질 만능주의와 개인주의가 팽배해지고 있다. 양국이 공통으로 직면한 사회문화 속에 두 국가의 전통적인 정서인 ‘효’에 대한 중요성을 다시금 국민에게 알리고자 하는 데 한 · 중 양국 기관 간 인식이 공유되어 국제 공동 캠페인을 진행하게 되었다. 공익광고 작품은 2015년 9월에 제작이 시작되어 2016년 설날을 기점으로 양국이 각각 제작하여 교차 심사 및 검토한 작품들을 양국 매체에 방송하였다. 우리나라에서는 지상파 방송과 케이블 방송에, 중국에서는 중국 중앙방송국 보유 자체 20여 개 채널에 방송되었다. 한 · 중 공익광고 공동 캠페인의 주제 및 작품은 [그림 3-6]과 같다.

효는 말 한마디
(한국, 공익광고협의회, 2016)

근엄한 아버지
(중국, 中国中央电视台, 2016)

[그림 3-6] 한 · 중 공익광고 공동 캠페인의 주제 및 작품

출처: KOBACO.

2) 공익광고 활용교육

광고활용교육(Advertising In Education: AIE)은 광고를 교육적 도구로 활용하여 학생들로 하여금 창의력, 사고력, 표현능력, 비판능력, 비평능력, 커뮤니케이션 능력 등 다양한 역량의 개발을 촉진할 수 있는 미디어 교육의 일환이다(한규훈, 김지은, 2016). 이희복(2012)에 따르면, 광고활용교육은 광고를 읽고 해독하는 광고리터러시(Ad Literacy)의 구현에 그치지 않고, 광고를 교육의 수단으로 적극 활용해서 창의성과 언어적 · 시각적 표현능력뿐 아니라 예술적 감성의 학습까지 추구할 수 있다. 공익광고는 공익적 메시지를 통해 우리 사회가 당면한 문제들에 대한 국민적 인식을 제고하고 바람직한 태도 변화를 촉진하는 커뮤니케이션 활동으로 그 메시지에 다양한 사회문제들이 담겨 있으며, 광고의 크리에이티브와 제작에 전문적인 표현 기법과 창의성이 응축되어 있다. 그동안 제작된 공익광고 작품들을 통해 미래세대의 주역인 학생들을 대상으로 우리 사회가 직면한 사회문제들에 대한 인식과 비평의식을 제고하고 창의성을 개발하기 위해 공익광고를 통한 광고활용교육은 매우 중요한 역할을 하고 있다.

공익광고는 학교 현장에서 학생들의 창의성을 계발하는 데 다양한 맥락에서 활용되어 왔다. 예를 들어, 도덕과의 창의성 교육에서 공익광고를 활용하는 방법은 2가지이다. 하나는 공익광고를 도덕 수업의 주제와 관련지어 활용하는 것이고, 다른 하나는 학생들이 직접 공익광고를 만들어 보게 하는 방법이다. 학생들이 문제되는 상황을 발견하고 해결책을 찾기 때문에 공익광고 만들기는 창의성 교육에 두루 활용될 수 있다(곽병우, 2014). 공익광고는 주제나 내용 면에서 도덕교육과 깊이 관련되지만 다른 교과 시간에도 널리 활용될 수 있다. 공익광고를 수업 자료로 활용함으로써 학생들에게 학습 주제에 쉽게 공감할 수 있게 하며, 학생들이 직접 공익광고를 제작하는 과정에서 추상적인 도덕적 가치를 구체적으로 이해할 가능성이 높다(정한아, 2013). 공익광고를 활용한 환경교육은 초등학생의 환경 소양 함양에 긍정적인 효과를 미치며, 공익광고 자료들은 실과, 과학, 사회과 수업시간의 환경교육에 유용하게 활용될 수 있다(이정아, 문성환, 2013). 또한, 공익광고를 활용한 다문화 인권수업은 학생들의 다문화 구성원에 대한 사회적 편견과 차별에 관심을 갖고 인권 존중 의식을 함양하고, 교사들이 다문화 인권교육을 실시하는 데 도움이 될 구체적이고 효과적인 교수-학습 방법과 자료를 제공했다는 의미가 있다(박지원, 2014).

최근 한국광고연합회에서 초 · 중 · 고등학교 교사들을 대상으로 광고활용교육 연수를 진행하면서 공익광고 작품을 적극적으로 활용하여 공익광고에 담겨져 있는 공익적 메시지와 창의성이 학교현장에서 교수-학습 과정에 반영될 수 있는 환경을 마련하고 있다. 또한 KOBACO에서는 광고제작전문가를 초빙해 전국의 고등학교 학생들을 대상으로 공익광고 작품을 통해 공익광고 메시지와 제작과정, 표현기법 등을 교육하고 실제 창작 실습까지 진행함으로써 학생들로 하여금 사회문제에 대한 공익의식을 다시 한번 되새기게 하고 있다. 이러한 학교현장에서의 공익광고 활용교육은 광고에 대한 인식 제고는 물론 학생들의 창의력 개발과 진로탐색에 대한 기회의 장으로도 활용되고 있다는 점에서 공익광고와 광고활용교육이 효과적으로 접목되어 시너지 효과를 창출한 긍정적인 사례라 할 수 있다.

7. 공익광고의 당면 과제

1) 비상업적 공익광고의 정의 및 범주 규정

법령상 공익광고의 정의는 「방송법 시행령」 제59조 4항 '비상업적 공익광고'에서 "국가, 지방자치단체, 공공기관 또는 비영리기관이 공익을 목적으로 제작한 광고로서 방송사업자 및 전광판 방송사업자가 영리를 목적으로 하지 아니하고 방송하는 광고와 방송사업자가 공익적 목적으로 자체적으로 제작 · 편성하는 광고"로 규정하고 있다. 국내 주요 방송사들은 이 법령을 근거로 방송통신위원회 고시 비상업적 공익광고 의무편성 비율(제2008-135호)인 지상파텔레비전 방송사업자의 경우 채널별로 매월 전체 방송시간의 1,000분의 2 이상, 지상파텔레비전 방송사업자 외는 매월 전체 방송시간의 1,000분의 0.5 이상을 의무편성하고 있으나 방송사마다 공익광고와 캠페인의 구분에 대해 해석과 이해를 달리하는 용어의 혼재 현상이 나타나고 있다. 즉, 방송사에 따라 KOBACO 공익광고협의회와 중앙선거관리위원회의 공익광고물만을 공익광고 의무편성 비율에 포함시키고 있는 방송사가 있는 반면, 어떤 방송사의 경우는 정부와 지방자치단체가 제작한 공익광고물을 공익광고 의무편성 비율에 반영하고 있기도 해 방송사마다 의무편성 비율을 적용하는 공익광고에 대한 규정과 기준에 차이를 나타내고 있다. 특히 일부 방송사의 경우 영리를 목적으로 하지 않는 공익광고를 의무편성해야 함에도 불구하고 유료 공익광고나 협찬광고를 의무편성 비율에 산정하는 사례도 나타나고 있다(한은경, 2015). 따라서 **비상업적 공익광고**에 대한 보다 명확한 개념 정의 및 범주 설정이 필요한 상황이다.

현재까지 연구결과에 따르면 공공 캠페인의 주요 커뮤니케이션 수단인 공익광고에 대한 정의 및 범주와 관련해서 주요 국가별로 역사적 · 문화적 배경, 운용 방식, 민간 및 시민사회의 참여 정도 등에 따라 상이하게 규정되고 있으며, 주요 쟁점은 다음의 2가지로 요약될 수 있다. 첫째, 제작 주체와 관련해서 정부, 공공기관, 비영리기관, 기업 등 '어느 범위까지 공익광고의 제작 주체로 인정해야 하는가?'와 관련한다. 미국의 경우 민간 중심의 비영리기관인 미국 AC가 주축이 되어 일반 국민의 보편적인 공공선을 위해 제작한 공익적 메시지의 광고가 공익광고의 주류를 이루고 있으며, 영국, 프랑스 등 유럽 국가들은 비영리단체의 공익성 광고는 물론 정부기관에서 제작한 광고까지 공익광고에 포함시키고 있다. 둘째, 메시지와 관련해서 '공익광고의 공익적 메시지를 어떻게 정의하고 규정지어야 하는가?'이다. 일반 국민의 보편적인 공공이익을 위한 공익적 메시지만을 공익광고로 규정지어야 하는지, 정부정책 홍보와 같은 메시지를 포괄적으로 포함해야 하는지에 대한 명확한 이해가 필요하다. 미국 FCC의 공익광고 정의에서는 정부나 공공기관의 정책홍보성 광고를 공익광고에서 배제하고 있으나, 정부 또는 비영리 공공기관이 국민의 알 권리와 편익 증진을 위해 적극적으로 홍보하는 정책홍보 광고 또한 공익광고의 범주

표 3-6 방송사 편성 공익광고 유형

유형	편성 형태
A. KOBACO의 공익광고협의회에서 제작하는 공익성 메시지	KOBACO의 공익광고협의회에서 만든 창작물을 방송사에서 무료로 편성
B. 정부 등에서 제작하여 무료로 방송하는 공익성 메시지	정부, 지방자치단체, 비영리단체에서 만든 창작물을 방송사의 협조를 받아 무료로 편성
C. 정부 등에서 제작하여 유료로 방송하는 공익성 메시지	정부, 지방자치단체, 비영리단체에서 만든 창작물을 방송사와의 계약을 통해 유료로 편성
D. 방송사에서 자체 제작한 캠페인성 공익 메시지	방송사가 공익성을 구현하기 위해 방송사 자체에서 만든 창작물을 자율적으로 편성
E. 협찬받아 방송사에서 자체 제작한 캠페인성 공익 메시지	협찬주와의 협찬계약을 통해 협찬금을 받고 방송사가 만든 창작물을 유료로 편성

출처: 한은경(2015).

에 포함시켜야 한다는 견해도 있다. 한은경(2015)은 방송사에서 편성하는 공익광고의 유형을 제작주체와 영리성 및 유료 · 무료 방송편성을 기준으로 〈표 3-6〉과 같이 구분하였다.

일부 전문가들은 영국과 프랑스, 미국, 일본 등 주요 외국은 비상업적 공익광고의 편성의무를 방송사업자에게 부과하지 않고 있는 점을 감안할 때, 현행 「방송법」에서 방송사업자에게 의무부여하고 있는 '비상업적 공익광고'의 편성비율에 대해 다음과 같은 문제점을 제기하고 있기도 하다. 첫째, 비상업적 공익광고 편성의무의 타당성 여부, 둘째, 방송사업자의 편성의 자유, 나아가 재산권 행사의 자유를 침해할 가능성, 셋째, 일반 정당의 정책광고를 방송광고 심의규정을 통해 금지하고 있는 현실에 비추어 볼 때 정부 및 지방자치단체 등에서 제작하는 비상업적 공익광고를 의무편성 비율에 반영하는 것에 대한 문제점 등이다. 이처럼 제작 주체, 영리성 및 노출방식 등에 따라 공익광고는 여러 형태로 구분되고 있으며, 일반적으로 제작 주체의 비영리성과 메시지의 공익성, 그리고 영국, 프랑스 등 주요 유럽 국가들이 정부광고를 공익광고의 개념 정의와 범주에 포함시키는 것을 감안할 때 현행 법에서 비상업적 공익광고로 방송사업자에게 의무편성이 부과되고 있는 〈표 3-6〉의 A, B와 D에 대해 비상업적 공익광고로 인정하는 것이 지배적 견해이다. 하지만 공익광고의 근본 이념이 범국민적 이슈에 대한 국민적 공감대 형성과 인식 제고를 목적으로 하고 특정한 주제의 정책홍보 등을 배제한다는 점을 고려할 때 정부 및 공공기관에서 제시하는 주제 중 범국민성과 비정치성 등에 해당되지 않는 주제를 선별하여 공익광고로 인정해야 한다는 주장이 설득력을 얻고 있다. 이를 위해서는 정부, 공공기관, 비영리 기관 등이 제안하는 주제를 심사하여 공익광고의 주제로 선정하는 '공익광고 주제 심사위원회(가칭)' 등의 설치가 필요할 수 있다.

2) 공익광고 크리에이티브 향상

크리에이티브 수준은 공익광고의 성공을 좌우하는 주요 요인이다. 성공적인 공익광고를 제작하는 요체는 생활 속에서 쉽게 만날 수 있는 소재를 선택해 공감이 가는 카피와 인상적인 비주얼로 사회 공익적인 메시지를 형상화하는 데 있다. 투표 참여를 독려하는 공익성 선거 캠페인 전략을 분석한 연구에서는 공감할 수 있는 유권자 지향적인 메시지를 개발하여 이성적인 소구보다는 감성적인 소구를 해야 하고, 단기적인 순발력보다 장기적인 캠페인이 가능한 메시지를 노출해야 공익광고의 효과가 높다고 하였다(김민기, 김병희, 2008). 김병희(2016)는 공익광고의 집행과정에서 나타난 문제점들에 대한 개선점을 제도적 차원에서 ① 공익광고 방송 시간의 연장, ② 간단명료한 표현의 개발, ③ 일반인을 활용한 라이프스타일의 제시, ④ 정부 정책의 일방적 홍보 스타일 지양, ⑤ 유머러스한 메시지 개발, ⑥ 책임 CD(Creative Director)제 도입, ⑦ 책임 AE(Account Executive)제 도입, ⑧ 다양한 사회적 이슈 엄선, ⑨ 광고 길이의 다양화를 제시하였다.

미디어 환경 변화 및 소비자의 미디어 이용 형태 변화에 따라 광고 메시지의 수용자층도 점점 더 세분화되고 있으며, 소비하는 미디어도 더욱 다양해지고 있다. 기존의 전통적인 메시지 전략 및 소구방식으로는 더 이상 세분화되고 다양해진 메시지 수용자에게 효과적으로 다가가는 것이 어려운 것이 현실이다. 공익광고 또한 기존의 15초, 30초 위주의 동영상 및 인쇄 제작물로는 소기의 광고 목적을 달성하기 어렵다. 따라서 온라인, 모바일 등 다양한 매체에 적합한 메시지와 콘텐츠를 개발해야 한다. 매체집행에만 국한하는 것이 아니라 오프라인 이벤트 및 PR과의 유기적인 연계를 통한 통합 캠페인의 추진으로 메시지 수용자의 관여도를 제고해야 할 것이다.

3) 공익광고 매체집행의 효과 제고

매체집행의 효과를 제고하기 위해 다양한 방식의 공익광고 노출 전략이 필요하다. 미국의 경우 주요 매체사들이 기부를 통해 공익광고 노출 매체를 확보하고 무료로 노출하는 경우가 대부분이지만, 금연광고, 마약예방 광고 등과 같이 유료 · 무료 연계 및 혼합 광고가 공익광고 집행방식으로 활성화된 경우도 있다. 매체집행 및 노출과 관련해서 현행 공익광고 관련 법령의 규정은 방송사업자에게 프로그램 방송 총량의 일정 비율을 비상업적 공익광고로 편성하도록 규정하고 있다. 따라서 방송사업자의 재원 확보를 위한 상업광고에 비해 공익광고의 편성 시간대는 우선순위에서 배제될 수밖에 없으며, 광고효과가 높은 프라임 타임대 시간에 비상업적 공익광고의 노출은 저조한 상황이다. 비록 방송통신위원회의 방송사업자 대상 방송평가 평가 항목에 비상업적 공익광고에 대한 편성 항목이 포함되어 있으나 방송사업자가 느끼는 규범적 부담에 미치지 못하고 있는 것이 현실이다. 또한 미디어 소비 형태의 변화로 TV, 라디오 등 기존의 전통매체에 대한 메시지 수용자들의 미디어 소비가 온라인, 모바일 등 새로운 형태의 대안 미디어로 급속히 이동함에 따라 메시지 사용자와의 커뮤니케이션 접점을 확보하는 데 점점 더 어려움을 겪고 있다. 미국이나 일본과 같이 일찍부터 공익광고에 대한 미디어의 기부문화가 활성화되어 있는 국가들과는 달리 우리나라의 공익광고는 비상업적 공익광고의 의무편성 매체를 중심으로 매체집행을 하고 있고, 그 외에는 공익광고 주체가 미디어별로 유료로 공익광고를 집행하고 있어 다양해진 매체를 통해 보다 광범위해진 타깃 오디언스(target audience)에

도달하기 위해 더 많은 재원과 노력이 필요한 상황이다.

공익광고 매체집행의 효과를 제고하기 위해서는 기존 전통매체 외에 소비자의 미디어 이용 형태 변화를 반영한 다양한 방식의 매체운용 및 확대를 통해 타깃 오디언스와의 접점을 확보해야 할 것이다. 단순히 불특정 다수를 대상으로 하는 지상파, 라디오, 인쇄매체 등 **레거시(Legacy) 미디어**에서 벗어나 세대별, 연령별 메시지 타깃에 적합한 온라인, 모바일, 아웃도어 등 전문화된 매체집행 확대를 적극적으로 검토하여야 한다. 또한 2~3개월 단기간 노출에 국한하지 않고 중 · 장기적인 광고 노출 및 집행을 통해 공익광고 메시지를 접한 공중이 인지, 인식전환, 태도 변화 및 행동 변화에 이를 수 있는 중 · 장기적 캠페인의 기획 및 전략을 수립하여야 한다. 이를 위해 공적 기금 등 안정적인 재원 조달창구를 마련하고 캠페인 운영자와 매체사 간의 기부 유치 등을 위한 유기적인 협력관계를 구축하는 등 사회적 합의를 이끌어 내는 노력이 지속적으로 추진되어야 한다. ▪

제4장

정부광고 제도의 함의

최일도(한국언론진흥재단 연구위원)

1. 정부광고법 제정의 의미
2. 정부광고법 시행에 관련된 논점
3. 정부광고 제도의 운용 효과
4. 정부광고의 발전을 위한 제언
5. 소결

◈◇◈

정부광고를 법으로 정하여 시행하도록 한 목적은 '국민의 세금으로 집행되는 정부광고 비용의 효율성과 투명성 제고'에 있다. 「**정부기관 및 공공법인 등의 광고시행에 관한 법률**」의 핵심은 정부기관의 자의적 집행을 막기 위해 이른바 기획기사 · 협찬 등 형태의 홍보활동 비용을 양성화하고, 이를 포함한 정부광고 전반을 수탁기관인 한국언론진흥재단에 의뢰하도록 창구를 일원화한 데 있다. 정부광고의 전문기관을 지정함으로써 이 법 제1조에 명시한 공익성과 효율성을 보장하기 위함이다. 정부광고주 및 정부광고의 공공성에 대한 **수탁기관**의 책무가 커짐에 따라 수수료 체계에도 변화가 생겼다. 정부광고주가 직접 수탁기관에 **대행수수료**를 지급하도록 한 것이다. 이에 대한 이해관계자들의 이견도 있지만, 중요한 것은 얼마나 빠른 시간 안에 법률 제정 취지대로 안착시키느냐 하는 부분이다. 정부광고 수수료는 **언론진흥기금** 출연을 비롯해 광고산업 발전, 연구지원 등 공적 책무에만 사용되므로 순기능 활성화를 앞당기는 방안도 강구할 필요가 있다.

1. 정부광고법 제정의 의미

1) 정부광고법 제정 과정과 취지

지난 2018년 6월 12일 의원(노웅래 의원)발의로 상정했던 「정부기관 및 공공기관 등의 광고시행에 관한 법률」(이하 「정부광고법」)이 공포되고 같은 해 12월 13일 발효

표 4-1 「정부기관 및 공공법인 등의 광고시행에 관한 법률」 제정 과정

2013. 7.	제19대 국회 배재정 의원 '정부기관 등의 광고에 관한 법률'(안) 발의
2016. 7. 7.	제20대 국회 노웅래 의원 '정부기관 및 공공법인 등의 광고시행에 관한 법률'(안) 발의 (의안번호 726)
2016. 11. 16.	제8차 교육문화체육관광위원회 상정
2016. 11. 22.	제2차 문화체육관광법안심사소위원회 심의/수정(안) 요구
2017. 2. 16.	의원실, 교육문화체육관광위원회(전문위원), 문화체육관광부 협의를 통해 수정(안) 제출
2017. 11. 21.	문화체육관광법안심사소위원회 심의/재심의 결정
2018. 3. 21.	문화체육관광법안심사소위원회 심의/수정안 가결
2018. 5. 28.	제20대 국회 법제사법위원회 및 본회의 통과
2018. 6. 12.	「정부기관 및 공공법인 등의 광고시행에 관한 법률」 공포
2018. 12. 13.	「정부기관 및 공공법인 등의 광고시행에 관한 법률」 시행

되었다. 「정부광고법」 발효 이전에는 국무총리훈령(제541호 정부광고 시행에 관한 규정)에 따라 정부기관 등의 광고를 시행해 왔다. 「정부광고법」은 훈령으로 시행하던 정부광고에 대한 법적 기준을 강화하여 정부광고에 대한 공정성과 투명성을 높이고 제도 운영에 대한 문제점을 보완하기 위한 목적으로 제정한 법률이다.

정부광고 업무 관련 훈령을 법으로 제정하자는 의견이 표면화된 것은 2013년 7월 '정부기관 등의 광고에 관한 법률'(안)이 의원(배재정 의원)발의되면서부터이다. 당시 법률안은 처리되지 못했지만 제20대 국회에 들어 새로운 내용과 보완을 거쳐 다시 상정되었다. 상정된 법률안은 〈표 4-1〉과 같은 절차를 거쳐 제정 · 발효되었다.

정부광고 시행 관련 내용을 법으로 제정한 취지는 이 법의 제1조[1]에 나와 있다. 「정부광고법」 제정 취지는 정부광고 시행에 대한 법적 기준을 강화하여 정부광고에 대한 공정성과 투명성을 높이고 제도 운영에 대한 문제점을 보완하기 위한 것이다.

1 제1조(목적) 이 법은 정부광고에 관한 사항을 규정함으로써 정부광고의 효율성 및 공익성 향상에 이바지하는 것을 목적으로 한다.

이를 위해 정부기관 등의 장은 소관 업무에 관한 정부광고의 소요예산, 내용, 광고물 제작 여부 등을 명시하여 미리 문화체육관광부장관에게 요청하도록 하고 있다. 이전까지 훈령에 따라 시행되던 정부광고의 법적 근거 마련 및 공정성, 투명성을 확보하여 정부기관 등의 자의적 집행을 막고, 일괄 관리를 통해 효율성을 증진하려는 목적이다. 이에 정부광고 시행 내용을 국회에 보고하도록 하여 시행과 관리의 투명성과 엄정성을 확보하려는 의미가 있다(동법 제14조[2]).

「정부광고법」에서 표방하는 **공익성**과 **투명성** 확보 의지는 유사 정부광고 금지(제9조[3])와 정부광고 업무를 수행할 기관의 선정(제10조), 법 위반자에 대한 시정조치(제13조[4]) 조항 등을 통해서도 찾을 수 있다. 특히 전문기관 지정을 통해 정부광고를 통합적으로 관리함은 광고 집행의 효율화와 예산절감 효과를 증진하여 궁극적으로는 정부광고의 질적 향상을 도모하기 위함이다.

이 밖에 「정부광고법」 제정 이전부터 공론화되고 문제점으로 지적되었던 것은 정부광고 매체와 관련된 부분이었다. 매체력과 사회적 기능을 인정하기 어려운 매체에 정부광고가 집행되는 것에 대한 지적이다. 이에 「정부광고법」에서는 발행부수, 유가부수(신설) 등을 신고, 검증, 공개한 매체를 대상으로 정부광고를 우선 집행하도록 함으로써 재정집행의 투명성을 제고하도록 명시하였다(제6조 제2항). 물론 정부광고 집행 매체에 대한 결정은 모두 정부광고 요청기관, 즉 정부광고주의 몫이자 고유 권한이다. 다만, 법의 흐름과 역할 구조상 문화체육관광부장관이 정부광고 요청기관의 의견을 우선하여 매체를 선정하는 내용으로 표현되어 있다. 이것은 「정부광고법」 시행 주체로서 문화체육관광부의 사회적 역할을 명시하기 위함이다. 실제 정부광고 집행 과정을 보면 수탁기관인 한국언론진흥재단(이하 '재단')이 법에 명시된 내용대

2 제14조(국회 보고) 문화체육관광부장관은 정부광고에 대한 집행내용 등을 다음 연도 5월 31일까지 국회에 보고하여야 한다.

3 제9조(정부기관 등의 유사 정부광고 금지 등) 정부기관 등은 정부광고 형태 이외에 홍보매체나 방송시간을 실질적으로 구매하는 어떤 홍보형태도 할 수 없다. 다만, 해당 홍보매체에 협찬받은 사실을 고지하거나 「방송법」 제2조 제22호에 따른 협찬고지를 한 경우에는 그러하지 아니하다.

4 제13조(시정조치 요구) 문화체육관광부장관은 정부기관 등의 장이 제5조를 위반한 경우 시정조치를 요구할 수 있다. 이 경우 정부기관 등의 장은 이에 따라야 한다.

로 정부광고 요청기관에게 매체 관련 정보와 운영계획 등을 제공하면 정부광고 요청기관에서 매체를 선정하여 재단에 의뢰하는 형태이다. 즉, 기본적으로 정부광고주의 정부광고 집행 매체에 대한 결정에 따라 매체가 선정되며 수탁기관인 재단은 매체 결정권이 없다. 다만, 이 법의 취지상 정부광고 전문기관을 지정하여 질적 향상 및 효율적 운영을 도모하는 것이므로 정부광고주의 요청에 따라 재단은 미디어 전략방향을 설정하고 미디어 믹스를 제안하는 등 미디어 플래닝 서비스를 제공할 수 있다. 이처럼 전문기관을 통한 정부광고의 운영은 결국 전문기관의 정부광고주에 대한 폭넓은 지원과 서비스의 질적 향상을 요구하게 된다. 이에 매체대행료(commission) 방식이 아닌 정부광고주로부터 정부광고 대행서비스에 대하여 수수료를 징수하는 광고대행료(fee) 방식이 채택되었다(동법 제10조 제2항, 대통령령 제7조 제1항).

요컨대, 「정부광고법」의 가장 주된 제정 취지는 공익성과 효율성이다. 따라서 세부 조항은 국회보고를 통한 공정성과 투명성 확보, 전문기관 지정을 통한 정부광고 효율성 제고, 정부광고 질서 확립 등을 위한 내용으로 구성되었다.

2) 정부광고법의 공적 가치

정부광고의 정의와 분류는 1997년 공보처에서 발간한 『광고행정백서』에 기술된 개념이 활용되고 있다. 백서에 따르면, **정부광고**는 "중앙행정기관, 지방자치단체, 정부투자기관 및 일부 특별법인이 일정한 효과를 야기하고자 관념과 정보의 전달 서비스에 관한 메시지를 매체를 통하여 유료로 전달하는 일체의 광고행위"라고 규정하고 있다. 여기에는 정부광고를 비상업적 광고로 이윤을 추구하는 일반 상업광고와는 다르게 행정광고, 시책홍보광고, 의견광고, 긴급쟁점광고, 공공봉사광고(공익광고), 상품 및 서비스 광고 등으로 분류하고 있다.

행정광고는 보편적인 정부광고로 공시, 공고, 안내, 입찰, 공람, 모집 등 법적 의무조항 광고를 말한다. **시책홍보광고**는 중앙정부나 지방자치단체의 PR적 성격이 짙은 것으로 새로운 정책이나 법규, 행정 서비스 등을 추진할 때 이에 대한 국민의 이해와 협력, 지지를 구하며 나아가 정책목표 실현에 원활을 기하기 위한 상품판매 촉진적 광고이다. **의견광고**는 정부나 지방자치단체의 공식적인 입장을 밝히거나 필요한 의견을 제시하는 광고이다. **긴급쟁점광고**는 돌발적인 사태가 발생하거나 긴급한 상황이 생겼을 때 이에 대한 적절한 대처나 국민의 이해를 구하기 위한 광고를 말한다. **공공봉사광고**(공익광고)는 정책추진을 위한 목적이 아니라 국민 계도적이고 공공의 이익을 위한 광고, 예를 들면 교통, 환경, 질선, 도덕심 양양 등 공익적 성격을 지닌 광고로서 한국방송광고공사(KOBACO)가 시행하고 있는 공익광고가 대표적 예이다. **상품 및 서비스 광고**는 정부투자기관 및 일부 특별법인의 상품이나 서비스를 광고하는 것으로서 일반 상업광고와 그 성격이 유사하다.

이 같은 정부광고의 특성을 고려할 때 「정부광고법」은 광고주인 정부의 광고업무 창구를 일원화하여 예산 절감과 업무의 효율성 제고를 위해 도입되었다. 이에 따른 대행 수수료는 공익적 차원에서 언론계로 다시 환원하여 언론공익사업의 주요 재원으로 활용하고 있다. 이는 민간 대기업의 계열광고대행사와 유사한 개념으로 정부광고 취급 창구를 단일화함으로써 정부기관 간의 균형 있는 광고 집행과 매체에 대한 구매협상력을 강화하고자 하는 목적에 따라 운용되는 것이다.

한국언론진흥재단을 통해 일괄적으로 시행되고 있는 정부광고는 일간신문, 방송, 통신, 주간신문, 월간잡지, 각종 화보 등 간행물과 방송, 교통광고, 인터넷 및 기타(전광판, 선전탑, 광고판, 영화상영관, DM 등) 문화체육관광부장관이 지정하는 영역에 시행할 수 있는데 매체의 종류가 다양한 만큼 공정한 거래 방식이 요구된다.

정부광고의 대행수수료는 10%로 민간 광고대행사들의 수수료 요율이 통상 15% 이상인 데 비해 5%나 낮게 책정되어 있다. 광고가 게재되는 매체는 일간신문, 주간신문, 월간잡지 등 인쇄매체와 TV, 라디오, 케이블 TV, 교통광고, 옥외광고, DM, 인터넷 등이 포함된다. 해외매체는 민간 광고대행사들의 적정 수입을 보장해 주기 위해서 4%를 적용하고 있다.

정부광고의 시행절차는 ① 사전 광고계획 수립, ② 광고 의뢰서 작성, ③ 광고 의뢰서 접수, ④ 매체 선정 및 지면, 시간대 확보, ⑤ 단가 조정 및 제작 시안 제시,

⑥ 광고료 청구 및 지불 등의 단계로 나누어 볼 수 있다. 먼저, 시행절차상 광고 시행 전에 사전 광고 계획을 수립하는데 최근 지방자치단체, 정부투자기관의 홍보를 위한 광고 물량이 증대하면서 광고 계획 수립의 중요성이 높아지고 있다. 특히, 기존 매체 외에 케이블 TV, 교통광고, 옥외광고, 인터넷 등 다양한 매체의 활용도가 높아짐에 따라 이에 대한 전문성이 더욱 요구되고 있다.

한국언론진흥재단은 광고물의 이상 유무, 청구금액을 확인한 후 해당 기관에 광고료 명세서를 첨부하여 공문으로 청구한다. 이에 따라 시행된 각 정부기관의 광고료는 수수료를 공제한 후 익월에 각 매체에 지급한다. 이와 같이 한국언론진흥재단은 정부광고 해당 기관에 대한 각 매체사의 청구 업무와 수금 업무 일체까지를 대행하고 있다. 문제는 지방자치단체 등은 상대적으로 광고비 규모가 작아 지역신문 등의 저비용, 소형 광고 게재가 주류를 이루고 있다. 광고 건수는 많지만 개별 금액은 적으므로 민간 광고대행사와 비교할 때 1인당 광고대행 업무 처리량에서 커다란 차이

표 4-2 2018년 정부광고 취급 건수 및 금액 현황 (단위: 건, 백만 원)

구간	총계	
	건수(비중)	금액(비중)
5백만 원 미만	129,723(78.6%)	244,466(29.8%)
5백만 원 이상 ~ 1천만 원 미만	19,575(11.9%)	142,276(17.3%)
1천만 원 이상 ~ 2천만 원 미만	9,823(5.9%)	139,641(17.0%)
2천만 원 이상 ~ 5천만 원 미만	4,701(2.8%)	143,545(17.5%)
5천만 원 이상 ~ 1억 원 미만	890(0.5%)	63,646(7.7%)
1억 원 이상 ~ 2억 원 미만	293(0.2%)	41,459(5.0%)
2억 원 이상 ~ 5억 원 미만	114(0.1%)	34,277(4.2%)
5억 원 이상 ~ 10억 원 미만	16(0.0%)	10,521(1.3%)
10억 원 이상	1(0.0%)	1,415(0.2%)
합계	165,136(100%)	821,246(100%)

를 보이는 원인이 된다(〈표 4-2〉 참조).

일부 광고업계에서는 광고산업 활성화를 위해 정부광고를 개방해야 한다는 의견이 있지만 정부광고를 개방한다면 소액광고까지 모두 분산 처리할 수 있는 방법이 제시되어야 한다. 그러나 정부광고 개방을 요구하는 입장에선 수익성을 기대할 수 있는 고액 정부광고만을 원하기 때문에 정부광고를 민간에게 개방하자는 논리는 한계가 있다.

2. 정부광고법 시행에 관련된 논점

1) 정부광고 제도의 타당성과 운용 방식

정부광고와 관련된 논의가 시작되면 마치 정부광고가 국내 광고시장을 모두 좌우하며 한국언론진흥재단이 그 편익을 누리는 것처럼 호도되곤 한다. 하지만 2018년 기준 국내 전체 광고비(11조 6천 억 원)와 비교해 보면 정부광고 시장은 7% 정도(8,200억 원)에 불과한 수준임을 알 수 있다. 그럼에도 불구하고 정부광고를 한국언론진흥재단에서 단독 대행하는 것이 광고산업에 문제가 된다고 주장하는 것은 경제개념으로 볼 때 설득력이 떨어진다.

국내에서 정부광고는 한국언론진흥재단에서 단독 대행을 하도록 한 것에는 몇 가지 목적이 있는데, 가장 중요한 것은 국민의 세금으로 운용되는 정부광고의 효율성을 강화하자는 것이다. 특히 방송광고는 미디어렙(Media Representative)으로부터 광고시간을 구매하여야 게재할 수 있는데 민간기업에 비해 상대적으로 예산 규모가 작은 공공기관에서 적기에 광고시간을 구매하는 것은 사실상 어렵다. 긴급한 정책이슈나 대국민 메시지를 전달해야 하는 상황에서 광고대행 창구가 다원화된다는 것은 그만큼 비용 대비 효율성을 저하시키는 원인이 된다.

물론 시장논리로 접근할 경우 「정부광고법」에 의한 독점이라는 반대논리가 도출되고 있다. 일부에서 정부광고 시장 개방을 요구하는 것도 이와 같은 논리에서이다. 미국, 영국, 일본 등 해외 주요 국가의 정부광고 운용 현황을 보면 우리와 같은 단독대행 체제는 아니지만 법과 제도로서 단독대행 효과를 보장할 수 있는 장치를 마련해 두고 있다. 특히 영국, 일본, 프랑스 등은 중앙부처에서 정부광고를 종합적으로 조정하고 통합적으로 관리하는 체계를 유지하고 있다.

미국은 정부부처 및 공공기관이 개별적으로 민간 광고대행사와 계약을 체결하여 독자적으로 광고를 시행하고 있으며 공익광고는 **광고위원회**(Advertising Council: AC)에서 담당하고 있다. 민간의 참여를 기본으로 하고 있지만 정부와 광고업계가 상시 협의체계를 유지함으로써 정책홍보 등의 효율성을 강화하고 있다. 하지만 매체 구입에 있어서는 개별적 구매로 인해 비용 절감의 효과를 기대하기 어려운 상황이다.

영국은 정부의 관리 외에 **광고자문위원회**(ACA)라는 기구를 두고 정부광고 운용의 전문성과 투명성을 감독하고 있다. 또한 매체구입 창구를 통합적으로 운용함으로써 정부광고 비용을 절감하도록 하고 있다. 영국 역시 정부광고의 효율성을 강조하고 있기 때문이다.

일본은 민간 광고대행사가 자율적으로 참여할 수 있도록 하고 있지만 정부기관이 매체를 공동으로 이용할 수 있도록 제도화함으로써 비용 대비 효율성을 보장하고 있다.

이들 국가가 운용하는 정부광고 제도의 공통점은 민간에 어느 정도 자율적 참여를 보장하면서도 일원화된 관리 체계를 설치하고 있다는 점이다. 문제는 정부광고 영역의 민간 개방과 일원화된 운영 체계 모두 상호 이율배반적인 장단점이 존재한다는 것이다. 즉, 민간에 개방할 경우 시장 논리에 의해 저예산 정부광고는 외면당할 가능성이 높고 효율성은 저하된다. 단독대행 체계로 운용할 경우 시장의 공정한 참여라는 논리적 차원의 한계가 있다. 하지만 중요한 것은 정부광고의 재원이 국민의 세금이라는 취지에서 볼 때 효율성이 강조되어야 한다는 점이다. 이것은 미국, 영국, 일본 등의 경우에도 주안점을 두고 있는 부분이다.

표 4-3 해외 주요 국가의 정부광고 운용

구분	장점	단점
한국	• 민간 광고대행사보다 저렴한 수수료율 • 정부광고의 창구 단일화로 정부 부처의 예산절감 효과 및 거래질서 확립 • 각 언론기관의 정부기관에 대한 광고 강요 및 과다유치 경쟁 최소화 • 매체사가 광고를 사전협의 없이 게재하고 광고비를 요구하는 무의뢰 광고를 방지하는 데 기여 • 정부기관의 기밀 보안 유지 • 수수료 수입의 환원을 통한 사회적 순기능	• 독점의 법률적 정당성의 취약 • 정부광고 독점으로 인한 기업의 자유와 권리 제한 • 광고 기획 및 제작을 위한 조직의 전문성 부족
미국	• 분권형 광고 집행방식을 통한 업무의 효율성과 개별 부처의 경쟁력 제고 • 정부와 광고업계의 긴밀한 상호협조하에 정부광고의 역할 분담 • 경쟁 PT를 통해 경쟁력 있는 광고대행사를 선정	• 광고집행 창구의 다원화로 인한 정부기관의 기밀 누설 가능성 • 개별적인 매체구입으로 인해 가격 절감 효과를 기대하기 어려움
영국	• 광고자문위원회(ACA) 설치를 통한 정부광고 집행의 전문성 및 투명성 유지 • 매체구입 창구의 단일화를 통한 업무 효율성 및 예산절감 효과 • 경쟁 PT를 통한 민간 광고대행사 활용 • 광고 이외에도 다양한 마케팅 커뮤니케이션 가능	• 중앙집권식 매체구입 업무통제를 통한 개별 부처의 매체집행 자율성 침해 • 매체구입과 광고제작의 분리 운영으로 인해 캠페인의 일관성 유지와 광고효과의 극대화 어려움
일본	• 내각광보실의 광고예산 관리를 통한 정부광고의 안정적인 집행 • 각 정부기관들이 매체를 공동으로 이용할 수 있도록 제도화되어 있기 때문에 매체집행이 용이 • 민간 광고회사의 참여가 어느 정도 제도적으로 보장	• 중앙집권식 광고업무 통제를 통한 개별 부처의 자율성 침해 • 정부시책광고와 공익광고의 집행이 정부와 광고업계 간에 분리되어 실시 • 공공 광고기구와의 긴밀한 교류가 없음

2) 정부광고 관련 기관과 업계의 입장

「정부광고법」과 동법 시행령에 한국언론진흥재단이 단독 수탁기관으로 지정되는 과정에서 광고업계와 유관기관 등은 다양한 반론을 제기하였다. 그중에 현재까지 진행 중인 반론은 "한국언론진흥재단은 광고대행사의 선정과 세금계산서 발행 등 매우 제한적인 역할만을 수행하고 광고의 기획, 제작, 효과분석 등 광고의 주요한 기능은 민간 광고대행사가 하고 있다."라는 주장이다. 하지만 실상은 주장과 다르다. 한국언론진흥재단은 연간 17만 건에 이르는 정부광고 대행업무를 수행하고 있으며 이 중 10억 원 이상 규모의 일부 광고는 광고주 희망에 따라 **민간협업**(Agency Of Record: AOR)으로 시행하고 있다. 현재 민간 대형광고회사의 경우도 소규모 전문 분야 광고회사와 협업을 통해 민간 광고시장의 대행업무를 시행한다. 또한 광고주의 매체계획, 광고계획 등의 서비스를 지원하며 제작 분야의 입찰 업무까지 대행하고 있다. 그럼에도 한국언론진흥재단의 기능과 역할을 훼손하려는 주장이 지속되고 있다.

이 밖에 한국언론진흥재단 때문에 민간 광고사업자가 직접 정부광고를 수주하는 것이 불가능하여 광고대행 시장의 경쟁이 저해되고 있고 민간 광고대행사에 지불될 수수료가 한국언론진흥재단에 통행세로 지불되기 때문에 민간 광고대행 시장이 위축 · 왜곡된다는 주장도 있는데 이것 역시 사실과는 전혀 다르다.

한국언론진흥재단은 정부광고 업무 수행을 위한 협업 풀을 운영하고 있으며 매체대행 부분도 일정 규모 이상일 경우 민간과 협업을 통해 수익을 나누고 있다. 이 때문에 정부광고 민간협업 업무를 수주하기 위한 경쟁은 오히려 가속화되고 있다. 정부광고 민간협업 경쟁이 치열한 이유는 광고비 수급의 원활성과 안정성 때문이다. 재단은 정부광고 협업이 종료되는 시점에 현금 결제를 한다. 때에 따라서 재단의 예비비로 선지급하기도 한다. 민간 광고시장에서 광고주는 업무 종료 후 3개월 정도 후에 3~6개월 정도의 은행어음을 지급한다. 시장의 우수기업 어음할인률을 감안한다면 재단을 통해 협업하는 것이 훨씬 유리한 상황이다. 또한 공공기관인 재단이 지급보증하기 때문에 안정성도 확보된다. 오히려 재단은 민간 광고회사의 기업활동 활성화와 청년 일자리 창출에 기여하고 있는 것이다.

표 4-4 정부광고 관련 이해관계자의 주장과 실상

이해관계자 주장	한국언론진흥재단의 설명
재단에 대한 통행세 지불은 인터넷 벤처회사에 지불될 광고비를 감소시킴으로써 이러한 선순환 구조를 위축시키고 인터넷 벤처회사 및 4차 혁신산업의 발전에 장애가 되고 있다.	온라인 광고를 주 수입원으로 하는 인터넷 벤처회사는 기존의 플랫폼사업자들과 경쟁이 어렵다. 온라인 광고 효과를 고려한다면 사실상 인터넷 벤처회사의 광고 수주와 단가 책정은 불가능한 상황이다. 정부광고주 역시 인터넷 벤처회사에 광고를 시행할 경우 효과와 안정성 부분을 우려하고 있다. 이때 재단은 정부광고주에게 인터넷 벤처회사의 기능과 역할 등을 보증하는 역할을 함으로써 4차 혁신산업의 지원자 역할을 하고 있다.
정부광고는 아직 인쇄광고에의 의존도가 높아 소비자의 매체선호 변화를 따라가지 못하고 있는 실정이다.	재단은 정부광고주로부터 대행업무 수수료를 징수하므로 매체 수입과는 관련이 없다. 정부광고의 인쇄매체 비중은 광고주가 필요성에 따라 결정하는 것이다. 민간의 경우에도 광고매체는 100% 광고주가 결정한다. 정부기관 및 공공법인 등이 필요에 따라 매체를 결정하는 과정에서 인쇄광고가 선택되고 있지만 점차 온라인 매체의 비중도 커지고 있다.
헌법재판소는 2008년에 KOBACO만이 지상파방송의 광고판매 대행을 하도록 한 것이 민간 광고판매 대행사업자의 직업수행의 자유와 평등권을 침해한다는 이유로 위헌 판결을 하였는데, 언론재단에 의한 정부광고 독점대행도 마찬가지 이유로 위헌으로 판결될 가능성이 크다.	KOBACO가 위헌판결을 받은 사례와 재단의 정부광고 통합대행은 경우가 다르다. KOBACO는 지상파 방송사의 모든 광고시간을 독점판매하며 판매대행 수수료를 징수함으로써 문제가 발생한 것이다. 2018년 전체 국내 광고시장을 12조 원 정도로 추정할 때 정부광고 시장은 5~6%밖에 되지 않는다. 특히 재단은 공공성과 투명성, 효율성을 목적으로 정부광고 업무를 대행하는 '조달청'과 같은 역할을 하고 있으며 수익금을 언론진흥기금에 출연한다. 재단은 정부가 필요로 하는 광고시간, 광고지면, 광고위치 등을 기획하고 조정하여 정부기관 및 공공법인 등에 납품하는 구조인 것이다. 질문 내용의 논리대로라면 조달청 업무, 복권사업, 경마 등 정부나 공공기관 등이 공공성 확보와 기금 조성 등을 위해 하는 일은 모두 위헌이다.
정부광고의 재단을 통한 독점을 폐지하고 정부부처가 직접 또는 조달청을 통해 광고대행사를 선정하고 발주하도록 제도가 변경되어야 한다.	현재 정부기관 및 공공법인 등은 효과가 검증되지 않은 매체들이 끊임없이 정부광고를 요구해 오는 행태에 대해 깊이 고민하고 있다. 특히 국민의 세금으로 시행하는 정부광고 효율성과 투명성에 대한 고민이 크다. 오히려 재단의 역할과 기능을 강화하고 보완함으로써 국민의 세금 사용에 대한 투명성과 기능성을 공고히 해야 할 것이다.

3. 정부광고 제도의 운용 효과

1) 업무효율성과 사회적 비용 절감

「정부광고법」 제정과정에서 광고판매대행사업자와 광고대행사업자의 소유 제한을 해제하자는 움직임도 있었다. 그 이유는 정부광고 대행업무를 KOBACO와 같은 유관기관에서 나누고자 하는 의도에서 비롯된 것이다. 문제는 KOBACO는 「방송광고판매대행 등에 관한 법률」에 따라 공영 지상파방송사업자, 지상파방송채널사용사업자, 종합편성채널사용사업자로부터 방송광고 시간 판매를 위탁받아 판매하고 판매대행 수수료를 받도록 사업 영역이 제한되어 있다는 점이다. 더불어 동법 제13조(광고판매대행자의 소유 제한) 제④항을 보면 제3호에 '광고대행자 및 광고판매대행자(각 특수관계자 포함)'를 명시함으로써 광고주의 광고업무를 대행하는 광고대행사업자 또는 민영 광고판매대행자의 참여 또는 교차 소유를 제한하고 있다. 이 소유제한은 대기업 계열사 등 광고대행사업자가 방송광고판매대행사업에 참여할 경우 발생할 수도 있는 특정 광고주의 광고시간 배정 혜택, 특정 방송사업자의 광고시간 판매 등의 문제를 방지하기 위함이다.

만일, 이 법 조항을 수정하여 방송광고판매대행자인 KOBACO가 광고업무대행사업을 병행할 수 있도록 한다는 것은 상호 소유제한을 해제하는 것이며 소유제한이 해제되면 광고대행사업자가 광고판매대행사업에 참여할 수 있는 근거가 된다. 이것은 '공정한 거래질서를 확립하여 방송광고시장 활성화와 방송의 공공성, 공익성 및 다양성 구현에 이바지함'이라는 이 법의 근본 취지와 목적에 위배될 수밖에 없다.

광고판매대행업과 광고대행업의 소유제한이 없는 일본의 경우 '덴츠'가 광고판매대행과 광고대행을 동시에 수행하며 일본 전체 광고시장의 80%(4대 매체 광고시장의 50%)를 차지하여 언론과의 이해상충 등의 문제가 발생하고 있다. 이 법의 개정을 통해 소유제한이 해제되면 국내에서도 대기업 계열의 광고대행사가 4대 매체의 광고

시장을 장악할 수 있으며 이로 인해 또 다른 문제가 발생할 가능성이 크다.

덴츠와 NHK 방송이 파나마 문서 파동과 관련이 있다는 소문은 일본의 인터넷 매체 '리테라(LITERA)'의 보도로 시작되었다. 지난 10일 리테라는 "국제 탐사보도언론인협회(ICIJ)가 공개한 CSV 파일을 검색했더니 덴츠의 이름이 나왔다."며 "하지만 일본 언론은 이를 보도하지 않고 있다."고 주장하였다. 하지만 리테라 측에서 2012년 ICIJ가 공개한 '역외 조세피난처(Offshore Leaks)' 명단을 파나마 문서와 관련된 명단으로 오해한 것이었다. 리테라 측은 11일 정정 보도를 냈지만 이를 확인하지 않은 다수의 네티즌이 인터넷상에 "덴츠와 NHK가 파나마 문서 파동과 관련이 있다."는 글을 유포하였다.

NHK과 덴츠의 파나마 문서 연루설에 대한 의혹은 꺼지지 않을 것으로 보인다. 아사히신문의 조사 결과, 파나마 문서 중 덴츠와 NHK의 이름을 도용한 것으로 보이는 법인회사 두 곳이 확인됐기 때문이다. 아사히는 일본 언론을 대표해 ICIJ에 가입된 회사이기도 하다. 아사히는 버진 아일랜드에 'Denstu Securities INC.'라는 명의의 회사가, 파나마에서는 'NHK GLOBAL INC.'라는 회사가 설립된 사실이 확인되었다고 전하였다. 현재 덴츠와 NHK 측은 조세회피에 대한 사실을 부인하고 있다. 덴츠와 NHK 홍보 담당자는 각각 "철저하게 조사했지만 관련 계열사는 존재하지 않는다."며 "본사는 서류상의 회사와 관계가 없다."고 소문을 부정하고 있다.

덴츠는 일본 최대 광고기업으로, 세계 5위 광고 회사이다. 매출 규모 2조 4,000억 엔(한화 25조 원)을 자랑한다. 덴츠의 언론 장악력을 다룬 다하라 소이치로(田原総一郎)의 '덴츠'에 따르면, 1980년 기준 언론사별 덴츠의 광고 점유율은 TBS 방송국이 59.4%, 니혼TV가 42.9%, 후지TV가 50.7%, 아사히TV가 38.6%, 요미우리 신문이 22.5%, 마이니치 신문이 24.1%에 달하였다. 일본 4개 매체(TV, 신문, 잡지, 라디오)의 광고시장 점유율은 50%를 차지하는 것으로 집계되었다. 10일 보도 당시 리테라는 "스가 요시히데(菅義偉) 관방장관은 재빨리 조사에 부정적인 견해를 표명했으며, 미디어도 이 이상 실명을 자세하게 보도하지 않을 것이다."라고 비판하였다. 한 신문사의 경제부 기자는 리테라에 "덴츠는 언론의 대형 스폰서이기 때문에 일본 언론이 이름을 폭로할 것으로 보이지 않는다."고 전하기도 하였다.

출처: 문재연(2016. 4. 24.).

2) 정부광고 운용체계 보완

정책홍보의 근간이 되는 커뮤니케이션과 공중의 정보처리와 관련된 **정교화 가능성 모델**(Elaboration Likelihood Model: ELM)에 따르면, 공중이 홍보 메시지를 접한 후 정보처리를 하는 과정은 중심단서, 중심경로를 통한 '인지적 처리'와 주변단서, 주변경로를 통한 '정서적 처리'로 구분된다.

먼저, 인지적 처리의 바탕이 되는 중심단서는 언어적인 요소, 텍스트화된 요소, 논리적인 요소 등이다. 다음으로, 정서적 처리를 유도하는 주변단서는 비언어적인 요소, 비주얼화된 요소, 감성적인 요소 등이다. ELM에 따르면, 공중의 정책에 대한 관여도가 높거나 정보처리 능력이 뛰어나면 중심경로에 의해 논리적 판단을 할 가능성이 높아진다. 반대로, 정책에 대한 관여도가 낮거나 정보처리 능력이 미진하면 주변경로에 의해 감성적 판단을 하게 된다는 것이다.

문제는 정부의 정책에 대한 공중의 관여도가 어떠한가에 대한 부분이다. 관여도는 내용의 인지도와 직접적인 관련이 있는데 그동안의 정책홍보 활동을 보면 체계적인 프로그램이 미비했기 때문에 공중이 정책 내용에 대해 높은 인지도를 나타내기에는 한계가 있다. 인지도가 낮다는 것은 높은 관여수준을 형성하지 못한다는 것을 의미한다. 쉽게 말하자면, 공중은 정책의 중요성이나 필요성 등에 대해 깊이 생각하거나 논리적 판단을 하지 않는다는 것이다. 그렇다면 정책홍보 메시지에 대한 공중의 정보처리 과정은 주변경로에 의한 감성적 영역으로 치우치게 된다.

이와 같은 현상은 정책홍보의 경우에만 해당되는 것은 아니다. ELM이 가장 많이 응용된 광고와 마케팅 영역에서도 유사한 사례가 나타난다. 어느 정도 시장이 성숙되고 경제가 빈곤에서 벗어나게 되면 제품 구매 시 소비자의 개성이 가장 중요한 선택변인으로 작용한다는 것이다. 경제와 시장환경이 열악한 시절에 중요하게 여기던 가격, 품질 등 논리적 가치보다 유행성, 색상, 외형 등 소비자와 브랜드의 개성이 중시된 정서적 만족도가 주요 변인이 된다.

이러한 마케팅 논리를 차용하자면 우리나라를 비롯하여 일정 수준 경제력을 확보한 자유민주주의 국가에서 정책의제 설정과 정책결정 등의 과정에서 공중에게 전달되는 정책홍보 메시지의 정보처리는 감성적 · 정서적 가치에 따라 좌우되기 쉽다는 것이다. 결국 정책홍보 메시지의 내용과 홍보 역시 공중의 감성적 영역에 호소하는 방법을 찾아야 한다는 논리가 된다. 정책에 대한 정보처리와 가치판단의 기준이 주변단서에 의한 정서적 요인이라면 홍보의 방향은 공중과의 감성적 교감에 두어야 한다.

급속도로 확산되어 가고 있는 페이스북이나 트위터 등과 같은 SNS의 특성은 바로 감성적 자극을 핵심으로 하고 있다. SNS는 높은 관여도를 필요로 하지 않으며 순간적이고 감성적 반응을 우선적으로 요구한다. 만일 SNS를 통해 정책홍보 활동을 한다면 공중에게 정책의 논리적 접근이나 높은 관여수준을 기대하기 어렵다. 정책홍보 메시지에 대한 공중의 즉각적 반응이 '친근함' '알기 쉬운' '부담 없는' 등의 개성요인으로 나타나야 하는 것이다.

기본적으로 모든 정책은 경제, 정치, 사회환경의 논리적 해석과 장기적 발전전략을 바탕으로 입안되므로 쉽게 풀이되기에는 한계가 있다. 그러기에 정책홍보를 감성적 방법으로 진행하기 위해서는 메시지에 대한 충분한 연구가 요구된다. 공중이 쉽게 호응할 수 있고 긍정적 반응을 불러올 수 있으면서도 친숙함을 심어 줄 수 있는 크리에이티브가 반영되어야 어떤 매체를 활용하더라도 효과를 거둘 수 있다. 이와 같은 이유가 디지털 미디어 환경의 정책홍보 패러다임 자체가 이성적인 부분에서 감성적인 부분으로, 논리적인 영역에서 정서적인 영역으로 전환되어야 하는 까닭이다.

이와 같은 문제를 해결하고 정부광고를 활용한 정책홍보 효과를 증진하기 위해서는 커뮤니케이션 목표 달성에 적합한 매체운용이 중요하다. 그것은 디지털 융합 환경에서의 양방향 매체활용의 가치가 증대된다는 것을 의미하기도 한다. 물론 매체산업의 균형발전이라는 차원에서 지역신문, 군소 매체의 존재도 반드시 필요하다. 다만, 이것은 매체산업 영역에서 논의될 수 있는 부분이다. 정부광고는 앞서 기술한 바와 같이 국민의 세금을 재원으로 하기 때문에 광고효과를 가장 우선으로 생각해야 한다. 정책홍보를 위한 메시지 전달, 인지도 향상 등과 같은 소기의 광고효과를 기대할 수 없는 매체는 정부광고 매체가 되기 어렵다. 매체산업 균형 발전을 위한 지원의 일환으로 정부광고가 활용된다면 이것은 이중적으로 낭비를 하는 결과를 가져올 수 있다. 따라서 매체산업의 균형발전과 정부광고라는 논리를 과감히 탈피하고 매체산업에 대한 지원은 별도의 정책으로 시행하고 정부광고는 본연의 취지에 맞도록 운용해야 한다.

4. 정부광고의 발전을 위한 제언

1) 한국언론진흥재단의 기능 확장

광고매체는 메시지를 공중에게 전달하는 커뮤니케이션 채널을 의미한다. 정책홍보를 위한 홍보매체 역시 마찬가지이다. 홍보매체도 광고매체와 마찬가지로 전파매체, 인쇄매체, 옥외매체, 뉴미디어 매체 등으로 구분할 수 있다. 고대사회에서는 사람과 사람 또는 사람과 청중 간의 구전이나 벽보 형태로 홍보활동이 이루어졌다. 이후 활자가 발명됨에 따라 인쇄술 확산으로 새로운 홍보매체가 공중에게 다가가게 되었으며 효과적인 정보전달을 가능하게 해 주었다. 더불어 수송수단의 발달로, 미국의 경우에는 잡지의 전국 배포가 가능해지고, 1830년경에는 800종의 신문 · 잡지가 발행되었다. 1867년 약 6천만 달러이던 미국 홍보비는 1890년에는 3억 6천만 달러로 늘어났다.

20세기 초에는 전 세계 홍보비가 약 10억 달러에 이르렀다. 1920년대 초에는 미국에서 라디오 방송이 시작되면서 라디오 홍보가 나타났고, 제2차 세계대전 후 역시 미국에서 텔레비전 방송이 시작되어 신문 · 잡지 · 라디오 · 텔레비전의 4대 매체를 홍보에 활용하는 시대에 들어섰다. 근래에는 인터넷 혁명으로 인한 모바일, SNS 등 새로운 매체 출현으로 점차 새로운 형태의 대중매체를 활용한 홍보환경을 만들어 가고 있다.

최근 들어 사회 제반 여건 및 환경의 변화로 정책홍보에 대한 인식의 전환을 가져올 수 있는 계기가 마련되었고, 홍보기능의 필요성에 대한 인식이 높아져 가고 있다. 정부는 공중과의 관계를 원만히 하고, 홍보의 지지를 획득하며, 홍보의 의사를 반영할 수 있게 하는 상호 교류적이고 쌍방향적인 정책홍보를 추구해야 하는 과제를 안고 있다. 앞으로는 정책홍보의 성공 여부가 정책실현까지 영향을 줄 만큼 홍보기능의 중요성은 더해 갈 것으로 보인다. 공중과 호흡할 수 없는 정책은 성공할 수 없고, 대중의 의향을 파악하고 상호 의견을 교류할 수 있는 기능이 절실히 요청된다.

이를 위해서는 정부기관이 공중의 의견을 수렴하고 이를 어떻게 반영할 것인가를 고민하여야 한다. 공공의 입장을 전체 공중에게 알리고 설득하며, 상호 이해의 폭을 넓히는 홍보활동을 지속적으로 할 필요가 있다. 우리나라에서는 지방자치제도가 실시되면서 지역언론을 이용한 홍보활동이 활발해졌으며, 새로운 유비쿼터스 뉴미디어의 등장으로 점차 다양한 홍보매체 이용이 활성화되고 있다.

그럼에도 불구하고 아직 기존 미디어에 대한 신뢰와 효율성이 높다는 것은 공중의 생활 속에 확산되어 있는 다양한 디지털 매체의 유용 정도와는 상이한 부분이다. 결국 공중은 TV와 신문 등의 기존 매체에 대한 신뢰성을 강하게 지니고 있는 것이다. 이러한 결과는 디지털기술 기반의 매체다양성 시대에서 행하는 홍보활동에 전략적 지침을 주고 있다. 즉, 기존 미디어와 뉴미디어의 기능과 특성에 적합한 다면적 홍보 전략을 구상하여야 한다는 것이다.

TV와 신문 등 기존 미디어는 정책홍보 메시지의 일방향적 설득에 주로 활용되어 왔고 현재도 유사한 목적으로 활용되고 있다. 이것은 매체의 특성과 밀접한 관련이 있다. 기존 미디어는 광역의 전파성을 중심으로 운영되고 있는 특성이 있으므로 공중의 반응과 태도를 직접적으로 파악하기는 어렵다. 반면, 지속적인 캠페인 등을 통해 정책 내용에 대한 정보전달 및 인지효과를 향상시키는 데 유리하다.

뉴미디어의 경우는 양방향 커뮤니케이션 특성을 지니고 있는 매체가 많으므로 공중의 반응을 즉각적으로 파악할 수 있다는 장점이 있다. 물론 뉴미디어를 이용하더라도 메시지 전달 방법과 과정에 따라 일방향적 홍보활동이 행해지기도 하지만 이것

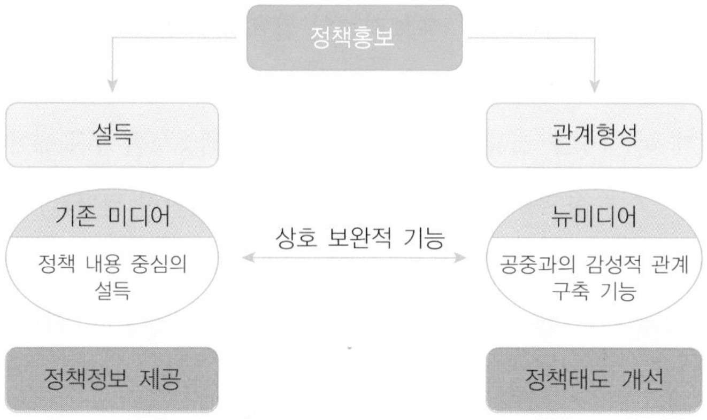

[그림 4-1] 기존 미디어와 뉴미디어의 정책홍보 기능

역시 많은 참여 공중의 반응이 표시된다. 신문 등에 비해 지속적으로 많은 양의 정보를 제공하기는 어려운 부분이 있지만 정책에 관한 의견을 묻고 의견을 공유하며 관계를 구축하는 과정에 용이하다. 즉, 앞으로의 정책홍보는 기존 미디어와 뉴미디어가 지니는 매체의 특성에 따라 획득하고자 하는 목표 수준을 달리할 필요가 있다.

여기서 중요한 것은 마케팅 상황에서 요구되는 것과 유사한 형태의 공중관계성 정립이다. 공중관계가 우호적으로 정립되면 정책에 대한 태도 역시 개선된다. 공중의 인지 여부와 이해 정도도 중요하지만 정책수행 기관이나 정부에 대한 태도가 정책태도에 직결되기 때문이다. 따라서 정책과 관련된 정보의 제공과 홍보캠페인은 기존 미디어를 활용하고 공중과의 지속적 관계 구축은 SNS, 모바일 등 뉴미디어를 병용하는 것이 효과적이다. 최근 각광을 받고 있는 SNS를 활용하는 방법도 있다. 정책의 가중치에 따라 활용도가 달라질 수 있지만 적어도 호의적 여론을 형성하는 과정에는 충분한 기능을 발휘할 것으로 판단된다.

인쇄매체에서 동적인 영상물 시대로 홍보매체가 발전하기 때문에 기존의 4대 매체 이외에 전광판을 이용하거나 와이드컬러, 광고탑, 멀티비전 등을 병용하는 홍보가 필요하다. 전자우편 등 뉴미디어를 통한 홍보도 많이 진행되었다. 케이블 TV, 중

계유선방송, 인터넷 등 새로운 매체를 이용해 정책홍보 메시지를 공중에게 적극적으로 알릴 필요가 있다. 또한, 인터넷 홈페이지나 각종 인터넷 검색 사이트에 정책과 관련된 정보가 게재되어 있음을 널리 홍보하여 이용률을 높일 필요도 있다. 향후 유비쿼터스 정부시대에는 정책홍보의 새로운 방법으로 다양한 형태의 멀티미디어 보도자료를 편집 · 작성하여 컴퓨터 및 무선 네트워크로 전송하는 방법도 고려해야 한다.

정책홍보 비용을 고려한 효율성 확보도 중요하다. 효율적인 예산집행을 수행하기 위해서는 정책결정 과정에서 공중의 적극적인 참여에 의한 합리적인 예산안 편성이 요구되며 이를 통한 효율적 집행이 수반되어야 한다. 정책홍보 활동에서 새로운 수요가 갑자기 발생하였는데도 예산의 영역이 자유롭지 못하면 결과적으로 예산을 집행의 낭비를 가져올 수 있다. 즉, 공중이 주로 선호하는 매체가 무엇인지를 파악하여 예산규모와 매체이용의 우선순위가 정해져야 한다.

신문이나 방송 또는 광고 등 대중매체를 이용하였을 때에 공중에게 정보가 도달되는 속도와 범위가 가장 빠르고 넓다. 그러나 비용이 많이 드는 대중매체의 이용에 대한 대체수단으로 정책홍보 자료를 통한 정책의 정보인지를 적극적으로 활용하는 방안도 부분적으로 필요하다.

이에 한국언론진흥재단은 정부광고 수탁기관으로서 전술한 문제들을 해결하고 새로운 방안을 제시할 수 있는 통합 대행사로서의 역할을 수행하여야 한다. 또한 여론수렴 기능을 강화하기 위해 정책의제 설정 단계에서부터 공중회의와 워크숍을 개최하여야 한다. 임시위원회와 자문집단 등을 두고 공중의 의견을 고려할 수 있도록 하여야 하며, 또한 설문조사 등을 통해 항상 여론을 파악할 수 있도록 하여야 한다.

2) 신유형 미디어 활용 확대

유비쿼터스 정부시대를 대비한 새로운 정책홍보 방안의 또 다른 방법은 20~40대의 젊은 계층을 중심으로 온라인에서 익숙해 있던 각종 홍보기법을 무선 인터넷 환경에 적용시키는 것이다. 여기에는 음악, 문자, 그래픽, 동영상이 담긴 홍보 방안을 스마트폰, 모바일 기기 등 이동 단말기로 응용하는 것이다.

정책홍보 체계의 획기적인 개선을 위해 스마트폰 및 모바일 기기 등으로 정책 관련 정보를 실시간으로 이용할 수 있는 정보서비스를 제안한다. 이 정보서비스는 정책과 관련된 행정특보, 행사, 공지, 자료 등이 다양한 그래픽과 문자가 결합된 형태로 제공되며, 스마트폰이나 모바일 기기를 갖고 있는 공중은 쉽게 정책정보 서비스를 받을 수 있다. 이 서비스는 단순히 휴대전화를 통한 문자 서비스보다 더욱 다양한 콘텐츠를 제공할 수 있고, 바쁜 현대인이 전국 어디서나 다양한 정보를 실시간으로 이용할 수 있는 장점이 있다.

정부기관의 홈페이지는 이제 비교적 시민의 활발한 참여하에 성공적으로 운영되고 있다는 평도 있지만, 더욱 적극적인 참여를 이끌어 내기 위해서는 주부나 학생층은 물론 청년 및 장년층까지 친근감을 갖고 재밌고 손쉽게 이용할 수 있도록 적합한 디자인을 도입하고, 인터페이스를 대폭 개선하는 홈페이지 개편을 완료하여야 한다. 아울러 국정현황, 정책 등에 대한 알기 쉬운 설명과 함께, 홍보 담당자들이 알아야 할 기본 지식과 정보를 서로 나누고, 스스로 참여할 수 있는 메뉴 등을 신설하여야 한다. 또한, 공중의 온라인 참여가 일회성에 그치지 않도록 동호회를 구성하여 유대관계를 긴밀하게 하는 과정도 필요하다. 실증분석 결과에 따르면, 정책에 대한 반대 또는 저평가 의견은 관계 형성의 부족에서 비롯된 경우가 많았기 때문이다. 관계에 형성이 부족하면 정책의 내용과 기능에 무관한 부정적 견해가 발생할 수 있고 정서적 공감대를 형성하기 어렵다. 따라서 현재 포털 사이트에서 시행하는 것처럼 포인트 시스템을 도입하여 공중의 참여와 활동에 따라 일정한 혜택을 제공하는 것도 고려할 필요가 있다. 무엇보다 이와 같은 홍보활동을 지속적으로 수행하여 정책홍보의 연속성을 지닐 수 있도록 하여야 한다.

방송매체의 경우 **인터랙티브TV**의 등장이 새로운 홍보환경을 앞당기고 있다. 인터랙티브TV는 다채널TV와 부가서비스를 제공하는 TV를 말한다. 기존의 TV를 통한 홍보와 달리 인터랙티브TV는 메시지에 대한 상세한 정보획득과 반응까지 측정할 수 있기 때문에 정부 입장에서 매우 매력적인 홍보매체로 부각될 수 있다. 해외 주요 국가의 경우 영국은 프랑스와 함께 인터랙티브TV를 정책홍보에 효과적으로 활용하고 있다. 양방향 커뮤니케이션이 가능한 기능을 통해 공중의 의견도 수렴하고 정보도 전달하고 있는 것이다. 이것은 공중이 지니고 있는 정책에 대한 정서적 만족감과 정보 인지의 욕구를 함께 만족시킬 수 있는 방법이기 때문이다. 미국과 일본은 영국에 비해 인터렉티브TV 기반이 취약하지만 점차 확산 추세에 있다. 우리나라의 경우 공중에게 필요한 맞춤형 정보를 개발하고 있지만 아직은 실정 기술의 미약과 홍보의 부족 그리고 보편성이 부족하다. 디지털 환경에서는 네트워크가 강력하게 발전되고 기술적인 발전이 실용화됨으로써 인터랙티브TV를 활용한 정책홍보는 무한한 가능성을 가지고 있다.

특수잉크 개발에 따른 전자책을 활용하는 방법도 모색되고 있다. 전자책은 기존의 eBook과 달리 고해상도 전자잉크가 반응하여 강력한 네트워크의 신문과 잡지 화면이 구현된다. 즉, 일간지나 주간지 등의 전용 디바이스북이 있으면 그 자리에서 이용이 가능하며 디바이스북에 나타난 홍보메시지를 종이인쇄물처럼 접할 수 있다.

옥외홍보매체를 활용하는 것도 하나의 방법이다. 여기에는 터치스크린(touch-screen)을 이용한 방법이 가장 널리 활용되고 있다. 터치스크린은 거울이나 유리에 초소형 컴퓨터가 내장되어 있어 조그마한 터치에도 그 파장의 값을 계산하여 위치를 인식, 인간과 커뮤니케이션을 하는 것이 기본 원리이다. 터치스크린은 유리가 있는 곳이면 어디서나 설치가 가능하며 홍보활동에 있어서 공중이 직접 참여하는 형태이므로 능동적인 커뮤니케이션이 가능하다. 실제로 지하철역 등에서 공중이 터치스크린을 통해 나오는 홍보메시지에 주의를 갖게 되고 자신의 디바이스나 손가락 등으로 화면을 조정하여 그 자리에서 정보를 확인한다. 이같이 터치스크린은 복잡한 브라운관이나 빔 프로젝트 없이도 스마트한 초소형 컴퓨터와 유리만 있으면 언제 어디서나 설치가 가능하다. 그뿐만 아니라 디지털 환경에서는 강력한 네트워크 기반으로 실시간 화상대화가 가능하다. 따라서 터치스크린은 디지털 환경의 홍보활동에 있어 옥외매체로서는 최상의 매체이며 기존의 옥외매체와는 달리 더욱더 다양한 기능과 정보를 제공한다.

디지털 환경에서 스마트 디바이스를 기반으로 하는 모바일 등을 홍보매체로 활용하는 방법도 있다. 스마트 디바이스는 핸드폰은 물론 화상과 터치스크린 등에서 커뮤니케이션을 할 수 있는 리모컨 역할을 할뿐만 아니라 컬러코드를 통해 정보의 입출력이 가능하다. 정보습득에 필요한 코드를 디바이스로 인식하고 이에 대한 반응을 보일 수 있다.

디지털 환경에서는 홍보매체가 더욱 세분화되며 매체 간 네트워크가 연결되어 공중과 정책홍보담당자 간의 인터랙션이 더욱 가까워지게 된다. 홍보메시지의 크리에이티브 또한 공중이 홍보매체에 접한 환경을 고려한 형태가 될 것이다. 디지털 환경에서의 정부는 기존의 정책홍보 활동에서 사용하던 일방향적 설득전략보다는 정책의 당위성과 사회적 필요성에 대한 정보를 공중에게 장소와 시간 상황을 고려하여 제공할 수 있는 홍보가 필요하게 될 것이다

21세기는 기술과 감성이 만나는 시대이다. 디지털 환경의 홍보는 공중과 홍보담당자 간의 인터랙션을 통해 보다 실증적인 정보를 제공할 필요가 있다. 디지털 환경의 홍보는 시간성이 포함되며 공중에게 필요한 맞춤형 홍보와 정보를 제작할 수 있어야만 효과를 거둘 수 있다. 또한 디지털 환경의 홍보매체는 공중 중심의 홍보전략 설계를 통해 공중이 정책에 대한 홍보매체에 보다 쉽고 편리하게 접근하도록 할 필요가 있다.

게임을 즐기며 홍보하는 온라인 게임을 정책홍보에 도입하는 것도 하나의 방법으로 고려할 필요가 있다. 인터넷과 온라인 게임인구가 급속히 증가함에 따라 정책을 홍보하기 위한 게임을 개발하여 도입하는 것이다. 예를 들어, 4대강 정책은 사업완료로 정비된 강변 자전거 도로를 달리는 자전거 게임 등을 생각할 수 있다. 여기에는 온라인 기술과 삼차원 화면, 시뮬레이션 자전거 등을 활용함으로써 실제 자전거를 타고 관광을 하는 것처럼 온라인 게임을 구성한다. 이 밖에 각각의 정책이슈에 적합한 아이템을 개발하여 현실에 맞게 게임화함으로써 엔터테인먼트 정책홍보를 가능하게 하는 것이다. 물론 고령층 공중의 호응을 기대하기는 어렵겠지만 청소년

및 젊은 계층의 반응을 유도하기는 쉬울 것이다.

정책과 관련된 홍보활동 수요가 날로 증가하고 있는 상황에서 홍보활동은 매우 중요한 의미를 갖는다. 공중의 참여를 확대하고 정책의 목표를 효율적으로 달성할 수 있도록 하기 위해서 이에 대한 적극적인 노력이 필요하다. 그런 의미에서 홍보활동은 바로 정부와 주민 간의 신뢰를 형성하고 가교역할을 수행해야 할 임무를 띠고 있다.

정책홍보는 정부기관과 공중이 함께 호흡할 수 있도록 하는 연결고리를 만들고 정부가 수행하는 정책을 공중에게 알리는 역할뿐만 아니라 공중의 여론을 수렴하는 창구의 기능을 하여야 한다. 여기에는 대중매체 및 비대중매체가 고루 활용될 수 있는데 공중에 대한 정책의 인지 등의 효과에서 볼 때 대중매체가 지니는 역할은 매우 크다.

문제는 대중매체 활용의 효율성이다. 대중매체는 상대적으로 고가의 비용을 필요로 하기 때문에 매체활용 예산계획도 중요하다. 정부기관의 홍보예산은 매체별 균형과 지역안배라는 차원에서 매체의 비중별 균등분배를 시행하고 있다. 홍보의 목적이 마케팅이 아니기 때문에 공공성의 구현을 위한 배정이라고 하지만 효율성이 떨어지는 매체에도 의무적으로 예산을 배정하고 집행하다 보면 주요 매체에 예산이 줄어들게 된다. 이럴 경우 가장 효율성이 뛰어나다고 하는 TV의 프라임타임과 같은 고가의 매체는 이용하기 어렵게 되는 것이다. 물론, 2012년 12월 기준 닐슨미디어리서치 조사에 따르면 지상파TV의 평균 광고시청률은 평균 2% 정도로 집계되고 있다. 지상파TV를 통해 정부광고를 집행한다고 하여도 2% 이상의 노출효과를 보기는 어렵다는 것이다. 신문광고 주목률 역시 신문마다 천차만별이다.

시청률과 주목률이 확보된다 하더라도 인지효과가 얼마나 지속될지는 예측하기 어렵다. 또한 인지된 정책홍보 메시지에 대한 태도가 우호적인지의 여부도 알 수 없다. 따라서 1차적으로 TV와 신문 등 고가의 대중매체와 비교적 저가의 인터넷과 같은 대중매체의 역할 분담을 명확하게 하여 노출효과와 메시지 전달효과를 높이는 것이 중요하다. 이와 함께 인터넷이나 모바일 등의 매체를 통해 공중과의 관계를 개선하고 우호적인 태도를 형성하는 데 주력하여야 한다. TV와 신문 등 주력매체의 도달률이 낮다고 하더라도 공중과 우호적인 관계가 수립되었다면 기대 이상의 홍보효과를 거둘 수 있기 때문이다.

5. 소결

정부광고를 법으로 정하여 시행하도록 한 목적은 '국민의 세금으로 집행되는 정부광고 비용의 효율성과 투명성 제고'에 있다. 「정부광고법」의 핵심은 수수료 체계를 정부광고주가 직접 한국언론진흥재단에 지급하도록 한 부분과 이른바 기획기사, 협찬 등과 같은 형태의 정부광고를 양성화하도록 한 것이다. 정부광고 업무를 한국언론진흥재단에서 일괄 시행하는 것에 대한 이해관계자들의 이견도 있지만 중요한 것은 얼마나 빠른 시간 안에 「정부광고법」의 취지대로 사회에 안착시키느냐 하는 부분이다. 이에 정부광고 수수료를 언론진흥기금 출연을 비롯해 광고산업 발전, 연구지원 등 공적 책무에 사용하도록 규정한 문화체육관광부와 수탁기관인 한국언론진흥재단의 책무가 더욱 무겁다고 볼 수 있다. ■

제5장

불편광고

이희복(상지대학교 미디어영상광고학부 교수)

◈◇◈

광고에 대한 믿음이 이전만 못하다. 소비자 입장에서 광고보다는 검색이나 가까운 사람의 추천을 더 신뢰한다. 광고가 지나치게 과장되었다거나 선정적이라는 이유에서이다. 또 다른 이유는 내용이 유해하다거나 **불쾌감**을 유발한다는 주장이다. 형식에서도 **스마트폰**과 SNS 등 **디지털광고**가 보편화되면서 성가심이나 귀찮음 등 기술적으로 미디어 사용을 침범하는 광고도 만나게 된다. 이런 내용과 형식 때문에 광고에 대한 **회의주의**와 **냉소주의** 그리고 광고 무용론에까지 이르게 되었다. 광고가 세상에 등장한 이후 광고를 보는 시각이 가장 차갑게 느껴지는 요즘이다.

그러나 광고가 **마케팅**과 **커뮤니케이션**을 담당하는 자본주의 시장경제의 핵심적인 제도임에는 변화가 없다. 다만, 미디어와 소비자의 급격한 변화로 광고를 이전과 다르게 평가하게 된 것이다. 광고와 정보의 구분, 아니 광고와 콘텐츠의 구분이 대표적인 이슈이다. 어디까지 광고로 볼 것인가의 문제 역시 여기에서 생겨난다. 간접광고는 프로그램과 콘텐츠 안으로 들어간 광고이다. 프로그램과 광고가 구분되지 않으므로 기존 법률이나 제도에서 논하던 광고의 정의에 포함되지 않는 새로운 형태의 광고들이 속속 등장하고 있다. SNS에서 비식별 정보를 활용하여 쏟아지는 광고를 기뻐할 소비자는 없다. **빅데이터**와 **머신러닝** 등 AI가 광고에 활용되면서 광고는 더욱 스마트해질 것이다. 이전에 보지 못했던 불편한 광고의 등장을 예견해 볼 수 있다.

이 장에서는 광고환경의 변화와 불편광고, **유해광고**와 **불편광고**, 수용자의 **광고에 대한 불쾌감**, **소셜미디어** 광고의 불쾌감, 온라인 불편광고의 유형을 살펴보고, 광고와 정보를 구분하여 본다. 그리고 마지막으로 착한 광고를 위한 제언을 하고자 한다.

광고는 이제 이전과 다른 환경에서 새로운 세대와 만나게 되었다. 그러나 광고를 광고주에게만 봉사할 목적으로 그리고 '설득의 기술'로 이해하면 무책임하고 위험하다(강준만, 박주하, 한은경, 1994)는 이야기를 곱씹어야 한다. 이전과 다른 미디어에서 다른 소비자와 만나려면 광고는 달라져야 한다. 광고에서 불쾌감을 느끼는 불편광고, 유해광고에서 벗어나 **착한 광고**, 편한 광고라야 소비자와 소통할 수 있다.

1. 광고환경의 변화와 불편광고

광고환경의 변화를 가늠하는 척도 중 하나가 **광고비 규모**이다. 매년 우리나라의 총 광고비를 발표하는 **제일기획**(2019)은 2018년 국내 총 광고비를 전년 대비 4.6% 성장한 11조 7,020억 원으로 집계했다. 2016년과 2017년 2년 연속으로 1%대에 머물던 광고시장 성장률이 5% 가까이 오른 데에는 모바일 광고시장이 가파른 성장세를 이어간 가운데 평창 동계올림픽, 월드컵, 아시안게임 등 글로벌 스포츠 이벤트가 호재로 작용한 결과로 분석하였다. 모바일 광고비는 전년 대비 26.4% 성장하며 2년 연속 시장 점유율 1위에 올랐다고 밝혔다. **모바일 광고** 외에도 IPTV(17.0%), 교통광고(12.0%) 시장도 두 자릿수 성장을 기록하며 광고시장 확대에 기여했다. 한편, 매체별 시장 점유율 순위는 전년과 같았으나, 1위(모바일)와 5위(신문) 사이의 점유율 격차가 다소 늘어 디지털 매체로 광고비가 집중된 것을 알 수 있었다.

2018년 **디지털 광고**시장은 기념비적인 한 해였다. 디지털 광고비는 전년 대비 14.4% 성장하며 사상 처음으로 4조 원(4조 3,935억 원)을 돌파했다. 이와 함께 광고비 집계 이래 처음으로 디지털 **광고비**가 TV와 라디오를 합친 방송 광고비를 추월했다. PC 광고시장은 디지털 광고가 모바일로 집중된 영향으로 전년 대비 2% 감소한 1조 5,924억 원으로 집계되었다. 특히, **동영상 콘텐츠** 소비 증가로 2017년 16% 증가한 PC 노출형 광고비까지 지난해 역성장하여 전체 디지털 광고시장이 모바일 중심으로 재편되었음을 확실하게 보여 주었다. 2019년 국내외 경제성장률이 작년에 이어 저성장 기조를 이어 갈 것이며, 모바일 광고의 지속적인 성장과 더불어 지상파 중간광고 도입, 디지털 **옥외광고**(Digital Out Of Home: DOOH) 확대 등의 영향으로 2019년 국내 광고시장은 전년 대비 5.7% 성장한 12조 3,699억 원을 기록할 것으로 전망되었다(제일기획, 2019).

표 5-1 매체별 총 광고비(2017~2019)

구분	매체	광고비(억 원)			성장률(%)		구성비(%)	
		'17년	'18년	'19년(F)	'18년	'19년(F)	'18년	'19년(F)
방송	지상파 TV	15,313	14,425	14,700	-5.8	1.9	12.3	11.9
	라디오	2,777	2,503	2,480	-9.9	-0.9	2.1	2.0
	케이블 종편	18,455	19,632	20,524	6.4	4.5	16.8	16.6
	IPTV	994	1,163	1,307	17.0	12.4	1.0	1.1
	위성 DMB 등	2,003	1,913	1,843	-4.5	-3.7	1.6	1.5
	방송 합계	39,542	39,636	40,854	0.2	3.1	33.9	33.0
인쇄	신문	14,370	14,294	14,250	-0.5	-0.3	12.2	11.5
	잡지	3,437	3,082	2,900	-10.3	-5.9	2.6	2.3
	인쇄 합계	17,807	17,376	17,150	-2.4	-1.3	14.8	13.8
디지털	PC	16,245	15,924	15,660	-2.0	-1.7	13.6	12.6
	모바일	22,157	28,011	33,260	26.4	18.7	23.9	26.9
	디지털 합계	38,402	43,935	48,920	14.4	11.3	37.5	39.5
OOH	옥외	3,392	3,255	3,400	-4.0	4.5	2.8	2.7
	극장	2,280	2,213	2,300	-2.9	3.9	1.9	1.9
	교통	4,352	4,874	5,000	12.0	2.6	4.2	4.0
	OOH 합계	10,024	10,342	10,700	3.2	3.5	8.8	8.7
제작		6,072	5,731	6,075	-5.6	6.0	4.9	4.9
총계		111,847	117,020	123,699	4.6	5.7	100.0	100.0

출처: 제일기획(2019).

광고시장의 매체별 현황에서 살펴본 것과 같이 디지털과 모바일, 즉 온라인 기반의 광고가 급성장하고 있다. 온라인 광고 성장의 배경에는 모바일과 소셜미디어를 기반으로 한 이용자의 미디어 사용이 바뀌고 있기 때문이다. 이로 인해 광고산업은 물론 이용자의 미디어 복지에도 영향을 주고 있다. 대표적인 사례가 '**불편광고**(不便廣告, inconvenience advertising)'이다. 그러나 불편광고에 대해서는 본격적인 연구와 통계가 부족한 실정이다. 소비자시민모임의 조사(윤명, 2017)에서는 불편광고를 "기사, 정보 등 콘텐츠 내부에 광고가 위치하면서 정보나 콘텐츠를 가리거나 이용자 접근을 불편하게 하는 광고"로 정의하고 다음과 같이 분석하였다.

- 인터넷 주요 언론사, 포털, 쇼핑몰 등 28개 매체를 대상으로 PC와 모바일상에서 나타나고 있는 불편광고에 대해 2017년 8월 14~23일까지(10일간) 모니터링한 결과, 검색 페이지당 불편광고가 PC 평균 2.8개, 모바일 1.8개로 나타남
- 가장 불편광고가 많은 매체는 PC의 경우 연예스포츠 전문지로 1페이지당 평균 5개로 나타났고, 모바일의 경우는 인터넷 종합지로 1페이지당 평균 3.4개의 불편광고가 있는 것으로 나타남
- PC상에서 가장 많이 나타난 불편광고로는 '광고 삭제 표시가 없고, 기사 내용을 읽기 위해 아래로 내리면 광고도 같이 따라서 이동하는 측면 바(bar) 광고'가 35.7%로 가장 많았고, 모바일상에서는 하단 바 광고가 23.9%로 가장 많은 것으로 나타남
- 전체 모니터링된 불편광고 가운데 PC 61.3%, 모바일의 24.2%가 방송통신위원회 「전기통신사업법 시행령」 제42조(금지행위의 유형 및 기준) 플로팅(floating) 광고 금지행위 중 '인터넷에서 다른 정보를 가리는 광고의 삭제를 제한하는 행위'에 해당하는 것으로 나타남

기존의 연구에서 불편광고에 대해 일부 다루고 있으나 불편광고에 대한 명확한 정의와 유형 그리고 소비자의 인식에 대한 학술적 연구는 미미하였다. 따라서 불편광

고를 무엇으로 볼 것인가를 다시 한번 고민해 보아야 한다. 예컨대, 불편광고는 형식적인 측면과 내용적인 측면으로 접근할 수 있다. 먼저, 형식적인 측면에서 불편광고는 "온라인상에서 정보 및 콘텐츠를 이용하려 할 때 기사, 정보, 콘텐츠 또는 다른 광고를 가리는 광고물"로 볼 수 있다. 또한 **방송통신위원회**(2017. 5. 1.)는 "플로팅(floating) 광고를 11가지[1]로 구체화한 세부 기준을 제안하였다. 플로팅 광고는 "인터넷 콘텐츠 위에 떠다니며 정보의 일부 또는 전부를 가려 이용자들의 정보 접근을 제한하거나 불편하게 하는 광고"를 말한다.

그러나 형식적인 측면은 **애드테크**(AD-tech)를 비롯해 디바이스와 프로그램 등 하드웨어와 소프트웨어 기술의 발달에 따라 급속히 진화하고 있다. 때문에 이에 대한 현황 파악과 적절한 규제가 어려운 형편이다. 관련하여 자율 규제를 토대로 업계 내부의 정화를 유도하되 **포지티브**(positive) **규제**보다는 **네거티브**(negative) **규제**로 자율성을 높이고 위반 사례에는 강력한 제재로 대응하는 방향이 옳다.

내용적인 불편광고에 대한 관심도 필요하다. 예컨대, (1) 광고와 정보의 구분, (2) **선정광고**, (3) **폭력광고**, (4) **불쾌감 광고**, (5) **청소년 보호**, (6) 개인정보 보호 등 단순히 이용자의 시선을 분산하고 잘못된 클릭을 유도하는 것 이상으로 이용자 복지를 심각하게 침해해 퇴출되어야 한다. 이와 관련해 불편광고에 대한 체계적이며 학술적인 연구과제의 추진이 요구되며, 이를 토대로 새로운 입법을 통해 정부가 불편광고를 규제해야 한다.

---

1 광고의 삭제를 제한하는 금지행위의 세부 기준
① 마우스 커서를 광고 삭제 버튼으로 이동 시 광고 화면이 확장되고, 확장 화면에서 삭제 가능
② [x] 버튼 클릭 시 삭제되지 않고, 스크롤을 움직이면 광고가 없어졌다가 잠시 후 다시 나타남
③ 기존 광고를 삭제하면 새로운 유형의 광고가 노출되며 삭제 불가능
④ 스크롤을 움직이면, 화면 좌측의 광고가 자동 확장되며 삭제되지 않고 원상태로 축소는 가능
⑤ [x]와 Close 버튼이 함께 표시되어, Close 클릭 시 삭제가 되나 [x] 클릭 시 본 광고로 연결
⑥ 광고 삭제 버튼이 희미하거나 화면 바탕색과 비슷하여 삭제 표시를 찾기 어려움
⑦ 화면 하단에 있는 광고를 삭제한 후 스크롤을 움직이면 다시 나타나 다른 정보를 가림
⑧ 화면 하단에 삭제 표시가 없는 광고가 스크롤을 움직이면 다른 정보를 가림
⑨ 광고 삭제 버튼이 작아 삭제가 쉽지 않고 삭제 버튼의 주변을 잘못 클릭 시 본 광고로 연결
⑩ 광고 삭제 표시가 없고, 기사 내용을 읽기 위해 아래로 내리면 광고도 따라서 이동
⑪ 스크롤을 내리면 화면 전체가 화면 하단의 광고로 강제 이동

이경렬, 이희복과 홍문기(2016)는 시급한 개선이 요구되는 온라인 불편광고 유형으로 종료 부재광고를 이용자 불편을 해소하는 방안이 요구되는 광고 유형으로 확상형 광고와 콘텐츠 가림형 광고를 지적하였다. 이러한 유형의 광고들은 눈에 거슬리고 정신이 산만해 이용에 방해를 주며 기사 형식의 광고와 같은 클릭을 유도하는 온라인 광고와 기만적인 광고는 일종의 속임수로 고시가 아니라 관련 법(「표시 · 광고 공정화에 관한 법률」 등)을 통해서 규제하는 방안을 제안하였다. 논의를 바탕으로 관계 부처에서 '광고'라는 표기가 고시를 통해 정상적으로 이루어진다는 것을 전제로 불편광고에 대한 규제 대상과 규제 내용을 구체적으로 마련할 때 연구결과를 고시 등에 반영할 필요가 있다고 주장하였다.

우리나라의 **온라인 광고** 자율 규제는 **한국인터넷광고심의기구, 의료광고심의위원회** 등 각 전문 직업인들의 단체에서 광고를 규제한다. 한국인터넷 광고심의기구는 인터넷 광고에 관한 자율심의로 인터넷 광고가 기업윤리와 사회규범에 위배되지 않도록 업계 공통의 목적달성을 위해 설립되었다. 온라인 광고는 인터넷 광고심의규정이 적용된다. 우리나라의 광고 규제 법규의 기본은 「표시 · 광고에 관한 법률」(이하 「표시 · 광고법」)이고 온라인 광고 역시 이 법의 적용대상이다. 또한 「전자상거래 등에서의 소비자보호에 관한 법률」 중 표시광고에 관한 규정, 「부정경쟁방지 및 영업비밀보호에 관한 법률」 중 표시광고에 관한 규정, 「전기통신사업법」과 이에 근거한 방송통신심의위원회의 심의규정, 「정보통신망 이용촉진 및 정보보호 등에 관한 법률」(이하 「정보통신망법」)이다. 이 외에도 분야별 인터넷 세부 시행령을 통해 제시되는 규제의 대부분은 인터넷상의 표시광고에 관해 별도의 규정을 두고 있지 않으므로 인터넷상 표시광고에도 동일하게 시행령이 적용된다.

온라인 광고는 앞으로 더욱 성장해 나갈 것이며 주요 광고매체로 자리매김할 것이다. 따라서 광고산업과 매체산업 측면에서, 그리고 마케팅과 커뮤니케이션 수단으로 이용자인 소비자에게 신뢰를 쌓아야 한다. 지상파 방송이 전파라는 공공재를 활용하면서 공공의 책무성이 강조되었던 것처럼, 인터넷 역시 이와 같은 책무가 적용될 수 있다. 따라서 온라인 이용자를 형식적 · 내용적으로 불편하게 하는 '불편광고'는 **자**

율 규제를 중심으로 개선의 노력이 뒤따라야 한다. 업계 스스로의 노력이 부족하다면 관련 법에 따른 행정 규제가 적용된다. 그러나 무엇보다 소비자의 외면이라는 커다란 문제에 부딪히게 될 것이다. 이와 관련하여 '불편광고'에 대한 연구와 모니터링이 필요하며, 정책 측면의 관심과 노력이 요구된다. 불편광고를 일회성 논의로만 다루지 말고 산업과 학계, 정책이 함께 인터넷 광고 이용자의 미디어 복지를 위해 노력하는 새로운 출발점이 되어야 한다.

2. 유해광고와 불편광고

유해광고와 불편광고의 법적 개념을 정립한 황준호, 김경은과 정은진(2016)의 연구에서는 매체별 광고 규제 체계 개선 방안을 연구하면서 소비자 · 시청자 · 이용자의 주목을 얻기 위한 광고기법의 발전은 다양한 형태와 수준의 부작용을 함께 양산하고 있다고 주장했다. 그 대표적인 부작용으로, 첫째, 광고의 내용적인 측면에서 야기되는 유해성, 둘째, 광고의 형식적인 측면에서 야기되는 불편성으로 구분했다. 현행 국내법 체계상 광고의 유해성과 불편성은 각 매체법 또는 개별 품목에 관한 법령에서 필요한 사항들을 규율하고 있다. 그러나 콘텐츠를 제공하는 매체와 디바이스가 융합되는 미디어 환경에서 과거의 매체 기준에 의거하거나 품목별로 광고를 규제하는 현행 방식은 규제의 실효성과 타당성을 동시에 확보하기 어렵다.

한편, 현행 「표시 · 광고법」 제3조(부당한 표시 · 광고 행위의 금지) 제1항에서 금지하고 있는 네 가지 유형의 광고(거짓과장 광고, 기만광고, 부당비교 광고, 비방광고)는 법의 특성상 공정한 거래질서를 해칠 우려에서 비롯된 것으로 광고의 내용적인 측면과 형식적인 측면에서 발생하는 문제점을 다루기에는 다소 미흡한 점이 있다. 따라서 앞에서 다루었던 광고와 내용물의 명확한 구분에 관한 법적 근거를 「표시 · 광고법」에 신설한 것과 동일하게, '**유해광고**'와 '**불편광고**'의 개념을 「표시 · 광고법」에 신설하는 것을 고려해 볼 수 있다.

먼저, '유해광고'는 개념적으로 상업적인 광고의 내용적인 측면에서 발생하는 부작용을 의미한다. 유해광고의 범위와 관련하여 벤치마킹이 될 수 있는 것은 「청소년보호법」 제9조(청소년유해매체물의 심의기준) 제1항의 각 호에서 규정하고 있는 사항들이다. 「청소년보호법」 제9조 제1항 각 호에 따르면, "1. 청소년에게 성적인 욕구를 자극하는 선정적인 것이거나 음란한 것, 2. 청소년에게 포악성이나 범죄의 충동을 일으킬 수 있는 것, 3. 성폭력을 포함한 각종 형태의 폭력 행위와 약물의 남용을 자극하거나 미화하는 것, 4. 도박과 사행심을 조장하는 등 청소년의 건전한 생활을 현저히 해칠 우려가 있는 것, 5. 청소년의 건전한 인격과 시민의식의 형성을 저해하는 반사회적 · 비윤리적인 것, 6. 그 밖에 청소년의 정신적 · 신체적 건강에 명백히 해를 끼칠 우려가 있는 것"에 대해 청소년보호위원회와 각 심의기관은 청소년유해매체물로 결정할 것을 명시하고 있다. **청소년유해매체물** 외에 유해광고의 범위에 해당할 수 있는 내용으로는 「정보통신 심의규정」 제2장의 제8조(선량한 풍속 기타 사회질서 위반)과 「방송광고심의에 관한 규정」 제2장의 각 조에 해당하는 내용 중 일부가 포함될 수 있다. 그 밖에 최근 전 세계적으로 시청각매체의 내용 규제와 관련하여 주목되고 있는 증오 유발적인 내용과 개인정보 침해도 유해광고의 내용에 포함할 수 있다.

다음으로, 불편광고는 개념적으로 상업적인 광고의 형식 측면에서 발생하는 부작용을 의미한다. 특히, 디지털 기술이 발달하면서 소비자 · 이용자 · 시청자가 콘텐츠를 이용하는 과정에서 콘텐츠를 가리거나, 이용자의 의도와는 상관없이 광고물에 노출 또는 광고물로 이동하게 되거나, 광고물의 회피수단이 결여되는 등 이용상의 불편을 초래하는 광고기법들이 갈수록 늘어나고 있다. 일찍이 2012년 「정보통신망법」 개정안을 통해 이 같은 불편광고를 제한하려는 입법 시도가 있었으나 성사되지 못하였다. 이러한 관점에서 이경렬, 이희복과 홍문기(2016)의 연구에서 제안한 온라인 불편광고에 관한 제도화 방안 역시 좋은 참고가 될 수 있다. 이 연구는 2012년 「정보통신망법」 개정안에서 개념화하였던 "현저한 불편을 초래하거나 이용자의 오인을 유발하는 방법"의 광고를 "온라인 불편광고"라고 개념화하고, 이를 규제하기 위한 고시 개정안을 제안한 바 있다.

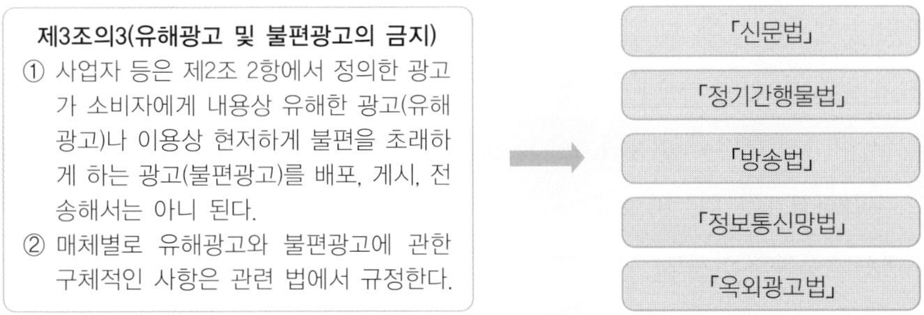

[그림 5-1] 유해광고 및 불편광고의 개념 및 범위에 관한 일반 규제조항 신설

출처: 황준호, 김경은, 정은진(2016).

결론적으로, 상업적인 광고로부터 소비자 · 이용자 · 시청자를 보호하는 광고 규제의 기본 원칙의 하나로 현행 「표시 · 광고법」에 '유해광고'와 '불편광고'의 개념을 정립할 것을 제안하였다. 또한, 동법에 매체별로 유해광고와 불편광고의 개념과 범위에 구체적인 사항은 개별 법을 통해 규율한다는 연계 조항을 마련하여 매체별 특성을 고려한 구체적인 규제 사항을 개별 법에서 다루도록 하였다. 구체적으로는 현행 「표시 · 광고법」 제3조(부당한 표시 · 광고 행위의 금지)에 이어 제3조의 3(유해광고 및 불편광고의 금지)를 신설하여 광고의 내용적인 측면과 형식적인 측면으로부터 발생하는 피해를 방지하기 위한 사항을 대중매체 전반에 적용되는 광고 규제의 공통 사항으로 정립하는 것이다. 신설되는 조항의 내용과 타 관련 법과의 연계는 [그림 5-1]과 같다.

3. 수용자의 광고에 대한 불쾌감

광고의 수용자가 불편광고로부터 느끼게 되는 불쾌감에 대한 연구(최지윤, 정윤재, 이희복, 2018)에서는 소셜미디어 광고 불쾌감에 초점을 맞추었다. 이 연구에서는 수용자 입장에서 광고시장의 성장은 곧 광고 접촉 빈도의 증가를 의미하며, 광고에 대한 부정적인 태도 및 행동을 수반하게 될 가능성을 높인다(Edwards, Li, & Lee, 2002; Ray & Webb, 1986)는 선행연구를 토대로 연구를 진행하였다. 실제 **소셜미디어** 광고시장이 성장하면서 수용자가 느끼는 가장 큰 스트레스 요인으로 '과도한 광고의 양'이 손꼽히고 있으며, 이로 인해 수용자의 소셜미디어 **광고태도지수**(소셜미디어 광고에 대한 수용자의 인지도, 신뢰도, 인게이지먼트, 호감도를 반영)는 2014년 61점 대비 2016년에는 59.3점으로 하락하였고, 행동지수(소셜미디어 광고 클릭 경험, 구매욕구 자극, 구매경험 반영)도 2014년 50.1점 대비 2016년에는 49점으로 하락하였다(DMC, 2016).

그러나 다수의 소셜미디어 광고 관련 선행연구들은 주로 긍정적 측면에서 소셜미디어 광고의 정보원, 미디어, 메시지 유형, 수용자 속성 등의 조건을 설정함으로써 어떠한 광고효과를 나타내는지 검증하는 데 집중해 왔다(김미경, 이혜규, 2016; 이인성, 전종우, 2013; 최익성, 2016 등). 또한 소셜미디어 광고에 대한 수용자의 부정적인 반응을 살펴본 연구의 경우 TV, 신문, 잡지, 인터넷 등의 광고회피 연구와 동일하게 수용자의 인지적 차원의 반응에만 집중되고 있다(서상희, 2017; 양윤직, 조창환, 2012).

한편, 소셜미디어는 다른 매체와 달리 소셜 네트워크 중심의 사회적인 연결이 용이하며, 적극적으로 자신의 생각 표현 및 개성 표출이 가능한 감정공동체 속성을 갖는다(심진보, 2017). 이러한 속성은 수용자의 소셜미디어의 이용동기에서도 다른 매체와 차이를 보인다. 카츠(Katz, 1973)는 수용자의 미디어 이용동기를 외부 정보의 검색과 환경을 이해하기 위한 '인지적 욕구'와 미의 추구, 오락 추구 및 감정적 경험을 위한 '감정적 욕구'로 분류하였다. 이러한 미디어 이용동기는 광고 이용동기, 광고 이용의향에도 연쇄적으로 영향을 미친다는 점에서 중요하다(심성욱, 김운한, 2011).

실제 소셜미디어 이용자들은 소셜미디어 광고를 정보 검색과 같은 인지적 차원의 동기를 갖고 이용하지만, 이 외에 사회적 연결, 기분 전환, 자아 표출과 같은 감정적 차원의 동기를 갖고 이용하는 경향을 보이기도 한다(Alwit & Prabhaker, 1992). 이처럼 감정적 차원은 인지적 차원으로 설명할 수 없는 독특한 부분을 설명하고 있음에도 불구하고(Edell & Burke, 1987), 소셜미디어 광고에 대한 수용자의 부정적 반응을 살펴본 선행연구(강문영, 지영수, 강학래, 2016; 변혜민, 심성욱, 2016; 이주희, 문장호, 2015 등)에서 감정적 차원의 접근은 없었다.

일반적으로 광고를 통해 소비자가 느끼는 감정 중에서도 특히 각성수준이 높은 부정적 감정은 긍정적 감정보다 수용자의 광고에 대한 태도 및 행동에 더 민감하게 영향을 미치는 것으로 알려져 있다(Bartra & Ray, 1986; Holbrook & Batra, 1987; Kramer, Guillory, & Hancock, 2014; Mackenzie, Lutz, & Belch, 1986). 즉, 소셜미디어 광고를 통해 부정적 감정을 경험한 소비자는 대상으로부터 멀어지려는 회피 반응을 보이게 되는데, 이는 긍정적 감정을 경험한 소비자의 접근 반응보다 더 강하게 나타나는 경향을 보인다(Higgins, Shah, & Friedman, 1997).

다시 말해, 감정이란 인간의 주관적인 경험 자체로 끝나는 것이 아니라 행동 경향성을 수반한다. 따라서 수용자 관점에서 느낄 수 있는 광고 불쾌감 형성요인을 파악하고 이를 최소화하기 위한 전략적인 접근은 소셜미디어가 계속해서 광고매체로서 영향력을 확장해 나가기 위해 매우 중요하다. 최지윤, 정윤재와 이희복(2018)의 연구에서는 사회과학 분야의 저명한 선행연구(Churchill, 1979; Segars, 1997)에서 요구하는 척도개발 절차에 따라 문헌고찰, 전문가 초점집단면접(FGI), 설문조사를 통해 신뢰도와 타당도가 확보된 소셜미디어 광고 불쾌감 척도를 개발하였다.

광고를 통해 수용자에게 유발되는 감정적 차원의 반응은 인지적 차원의 반응과 밀접한 관련(Damasio, 2002)이 있으면서도 독립적인 성질을 갖는다. 에델과 벌크(Edell & Burke, 1987)는 광고태도를 인지적 요소와 감정적 요소의 다차원적인 구성개념으로 보고, 광고효과를 이해하는 데 있어서 광고로부터 유발된 감정이 인지적 요인 외에 광고효과에 대한 영향을 얼마나 설명하는지를 살펴보았다. 연구결과, 감정은 인지와 서로 다른 심리적 반응으로 인지적 요인으로 설명할 수 없는 독특한 부분을 설명하고 있는 것을 발견하였다(박재진 외, 2010).

즉, 감정 반응은 자극에 대한 주관적인 경험 상태로 정서, 느낌, 분위기, 평가로 설명되는 반면, 인지 반응은 대상에 대한 정신적 반응으로서 지식, 의미, 신념 체계를 의미한다는 점에서 개념이 다르다고 볼 수 있다(Peter & Olson, 1999). 이에 광고 회피는 광고에 대한 부정적 측면에서의 인지 반응으로서 수용자가 광고를 의도적으로 무시하는 정신적 작용인 반면, 광고 불쾌감은 수용자의 의도와 관계없이 경험되는 광고에 대한 부정적인 감정적 작용으로 구분될 수 있다(박재진 외, 2010; 이정아, 류지연, 2005; Speck & Elliott, 1998).

감정과 관련한 광고 분야의 선행연구는 자욘스(Zajonc, 1980)의 단순노출효과(mere exposure effect) 연구를 시작으로, 수용자의 광고 정보처리 과정에 있어서 감정의 역할에 대한 관심이 본격화되었다. 하지만 당시 학계에서 감정적 차원은 인지적 차원의 한 요소로 간주되면서 감정 자체에 대한 연구의 중요성이 크게 강조되지 못했다. 이후 감정이 광고연구에서 주목받은 것은 플러칙(Plutchick, 1980)이 인간의 다양한 감정을 수용, 두려움, 놀라움, 슬픔, 거부, 분노, 기대, 기쁨 등의 8개 차원으로 분류하면서 시작되었으며, 그는 감정의 강도, 유사성, 양극성의 특징에 따라 감정을 3차원으로 구조화하여 설명하기도 하였다. 이후 소비자 행동연구 분야에서 감정이 소비행위 및 평가에 미치는 영향력을 검증하는 연구들(김성훈, 김지호, 2004; Fishbein & Aizen, 1975; Miliman, 1982)이 등장하면서 감정의 개념은 주목받기 시작하였다.

4. 소셜미디어 광고의 불쾌감

최근 소셜미디어가 영향력 있는 광고매체로 성장하면서 소셜미디어 이용자가 받는 가장 큰 스트레스의 원인으로 소셜미디어 이용자 전체의 62.5%가 '소셜미디어 광고'를 문제로 꼽고 있다(DMC, 2016). 양윤직과 조창환(2013)의 연구에서도 소셜미디어는 성장하는 광고매체이며 동시에 광고 스트레스가 매우 높은 매체로 언급되었다.

실제로 모바일에 광고차단 앱을 설치하는 이용자들이 매년 40%씩 증가하고 있으며(PageFair, 2016), 동영상 기반의 대표적 소셜미디어인 **유튜브**는 광고 없이 소셜미디어 이용이 가능한 프리미엄 서비스인 '**유튜브 레드**(Youtube Red)'를 출시하여 미디어 이용자의 광고 스트레스를 절감시키려는 노력을 하고 있다.

스트레스는 외부의 물리적인 자극에 의한 감각이나 지각을 통해 인간의 내부에서 나타나는 부정적인 감정 반응을 의미하며(Bartra & Ray, 1986), 소셜미디어 광고 불쾌감이란 정보 탐색, 온라인 구매, 쾌락적 매체 이용 등 수용자의 다양한 커뮤니케이션 과정에서 수용자의 의도와 상관없이 강제적 · 침입적인 메시지의 주입 및 노출로 인해 수용자의 목표달성이 방해받게 되거나 예기치 않은 메시지 혼잡으로 인해 느끼게 되는 짜증, 권태, 불안, 분노, 우울, 지루함, 괴로움, 실증, 낭패감, 귀찮음, 허탈함 등 모든 유형의 부정적인 감정 반응으로 정의되었다(박재진 외, 2010).

수용자의 광고 불쾌감에 주목해야 하는 이유는 감정이란 주관적인 경험 자체로 끝나는 것이 아니라 행동 경향성을 수반한다는 특징을 갖기 때문이다(Higgins et al., 1997). 즉, 소셜미디어 광고를 통해 긍정적 감정을 경험한 소비자는 감정을 야기한 자극을 향해 접근 반응을 보이지만, 부정적 감정을 경험한 소비자는 대상으로부터 멀어지려는 회피 반응을 보이게 된다. 또한 불쾌감은 연쇄적인 수용자 반응을 가져오는 특징이 있다(Bartra & Ray, 1986; Holbrook & Bartra, 1987; Kelly, Kerr, & Drennan, 2010; Mackenzie et al., 1986). 즉, 소셜미디어 광고를 통해 불쾌한 감정이 야기되었다면, 광고 제품, 브랜드, 구매 의도까지 부정적 반응은 확산될 수 있다(Kelly et al., 2010). 광고 불쾌감이 유발하는 연쇄적인 광고효과에 관한 선행연구로 매켄지 등(Mackenzie et al., 1986)은 소비자의 감정과 광고효과 사이에 있어서 광고태도의 매개 역할에 주목하여 광고태도의 매개 역할을 검증하였다. 또한, 홀브룩과 바트라(Holbrook & Bartra, 1987)는 감정이 광고태도를 거쳐 제품태도와 브랜드 태도에도 간접적인 영향을 미친다는 것을 밝혀냈다. 바트라와 레이(Bartra & Ray, 1986)는 행동적 차원으로까지 나아가 감정이 광고태도, 브랜드 태도에 이어 구매 의도에 미치는 영향력을 확인하였다.

이처럼 광고 불쾌감이 미치는 영향력이 큼에도 불구하고 감정적 차원에서 광고에 대한 수용자의 부정적 반응을 살펴본 연구는 부족한 실정이다. 특히 소셜미디어의 주된 이용 목적으로 정보 탐색 외에 기분 전환, 관계 형성이 있음을 고려할 때(심성욱, 김운한, 2011; 최익성, 2016), 소셜미디어에서 광고 불쾌감은 광고가 수용자 개인의 정보 탐색을 방해할 경우 유발되는 부정적인 감정뿐 아니라 광고가 소셜 네트워크상의 사회적 연결을 불편하게 하는 경우, 기분 전환을 방해하는 경우 등 소셜미디어의 이용 목적을 방해함으로써 유발되는 부정적인 감정까지 모두 포함될 수 있다. 따라서 소셜미디어에서 수용자에게 불쾌감을 형성하는 요인을 다양한 차원에서 살펴보는 노력이 필요하다.

'**침입성**'은 소셜미디어 광고가 이용자의 이용목적에 불쾌함을 일으키는 것을 의미한다. 이 연구의 설문 응답자 중 86.7%가 소셜미디어 주 접속 기기로 모바일을 이용하고 있다는 점을 고려할 때, 소셜미디어 광고는 다른 매체의 광고보다 사적인 영역을 침범한다고 느낄 가능성이 높다. 따라서 향후 소셜미디어 광고는 강제적인 방식을 통해 일방적으로 인지효과를 증대시키는 방식보다는 거부감이 없는 노출과 소비자의 능동적인 참여를 유도해 소셜미디어 이용자가 느끼는 침입성을 최소화하고, 브랜드에 대한 긍정적 감정 반응을 유도하는 방식을 추구해야 한다. 특히 소셜미디어 광고는 소비자의 적극적인 소셜 반응을 유발하기에 효과적인 매체이므로 광고주는 소비자에게 재미 또는 정보를 제공하고 이에 소비자의 자발적인 참여 반응을 유도하는 등 브랜드와 소비자 간 상호작용이 중심이 되어야 한다.

마케팅 관점에서 소비자로 하여금 참여를 유도하는 것은 브랜드 또는 제품에 대한 소비자의 **인게이지먼트**(engagement)를 높임으로써 브랜드 및 제품에 대한 호감도를 높이고, 기업이 소비자에게 원하는 구매행동을 유도할 수 있다(Murry, Lastovicka, & Singh, 1992). 따라서 향후 소셜미디어 광고에서 침입성을 최소화하고, 자발적인 소비자의 참여를 통해 소비자의 브랜드 인게이지먼트를 높이는 방식은 점점 중요해질 것이다.

'**혼잡성**'은 한정된 소셜미디어 공간 내 양적으로 광고가 과도해짐에 따라 수용자가 느끼는 불쾌감을 의미한다. 최근 전 세계적으로 모바일 및 소셜미디어 광고를 차단하는 프리미엄 서비스 이용률이 30% 증가했다는 점(PageFair, 2016)은 광고의 혼잡성을 최소화하기 위한 방안 모색의 필요성을 높인다. 이에 최근 주목받는 네이티브 광고(Native Ads)는 이용자의 혼잡성을 최소화하기 위해 소셜미디어 플랫폼에서 크게 돌출되지 않는 형식으로 광고를 노출시킨다는 점에서 형식의 자연스러움을 추구한다. 또한 내용적인 측면에서는 광고지만 광고 제품보다 소비자에게 필요한 정보와 오락성을 가진 콘텐츠를 구성한다. 이러한 점을 실제 광고 기획에 참고하여, 향후 소셜미디어 광고는 브랜드 정보와 수용자가 느낄 수 있는 긍정적 감정을 결합시키는 형태의 설득 커뮤니케이션을 지향해야 한다.

또한, 미디어 측면에서 과도한 광고의 양을 조절하기 위한 노력으로 광고의 중복 시청률을 고려할 필요가 있다. 한 브랜드의 광고가 소비자에게 반복적으로 노출될 경우, 소비자는 해당 광고뿐 아니라 해당 브랜드도 부정적으로 인식하는 경향이 크기 때문에(Krugman, 1972) 광고주는 소셜미디어 광고 노출 시 스케줄링에 있어서도 이용자에게 광고가 과도하게 반복 노출되지 않도록 소비자의 불쾌감을 최소화하기 위한 스케줄링을 모색해야 한다.

'**프라이버시 침해**'는 개인정보가 광고주에 일방적으로 노출되고 의도하지 않은 곳에 활용되는 것에 대한 불쾌감을 의미하며, '관계 노출성'은 개인의 소셜미디어 활동이 의도하지 않게 지인 및 온라인상의 친구에게 노출되어 겪는 불쾌감을 의미한다. '프라이버시 침해'와 '관계 노출성' 요인은 다른 미디어와 차별화되는 자기표현과 관계 형성이라는 소셜미디어 서비스의 고유 특성이 되는 반면, 이용자가 의도하지 않은 프라이버시 침해 및 관계 노출은 수용자에게 불쾌감을 유발할 수 있다는 점을 주의해야 한다. 즉, 현대적 의미의 프라이버시 개념은 자신에 대한 정보를 통제할 수 있는 능동적 권리로서 피해의 사후적 규제가 아닌 권리의 침해를 미연에 방지하는 개념으로 변화되어야 한다(김옥조, 2009).

따라서 광고주는 소셜미디어 광고 집행 시, 사전에 프라이버시 보호 및 온라인 관계망 활용에 대한 올바른 인식의 정립과 이를 바탕으로 수용자의 권리를 침해하지 않으려는 노력이 필요하다. 즉, 광고주는 광고에 대한 인지효과를 높이기 위해 무조건적으로 소비자의 개인정보 및 관계망을 마케팅에 활용하기보다 이용자가 설정한 노출 한도 범위 내에서 이용자의 동의하에 정보를 활용해야 한다. 또한 미디어 차원에서도 이용자의 프라이버시 침해와 관계 노출성 문제는 사후 규제가 아닌 사전 예방의 노력이 더해져야 한다.

'기만성'은 광고가 사실과 다른 불확실한 정보를 전달하면서 광고를 접한 소비자가 광고주로부터 기만당했다고 느끼는 불쾌감을 의미하며, '과장성'은 소재, 문구 등의 시각적인 요소들의 과도한 자극으로 인해 소비자가 느끼는 불쾌감을 의미하는데, 특히 '선정성'은 19금 콘텐츠와 같은 유해한 자극으로 인해 형성되는 불쾌감이다. 즉 기만성, 과장성, 선정성은 광고의 내용을 전달하는 표현에 있어서 광고주가 의도적으로 접근하고 있다고 인식하는 수용자의 '**설득 지식**(persuasion knowledge)'과 연관되어 소셜미디어 광고 불쾌감을 형성한다(Friestad & Wright, 1994).

최근 소셜미디어 광고는 소비자의 시선을 사로잡기 위해 점점 과장되고 자극적이며, 선정적인 소재 및 문구를 활용하는 수준이 심각해지고 있다. 예를 들어, 제품의 효과를 극대화하여 과장되게 표현한다거나 제품의 내용과는 무관하게 광고모델의 신체적 노출을 강조하여 소비자의 이목을 집중시키는 경우 등이 있다. 특히 선정성과 관련한 문제는 10대 소셜미디어 이용자에게 유해한 영향을 미치며, 성인에게도 해당 광고주에 대한 신뢰를 감소시키고, 나아가 전반적인 소셜미디어 광고에 대한 부정적인 이미지를 형성하는 문제를 초래할 수 있다. 따라서 소셜미디어 광고는 불확실한 정보의 과장이나 자극적인 표현방식을 지양하고, 사실에 근거한 시각적 자료를 통해 정보의 효용성을 높임으로써 소비자를 몰입시켜야 한다. 이에 애드테크(Ad-Tech) 기반의 타기팅(targeting) 광고는 소비자의 관심사에 부합하는 광고를 소비자에게 맞춤형으로 노출시켜 최대한 이용자가 필요한 정보를 제공받는 것이 가능하다.

실제로 타기팅 광고는 소비자에게 필요한 맞춤형 정보를 제공할 수 있다는 점에서 소비자 만족도 및 광고 수용도가 높은 편으로 알려져 있다(DMC, 2016). 또한 광고주 입장에서 이와 같은 광고는 타깃 도달률이 높아 비용효율성 측면에서도 소비자뿐만 아니라 광고주까지 양측에 상호 이익을 제공하는 방안이 될 것으로 기대된다. 이처럼 애드테크를 활용한 소셜미디어 광고는 소비자에게 광고에 대한 관점을 잡음(noise)이 아닌 필요한 정보를 공급받을 수 있는 원천으로서 변화시키는 기회가 된다.

5. 온라인 불편광고의 유형

검색광고는 검색된 정보와 뒤섞여 검색된 결과를 제시하고 이용자의 정보 검색과정에서 특정 온라인 광고가 정보를 가리거나 검색 결과로 도출된 광고를 지울 수 없게 해 이용자의 광고 노출을 유도한다. 특정 온라인 광고에 대한 클릭 유도 또는 이용자의 정보 이용과 추가 검색을 방해한다. 이 때문에 **온라인광고협회**(2012)는 이용자 불편광고에 대해 '온라인 광고 실무가이드라인'을 통해 플로팅 광고, 확장형 광고, 키워드 링크 광고, 팝업광고, 페이드 광고, 기사제목형 광고, 광고전송 프로그램 광고, 동영상 광고 그리고 영상 콘텐츠 내 삽입광고에 대한 불편광고 기준안을 제시하였다(온라인 광고협회, 2012).

이 가이드라인에 따르면, 온라인 광고는 이용자의 의사에 반한 클릭을 유도하지 않도록 하며, 이를 위해 닫기를 지칭하는 표시, 문구나 '플레이' 버튼 등을 광고물의 객관적 표시와 실제 동작이 다르게 기만적으로 운용하지 못하도록 하고 있다. 또한, 온라인 광고는 인터넷 이용자가 종료할 수 있는 방식이나, 랜딩 페이지에 다른 랜딩 페이지를 두는 방식으로 집행되지 않도록 하며 인터넷 이용자의 동의 없이 인터넷 환경 설정을 임의로 변경하지 못하도록 조언하고 있다. 특히 다른 온라인 광고의 정상적인 집행을 심각하게 방해하거나, 이용자의 이용을 저해하는 방식(광고 지면의 배치, 동작)으로 집행되면 안 된다고 적시함으로써 이용자가 통제권을 상실하여 정상적인 인터넷 이용을 방해하는 방식의 온라인 광고는 게재하지 않도록 권고하고 있다(온라인광고협회, 2012).

가이드라인은 모든 유형의 광고에 적용되는 일반 기준을 제시하며 불편을 초래하는 온라인 광고로 인한 이용자의 불편을 사전에 방지하기 위한 것이다. 그러나 이러한 가이드라인은 일종의 권고 조항으로 이에 위배되는 경우를 막기 위한 어떠한 강제성이 없기 때문에 이 권고 조항 위배로 발생되는 문제를 해결하는 데 기여하지 못하였다. 이 때문에 이 가이드라인은 규제 효율성 문제로 이어져 사실상 누구도 지키지 않은 권고로 전락하지 않을까 우려되었다. 이러한 문제를 해결하기 위해서는 우선 이용자에게 불편을 주는 온라인 광고가 어떤 것인지 그 형식과 내용에 대해 파악할 필요가 있다. 다시 말해, 온라인 콘텐츠를 이용하고자 하는 이용자들을 대상으로 광고 메시지의 접촉을 극대화하기 위한 다양한 방법들이 어떻게 이용자 불편을 유발하는지 살펴볼 필요가 있다. 이를 위해 다음에서는 온라인 광고에서 사용되는 다양한 유형 · 기법을 살펴보고 그것이 온라인 불편광고와 어떠한 관계가 있는지 논의하고자 한다.

인터넷으로 제공되는 온라인 콘텐츠의 다양한 정보들을 이용하려는 이용자는 온라인 광고로 인해 불편을 겪을 수 있다. 예를 들어, 원하는 콘텐츠를 접하거나 그 콘텐츠를 보기 위해 광고를 꼭 봐야 하는 상황이 벌어진다. 이용자의 이용 목적과는 별개로 온라인 광고를 클릭해야 하는 경우도 있고, 광고를 피하려고 닫기를 지칭하는 표시 · 문구를 클릭하여도 작동되지 않거나 오히려 광고가 더 활성화되는 경우도 있다. 콘텐츠를 이용하기 위해 '플레이' 버튼 등을 클릭했더니 배너광고로 연결되거나 이용자가 광고를 보지 않으면 창을 닫지 못하도록 한다. 일반적 방식과는 다른 종료 방식으로 광고 노출을 극대화시키는가 하면 랜딩 페이지에 다른 랜딩 페이지를 두는 방식으로 온라인 광고를 디자인해 광고 노출로 인한 이용자 불편을 초래한다. 이 과정에서 다른 온라인 광고의 정상적인 집행을 방해하기도 하고 이용자의 정상적인 이용을 저해한다. 온라인 광고 지면의 배치, 동작 등을 통해 이용자는 웹페이지의 통제권을 상실해 정상적인 인터넷 이용을 방해받는다.

온라인광고협회(2012)에서 마련한 온라인 광고 관련 가이드라인과 기존 연구에서 다른 온라인 광고의 정상적인 집행을 방해하거나 이용자의 정상적인 이용을 저해하는 경우로 지적된 사례 중에서 무엇이 불편광고인지 살펴보자. 이 과정에서 온라인 광고의 지면 배치, 동작 방식 등을 통해 이용자로 하여금 웹페이지의 통제권을 상실하게 해 정상적인 인터넷 이용을 방해하는 온라인 광고들이 불편광고임이 확인돼 이러한 온라인 · 인터넷 광고를 모두 불편광고로 정의했다. 또한, 이 정의에 근거해 온라인광고협회에서 가이드라인을 통해 불편광고로 간주한 다양한 사례들을 유형화시켜 7개의 불편광고 유형을 도출해 냈다.

인터넷 이용자의 인터넷 이용에 불편을 주는 광고들을 유형별로 분류해 보면, 우선 광고 메시지를 전달하는 과정에서 이용자 불편을 초래하는 **키워드 검색 광고, 정보제공형 광고, 기사형식 광고** 등으로 나눌 수 있고, 이용자 콘텐츠 이용을 고의적으로 방해함으로써 이용자 불편을 불러일으키는 **콘텐츠를 가리는 광고, 종료버튼 확장광고, 종료버튼 없는 광고, 팝업광고** 등으로 구분할 수 있다(이경렬, 이희복, 홍문기, 2016).

키워드 검색 광고는 기업이나 제품 정보를 능동적으로 찾는 사용자를 위해 검색엔진에 홈페이지 등록 내용을 추가하여 이용자가 '**네이버**(NAVER) 및 **다음**(Daum)'과 같은 검색 엔진을 통하여 요청한 검색결과에 따라 결과 페이지에 배너광고나 각종 링크 형태의 광고를 자동 노출하는 형태의 광고이다. 이용자가 검색창에 찾고자 하는 검색어를 입력했을 때 그와 관련된 광고를 보여 주거나 해당 사이트를 보여 준다. 특정 제품이나 관심을 가진 사람에게만 광고가 노출된다는 장점이 있으나, 광고인지 콘텐츠인지 구분하는 표시가 모호하여 이용자를 기만할 소지가 있다.

정보제공형 광고는 인터넷 이용자에게 일상생활에 필요하거나 관심 있는 정보를 제공하여 이용자의 클릭을 유도하는 인터넷 광고 유형을 말한다. 예를 들어, 포털 '다음'의 '가장 많이 본 정보', 인터넷 뉴스사이트의 '베스트 정보'와 같은 코너를 통하여 노출되며 "고혈압 완치 알고 보면 쉽다." 등이 그 대표적 사례이다.

기사형식 광고는 광고를 목적으로 하지만 기사의 형식을 빌린 광고를 말한다. 기사형식 광고란 광고주가 적은 비용을 지출하면서 효과적으로 메시지를 전달할 수 있는 광고와 미디어 편집 콘텐츠를 혼합한 혼용 메시지(mixture)의 일종으로 애드버토리얼(advertorial)이라고 불린다. 구체적으로 기사형식 광고란 말 그대로 광고 혹은 홍보에 목적을 두고 있으면서 기사와 같은 형식을 가지는 광고이다. 인터넷의 기사형식 광고는 일반 기사형식과 동일하게 헤드라인만 노출되거나 헤드라인, 부제, 소제목, 본문을 모두 갖추고 있다. 예를 들어, "19세 지연이 아토피 심해져 결국"처럼 이용자들의 관심을 끄는 주제로 일반 기사 형식으로 노출되며, 광고인지 콘텐츠인지 구분이 매우 모호하다는 특징이 있다. 이러한 형태의 광고는 포털이나 언론의 신뢰성이나 객관성, 명성에 편승해 광고의 신뢰성을 높이고자 하는 광고로서 기만적 성격을 가지고 있는데도 점차 증가하는 추세에 있다. 이러한 형태의 광고는 장기적으로 볼 때 언론사의 공신력을 낮추는 동시에 법적 · 윤리적 문제를 야기한다.

콘텐츠를 가리는 광고는 뉴스 콘텐츠의 일부분을 가려서 뉴스 콘텐츠의 이용을 방해하는 형태의 광고로서 이용자들의 인터넷 웹사이트의 정상적 이용에 매우 불편함을 주는 광고이다. 일부 광고는 이용자의 마우스 동선과 움직임을 따라다니면서 이용자의 콘텐츠 이용을 방해하여 광고의 침입성(소비자의 인지적 처리가 방해받을 때 발생하는 인식 또는 심리적 결과로서 광고가 프로그램이나 기사의 흐름 등 소비자의 목적을 방해하는 것으로 지각되는 것)을 매우 크게 느끼게 하는 광고이다(김요한, 2003).

종료버튼 확장광고는 광고를 종료하기 위하여 마우스를 종료 버튼에 갖다 대면 광고 화면이 커지는 광고로서 기사의 일부분을 가려서 인터넷 콘텐츠 이용에 매우 큰 불편을 주는 광고이다. 이 광고는 이용자의 의사와 관계없이 이용자의 콘텐츠 이용을 방해하여 광고의 침입성이 매우 크다. 또한 이러한 형태의 인터넷 광고는 이용자가 광고에 대한 통제권을 행사할 수 없다.

종료버튼 없는 광고는 광고의 닫기 기능이 없어 광고를 회피할 수 없게 만든 광고의 형태로, 이용자의 의지와 상관없이 이용자로 하여금 일정 시간 동안 강제로 인터넷 광고에 노출되도록 하는 광고이다. 이러한 형태의 광고는 종료버튼 확장광고와 마찬가지로 이용자가 광고에 대한 통제권을 행사할 수 없다.

팝업(pop-up)광고는 사이트 이동 시 새로운 웹브라우저가 열리면서 광고가 나타나는 광고를 말하며, 이러한 형태의 광고는 전형적인 배너광고의 형태에서 벗어나 소비자가 광고에 '강제적으로' 노출될 수밖에 없게 만든 광고로 침입성이 매우 큰 광고이다.

광고물이 소비자 및 이용자에게 미치는 또 다른 유형의 피해는 소비 또는 이용 과정에서 겪게 되는 불편사항이나 불법적인 행위에 관한 것이다. 최근 각종 **신유형 광고**(재핑광고, VOD 광고, 트리거 광고, 팝업광고, 플로팅 광고, 오버레이 광고 등)가 등

표 5-2 온라인에서의 불편광고

구분	내용
키워드 검색 광고	• 기업이나 제품 정보를 능동적으로 찾는 사용자를 위해 검색 엔진에 홈페이지 등록 내용을 추가하여 이용자가 '네이버' 및 '다음'과 같은 검색 엔진을 통하여 요청한 검색결과에 따라 결과 페이지에 배너광고나 각종 링크 형태의 광고를 자동 노출하는 형태의 광고 • 특정 제품이나 관심을 가진 사람에게만 광고가 노출된다는 장점이 있으나, 광고인지 콘텐츠인지 구분하는 표시가 모호하여 이용자를 기만할 소지가 있음
정보제공형 광고	• 인터넷 이용자에게 일상생활에 필요하거나 관심있는 정보를 제공하여 이용자의 클릭을 유도하는 인터넷 광고 유형 • 정보와 광고를 혼동하게 할 소지가 크며, 상업적인 사이트로 이용자를 유인할 가능성이 많음
콘텐츠를 가리는 광고	• 콘텐츠의 일부분을 가려서 콘텐츠의 이용을 방해하는 형태의 광고 • 이용자의 마우스 동선과 움직임을 따라다니면서 이용자의 콘텐츠 이용을 방해하여 광고의 침입성을 매우 크게 느끼게 하는 광고로, 이용자의 인터넷 웹사이트의 정상적 이용에 상당한 불편을 초래함
종료버튼 확장광고	• 광고를 종료하기 위하여 마우스를 종료버튼에 갖다 대면 광고 화면이 커지는 광고 • 이용자의 의사와 관계없이 이용자의 콘텐츠 이용을 방해하여 광고의 침입성이 매우 크며, 이용자가 광고에 대한 통제권을 행사할 수 없다는 특징을 지님
종료버튼 없는 광고	• 광고의 닫기 기능이 없어 광고를 회피할 수 없게 만든 광고 • 이용자의 의지와 상관없이 이용자로 하여금 일정 시간 동안 강제로 인터넷 광고에 노출되도록 하는 광고로, 이용자가 광고에 대한 통제권을 행사할 수 없다는 특징을 지님
팝업광고	• 사이트 이동 시 새로운 웹브라우저가 열리면서 광고가 나타나는 광고 • 전형적인 배너광고의 형태에서 벗어나 소비자가 광고에 강제적으로 노출될 수밖에 없게 만든 광고로 광고의 침입성이 매우 큼

출처: 이경렬, 이희복, 홍문기(2016).

장하면서 매체를 막론하고 시청자와 이용자에게 불편을 초래하는 사례가 빈번할 뿐만 아니라 그 정도 역시 심화되고 있다.

광고 혼잡도는 수용자가 광고 회피를 높이게 하는 원인으로 작용해 왔다. 광고로 인해 콘텐츠 내용이 복잡해지고 혼잡스럽지만 이용자의 광고에 대한 인식은 부정적이 된다. 특히 소비자는 중요하거나 자신의 관심사가 아닌 메시지에 대해서는 회피하고자 하는 성향이 있다. 특히 광고 메시지에 대한 관심이 적거나 스스로 안정적 인지 상태를 유지하기 위해 광고를 회피하기도 한다. 왜 사람들이 인터넷 광고를 회피하는지 이론적 모델을 통해 검증하고자 한 조와 천(Cho & Cheon, 2004)은 온라인 광고를 불편해하는 이유를 인지, 감성, 행동의 세 가지 유형으로 구분하고, 인터넷 광고회피에 영향을 미치는 잠재변인으로 지각된 목표방해, 지각된 광고혼잡, 사전 부정적 경험 등을 제시했다. 연구결과, 지각된 목표방해가 사람들의 인터넷 광고회피에 영향을 끼치는 요인 중 가장 설명력이 높은 요인으로 밝혀졌다. 이러한 광고회피 경향은 여성의 경우 더 큰 것으로 나타났다.

한편, 소현진과 박범순(2008)은 광고태도를 구성하는 각 하위 차원들이 광고회피와 어떠한 관계를 가지는지를 살펴보고 이러한 관계가 수용자의 인구통계학적 특성에 따라 어떻게 달라지는지 연구했다. 연구결과, 광고태도와 광고회피 간의 관계는 응답자의 인구통계적인 속성에 관계없이 일관되게 나타나는 것으로 온라인 · 인터넷 환경에서 광고에 대한 부정적 인식이 커질수록 광고회피가 더 많이 나타나는 것으로 파악됐다. 인터넷 팝업광고를 통해 수용자의 광고회피 현상을 실증적으로 분석한 연구(Edwards et al., 2002)에 따르면, 팝업광고는 지각된 침입성을 증가시키고 짜증, 광고회피에 유의미한 영향을 미치는 것으로 나타났다. 이러한 현상은 나이가 어린 여성의 경우 더 심하게 나타나는 것으로 확인됐다.

국내에서는 이정아와 류지연(2005)의 연구에서 인터넷 광고의 회피 수준과 회피 예측변인들의 영향에 대한 체계적 실증연구가 이루어졌다. 이 연구결과에 따르면, 인터넷 광고의 회피 수준은 신문이나 TV에 비해 높게 나타났는데, 회피 방식을 유형별로 살펴보면 기계적 회피, 물리적 회피, 인지적 회피 등으로 구분됐다. 예측변인들 중에서는 광고에 대한 태도와 지각된 침입성이 가장 큰 영향을 미치는 것으로 나타났으나 성별과 연령이 광고태도에 미치는 영향은 거의 없는 것으로 나타났다. 또한 회피 유형별로 볼 때 기계적 회피와 인지적 회피에 있어서는 광고에 대한 태도가, 물리적 회피에 있어서는 지각된 침입성이 가장 큰 예측 변인으로 작용했다.

한편, 인터넷 광고 유형 중 이메일 광고의 회피에 초점을 맞춘 모리모토와 창(Morimoto & Chang, 2009)의 연구에서는 소비자들의 이메일 광고에 대한 태도 형성에 지각된 침입성, 지각된 짜증, 광고매체에 대한 태도, 광고에 대한 회의 등의 요인이 영향을 미치는 것으로 파악됐다. 특히 이러한 요인들과 광고에 대한 거부감을 구조방정식 모형을 통해 검증한 연구에서 광고에 대한 지각된 침입성은 이메일 광고에 대한 거부감을 증대시키고 지각된 짜증은 광고매체에 대한 회의감을 높여 부정적인 광고태도를 유발하는 것으로 드러났다. 특히 지각된 침입성은 광고회피에 큰 영향을 끼쳤지만 광고에 대한 짜증은 회피에 직접적인 영향을 끼치지 않는 것으로 나타나 광고에 부정적 태도를 형성하는 요인으로 지각된 침입성이 중요하다는 사실을 밝혀냈다. 이러한 현상은 20대 이하의 낮은 연령층에서 더 많이 나타났다.

홍종필(2009)은 전통적인 광고매체인 TV, 신문, 잡지, 라디오와 인터넷 매체인 이메일과 웹을 중심으로 소비자의 광고회피 양상이 어떻게 나타나며 광고회피에 미치는 예측변인이 무엇인지 규명하고자 하였다. 연구결과, 인터넷 매체의 광고회피 현상이 전통매체보다 더 크게 나타났으며, 특히 웹광고에 대한 거부감이 큰 것으로 드러났다. 또한 조사된 모든 매체에 대해 광고에 대한 지각과 광고로 인한 문제인식이 광고회피를 예측하는 유의미한 변인으로 관찰되었다. 기존의 다른 연구들은 인터넷 · 온라인 광고에 대해 이용자들이 회피 · 거부 현상을 보인다는 사실을 밝히는 데 그친 반면, 홍종필(2009)의 연구는 이용자들이 온라인 · 인터넷 광고가 뭔가 문제가 있다고 인식할 때, 즉 뭔가 불편함을 느낄 때 인터넷 · 온라인 광고에 대한 회피와 거부 현상이 나타난다는 사실을 구체적으로 입증하였다. 다시 말해, 온라인 · 인터넷 광고에 대한 문제인식은 인터넷 광고의 회피를 가장 잘 설명하는 요인으로 밝혀진 것이다. 이 연구에서는 온라인 광고량의 증가로 메시지 혼잡도가 커지고 이로 인해 인터넷을 이용한 광고로 인한 불편함이 커질수록 이용자들은 온라인 · 인터넷 광고를 회피 · 거부하게 된다는 사실이 확인되었나.

이러한 현상은 20대 이하 연령이 낮은 이용자일수록 그런 것으로 파악되었다. 특히 인터넷 매체는 광고가 본 콘텐츠와 동시에 제시되는 특이한 형태로서 이용자들은 콘텐츠에 비해 광고에 대한 관심이 높지 않으며, 또한 인터넷 매체는 다른 매체보다 회피가 비교적 쉬워 광고 회피 현상이 더 두드러지게 나타난다(Cho & Cheon, 2004). 특히 광고 노출을 증가시키기 위한 일련의 행동들(예: 기사형 광고, 클릭 유도 방식 광고 등)은 결과적으로 수용들의 부정적 감정을 유발하여 궁극적으로 광고나 브랜드 태도에 악영향을 미치고 있다. 따라서 광고로 인해 수용자들이 얼마나 부정적 감정을 가질 수 있으며 부정적 감정이 광고효과에 얼마나, 어떻게 영향을 미치는지에 대한 심도 있는 고찰이 요구된다.

김정아, 이천식과 이형석(2014)은 소비자 사생활 침해 우려를 결정하는 유의미한 요인으로 지각된 통제 가능성, 취약성, 정보 민감성을 밝혀지면서 개인 맞춤형 광고의 클릭 가능성에 영향을 미치지 않지만 개인 맞춤형 광고의 지각된 이익은 사용자가 광고를 클릭하려는 의도에 영향을 미치기 때문에 문제가 있다고 지적하였다. 또한 유봉석과 정일권(2015)은 온라인 기사형 광고의 문제점을 지적하면서 온라인 광고 전달 방식의 문제가 인터넷 · 온라인 광고 자체에 대한 거부감으로 이어질 수 있다고 지적하였다. 이와 관련해 임종섭(2015)은 온라인 신문의 초기 화면에 게재된 광고 분석을 통해 과도한 기사형 광고와 정보제공형 광고가 극단적 상업 저널리즘을 조장해 인터넷 · 온라인 매체의 광고가 건전한 저널리즘적 가치 구현에도 부정적 영향을 미친다고 주장하였다.

6. 광고와 정보의 구분

인터넷 광고에 대해 이용자들이 불만족을 경험하는 주된 이유는 인터넷 웹사이트를 통해 정보를 이용할 때 인터넷 광고가 정보와 광고의 구분을 모호하게 하고 정보 이용을 방해하기 때문이다. 최근 인터넷 산업의 발달과 인터넷 광고시장의 활성화로 인터넷 광고의 양이 늘어나고 그 형태가 다양해지고 있다. 이러한 이유로 다양한 형태의 광고 유형이 만들어지고 있지만 이로 인해 점점 늘어나고 있는 이용자의 불편사항은 제대로 해소되지 못하는 측면이 있다. 최근에는 이용자가 정보통신 서비스를 이용하는 과정에서 정보를 가리거나 광고를 지울 수 없는 등의 인터넷 불편광고가 나타나고 있다.

특히 **웹툰광고, 브랜드 검색 광고, 키워드 검색 광고, 신용카드 · 부동산 광고, 지식 · 쇼핑 광고, 지도광고, 스토어뷰 광고** 등 인터넷 광고의 유형이 다양화되고 있다. 웹툰광고란 포털사가 제공하는 단막 만화 형식의 웹툰에 상품 브랜드 등을 삽입해 주는 간접광고이다. 웹툰 중간에 브랜드 로고나 제품 · 서비스 명 등이 노출되지만 여기에는 광고임을 알 수 있는 문구 등이 포함되어 있지 않고 이 웹툰을 게시하는 과정에서 정보를 가리는 경우도 늘어나고 있다. 브랜드 검색 광고는 특정 브랜드 명이나 키워드를 입력할 경우, 해당 키워드와 관련된 광고를 노출하는 방식의 광고 상품을 말한다. 일반적인 인터넷 광고와는 달리, 브랜드 검색 광고는 관련 사이트 링크 여러 개가 노출되는 것이 아니라 해당 키워드와 관련된 특정 상품에 대한 미니사이트 형태로 자세한 브랜드 정보를 제공하는 상품 광고지만 검색된 정보와 뒤섞여 있고 검색된 결과나 도출된 후에도 소비자 오인을 불러일으킨다.

온라인 광고와 불편광고에 대한 연구(이경렬, 이희복, 홍문기, 2016)에서는 온라인 광고에 대해 이용자들이 불만족을 경험하는 주된 이유는 인터넷 웹사이트를 통해 정보를 이용할 때 온라인 광고가 정보와 광고의 구분을 모호하게 하고 정보 이용을 방해하기 때문이라고 하였다. 최근 온라인 산업의 발달과 온라인 광고시장의 활성화로 온라인 광고의 양이 늘어나고 그 형태가 다양해지고 있다. 광고임을 알 수 있는 문구 등이 포함되어 있지 않거나 광고를 게시하는 과정에서 정보 자체를 가려 콘텐츠 이용에 불편을 주는 경우가 늘고 있다(허준석, 강인규, 송용택, 2013).

앞서 살펴본 것처럼, 인터넷과 인터넷 광고시장 규모의 급속한 성장으로 인해 인터넷과 인터넷 광고에 대한 연구들도 활발히 진행되고 있다. 그럼에도 불구하고 인터넷과 인터넷 광고에 대한 개념이나 정의는 아직도 이견이 있고 이 때문에 이를 정의하는 문제가 「정보통신망법」 개정안에서도 중시되고 있다. 비록 「정보통신망법」 개정안에서 처음으로 인터넷과 인터넷 광고에 대한 정의가 이루어지고 있기는 하지만 광고의 개념은 다양한 법에서 이미 그 개념을 정의하고 있다. 예를 들어, 현행 「표시 · 광고의 공정화에 관한 법률」에서는 광고의 개념을 "사업자 등이 상품 등에 관한 제1호 각 목의 어느 하나에 해당하는 사항을 「신문 등의 진흥에 관한 법률」 제2조 제1호 및 제2호에 따른 신문 · 인터넷신문, 「잡지 등 정기간행물의 진흥에 관한 법률」 제2조 제1호에 따른 정기간행물, 「방송법」 제2조 제1호에 따른 방송, 「전기통신기본법」 제2조 제1호에 따른 전기통신, 그 밖에 대통령령으로 정하는 방법으로 소비자에게 널리 알리거나 제시하는 것을 말하는 것"으로 정의하고 있다. 이에 근거해 다른 법에서는 광고의 개념을 별로도 정의하지 않고 이를 준용하는 입법례를 따르고 있다.

현행 「방송법」 제2조 제21호에서는 방송광고를 "광고를 목적으로 하는 방송물"로 간략히 정의하고 있다. 이 때문에 인터넷과 인터넷 광고를 「방송법」에서처럼 별도로 정의하지 않고 광고를 목적으로 하는 인터넷 콘텐츠, 내용물 등으로 정의해야 한다는 주장도 있다. 그러나 인터넷과 인터넷 광고에 대한 초기 개념을 제안한 왈터(Walter, 1997)는 기업이 인터넷을 통해 고객과 일련의 커뮤니케이션 활동을 하는 것을 인터넷 광고로 정의하면서 홍보 목적으로 웹사이트를 구축해 각종 기업을 소개하고 고객관리 및 제품소개, 이벤트, 프로모션, 상거래 등의 인터넷 마케팅 커뮤니케이션 활동을 전개하는 것을 인터넷과 인터넷 광고로 간주하였다. 특히 왈터(1997)는 웹사이트에 광고용 배너를 게재해 특정 사이트로 연결하거나 검색 엔진이나 다른 사이트에 연결하여 대가를 지불하는 경우를 지적하며 인터넷과 인터넷 광고의 의미를 구체화시켰다. 고즈와 도우(Ghose & Dou, 1998)는 인터넷과 인터넷 광고를 자신의 웹사이트가 아닌 다른 웹사이트에 일정한 금액을 지불하고 배너 혹은 유료 링크 등의 형식으로 웹페이지의 일부를 구매하는 것으로 설명하였다.

국내에서도 황진주(2002)는 인터넷과 인터넷 광고가 인터넷을 매체로 하는 광고를 통칭하는 것으로 넓은 의미에서 인터넷상의 모든 판매 메시지라고 주장하였다. 이러한 주장은 인터넷과 인터넷 광고가 웹을 기반으로 특정 광고주에 의해서 유료로 자신의 상품 및 서비스의 판촉을 목적으로 하는 멀티미디어적 커뮤니케이션을 뜻한다. 이승영(2007)은 인터넷과 인터넷 광고를 회사의 소개, 제품의 소개, 고객관리, 이벤트, 상거래 등 기업이 인터넷을 활용해 고객과 커뮤니케이션하는 모든 활동이라고 하였다. 특히 이승영(2007)은 비용을 지불하고 웹사이트나 다른 인터넷 수단(이메일, 채팅 등)에 자신의 상업적 메시지를 게재해 사이트 방문을 유도하거나 고객과의 관계 강화로 매출과 광고의 연동을 꾀하는 것을 인터넷과 인터넷 광고라고 정의하였다.

이와 같은 논의를 종합해 볼 때, 인터넷과 인터넷 광고는 특정 웹사이트나 인터넷 서비스에 특정 광고주가 유료로 상업적 메시지를 다양한 방법으로 인터넷 사용자에게 전달하여 매출 및 이미지 향상을 꾀하는 것이라고 정리할 수 있다. 인터넷과 인터넷 광고의 개념에 대한 이러한 논의들은 인터넷과 인터넷 광고의 개념을 광고 개념을 준용해 '인터넷과 인터넷 환경에서의 광고'와 같은 방식으로 정의하는 대신 인터넷과 인터넷 미디어 환경에서 대가를 지불하고 메시지를 전달하는 행위를 인터넷 광고로 정의하고 있음을 알 수 있다.

정보를 접하는 이용자의 불편을 해소하기 위한 법적 규제는 인터넷과 인터넷상에서만 이루어지는 것은 아니다. 정보와 광고의 구분에 대한 규제는 타 법률에서도 이미 이루어지고 있다. 현재 광고와 정보의 구분과 관련된 법규는 **「방송법」「신문법」「정기간행물법」** 그리고 **「표시 · 광고법」** 등이 있다. 각각의 법률은 해당 매체에서 광고와 기사, 방송을 명확하게 구분하도록 하고 있지만 그 사유가 조금씩 다르다. 예를 들어, 「방송법」의 경우 제73조 1항에서 방송광고와 방송프로그램이 혼동되지 아니하도록 명확하게 구분하도록 하면서 추가적으로 어린이를 주 시청대상으로 하는 방송 프로그램의 방송광고시간 및 전후 토막광고시간에는 대통령령이 정하는 바에 따라 반드시 광고임을 밝히는 자막을 표기하도록 해 어린이가 방송프로그램과 방송광고를 구분할 수 있도록 별도 조치를 하도록 명시하고 있다.

「신문법」의 경우, 제6조 3항에서 신문 · 인터넷신문의 편집인 및 인터넷 뉴스 서비스의 기사배열 책임자는 독자가 기사와 광고를 혼동하지 않도록 명확하게 구분하여 편집하도록 하고 있다. 이는 정보와 광고의 혼돈으로 훼손될 수 있는 독자의 권리를 보호하기 위해 편집자에게 광고와 정보의 구분 책임을 부과한 것이라 할 수 있다. 「정기간행물법」 제6조에서도 정기간행물의 편집인은 독자가 기사와 광고를 혼동하지 아니하도록 명확하게 구분해 편집하도록 명시하고 있다. 이는 정보에 해당하는 기사와 광고의 구분 책임을 사업자 측에 두고 있는 것이라 할 수 있다. 이러한 세 법률이 정보 · 기사와 광고를 사업자로 하여금 명백히 구분하도록 하고 있는 것과 달리 「표시 · 광고법」은 전반적으로 과잉 · 허위 광고 등 광고의 내용을 광범위하게 규제하고 있다.

광고와 정보의 구분과 관련해 「표시 · 광고법」은 제3조 부당한 표시 · 광고 행위의 금지와 관련된 1항에서 "사업자 등은 소비자를 속이거나 소비자로 하여금 잘못 알게 할 우려가 있는 표시 · 광고 행위로서 공정한 거래질서를 해칠 우려가 있는 다음 각 호의 행위를 하거나 다른 사업자 등으로 하여금 하게 해서는 아니 된다."라고 명시하며 거짓 · 과장의 표시 · 광고, 기만적인 표시 · 광고, 부당하게 비교하는 표시 · 광고, 비방적인 표시 · 광고 등 네 가지 경우를 제시하고 있다. 네 경우 중 정보 · 기사와 광고를 구분하는 문제는 정보 · 기사와 광고의 구분 기준이 메시지 내용의 사실성의 인정범위에 달려 있다고 할 수 있다. 정보는 주로 사실을 다루어야 하지만 광고는 메시지 전달과정에서 은유, 과정 등이 뒤섞일 수 있다. 이와 관련해 동법 시행령 제3조는 이 법 제3조에서 정의한 부당한 표시 · 광고 중 거짓 · 과장의 표시 · 광고를 "사실과 다르게 표시 · 광고하거나 지나치게 부풀려 표시 · 광고하는 것"이라 설명하고, 기만적인 표시 · 광고를 "사실을 은폐하거나 축소하는 등의 방법"으로 표시 · 광고하는 것으로 말하고 있다.

정보와 광고의 구분이 모호한 광고가 거짓 · 과장 광고나 기만적인 광고에 해당하는지 여부는 시행령의 '사실'을 어떻게 해석할 것인지에 따라 달라질 수 있다. '사실'은 (1) 광고가 광고라는 사실, (2) 광고의 대상이 되는 상품이나 사업자에 관한 사실

(예: 상품의 품질 등), (3) 두 가지 모두 등으로 해석 가능하다. 그러나 이는 (2) 광고의 대상이 되는 상품이나 사업자에 관한 사실로 해석되는 것이 법조항 맥락상 타당하다. 먼저 (1)과 (3)으로 해석할 경우, 전체적인 시행령의 문구가 논리적으로 모순이 된다. 먼저 (1) 광고가 광고라는 사실이라 해석할 경우, 전체적인 고시 · 시행령 등 모든 것과 논리적으로 부합되지 않는다. 한편, (3)으로 해석될 경우, 시행령 제3조 1항에서 "사실을 지나치게 부풀려"라는 문구와 논리적으로 부합되지 않는다. 결국, 전체적인 문구를 살펴볼 때, (2) 광고의 대상이 되는 상품이나 사업자에 관한 사실로 해석할 수밖에 없다. 그리고 시행령 제3조에 따라 작성된 고시들이 모두 상품의 품질 등에 대한 사실에 초점이 맞추어져 있다는 점에 비추어 볼 때, (2)로 해석하는 것이 가장 적절하다고 할 수 있다.

광고와 정보의 구분과 관련해 「표시 · 광고법」 제4조는 중요 정보를 공정거래위원회가 표시 · 광고에 포함시키도록 하고 있으나 다른 법령에서 표시 · 광고를 하도록 한 사항은 제외시킴으로써 관련 법률에서 광고와 정보를 구분하는 조항을 삽입도록 하는 법적 근거가 되고 있다. 「표시 · 광고법」 제4조 1항에서는 공정거래위원회가 상품 등이나 거래 분야의 성질에 비추어 소비자 보호 또는 공정한 거래질서 유지를 위하여 필요한 사항으로서 다음 각 호의 어느 하나에 해당하는 사항인 경우에는 사업자 등이 표시 · 광고에 포함하여야 하는 사항과 표시 · 광고의 방법을 고시할 수 있게 하고 있지만 다른 법령에서 표시 · 광고를 하도록 한 사항은 제외하도록 하고 있다.

사업자들이 표시 · 광고의 방법을 고시하도록 한 사항은 표시 · 광고를 하지 아니하여 소비자 피해가 자주 발생하는 사항, 표시 · 광고를 하지 아니하면 다음 어느 하나에 해당하는 경우가 생길 우려가 있는 사항, 즉 소비자가 상품 등의 중대한 결함이나 기능상의 한계 등을 정확히 알지 못하여 구매 선택을 하는 데 결정적인 영향을 미치게 되는 경우, 소비자의 생명 · 신체 또는 재산에 위해(危害)를 끼칠 가능성이 있는 경우, 그 밖에 소비자의 합리적인 선택을 현저히 그르칠 가능성이 있거나 공정한 거래질서를 현저히 해치는 경우 등이다. 결국 「표시 · 광고법」 제4조는 표시 · 광고의 대상에 대한 규제이지 주체에 대한 규제가 아니라고 할 수 있다. 또한 동법 제2조 제

1호 가목 및 나목에 따르면, 표시 · 광고의 대상은 "가. 자기 또는 다른 사업자 등에 관한 사항"이나 "나. 자기 또는 다른 사업 등의 상품 등의 내용, 거래 조건, 그 밖에 그 거래에 관한 사항"으로 정의하고 있다. 따라서 표시 · 광고의 대상은 사업자나 그 사업자가 판매하는 상품이나 용역이다. 그러므로 이미 표시 · 광고의 정의에 비춰 볼 때, 광고라는 사실은 표시 · 광고의 대상이 아니므로 제4조의 규율 대상이 아니다. 「표시 · 광고법」 제3조 및 제4조에 대한 이러한 해석은 당시의 입법 취지를 살펴보면 더욱 분명해진다. 「표시 · 광고법」은 1997년 7월 1일에 처음 시행되면서 「독점 규제 및 공정거래에 관한 법률」(이하 「공정거래법」) 제23조 제1항 및 제4항을 대체하였다. 기존 「공정거래법」은 "허위 또는 소비자를 기만하거나 오인시킬 우려가 있는 표시 · 광고" 를 금지하였는데, 이를 확대하여 「표시 · 광고법」으로 발전하였다. 따라서 이 때부터 현재와 같이 제3조는 부당한 표시 · 광고를 금지하고 있고, 제4조는 중요한 사항을 표시 · 광고에 포함하게 하고 있다.

한편, 신문 및 잡지 등의 정기간행물에 대한 규율을 포괄하던 「정기간행물등록 등에 관한 법률」이 2005년에 「신문 등의 자유와 기능 보장에 관한 법률」로 개정되면서 처음으로 기사와 광고를 명확하게 구분하여야 한다는 조항이 포함되었다. 만약 「표시 · 광고법」이 이미 광고와 정보를 명확하게 구분하도록 규율하고 있었다면, 2005년에 「신문 등의 자유와 기능 보장에 관한 법률」 제11조가 삽입될 필요도 없었을 것이다. 따라서 「표시 · 광고법」은 표시 · 광고의 대상이 되는 사업자 및 그 사업자의 상품 및 용역에 대한 사항을 표시 · 광고에 어떻게 포함할 것인지에 대해 규율하고 있을 뿐이라 할 수 있다. 그러므로 인터넷 광고 전반에 대해 광고와 정보를 명확하게 구분하기 위해서는 「신문 등의 자유와 기능 보장에 관한 법률」에서처럼 「정보통신망 이용촉진 및 정보보호 등에 관한 법률」과 같은 유사 법에서의 추가적인 입법이 필요하다.

이상의 논의를 종합해 보면, 우선 「표시 · 광고법」은 표시 · 광고의 대상이 되는 사업자 및 그 사업자의 상품 및 용역에 대한 사항을 어떻게 표시 · 광고에 포함시킬 것인지를 규제함으로써 공정거래질서를 해치는 소비자 기만과 소비자의 오해의 문제

표 5-3 정보와 광고를 구분하는 법률

「방송법」	「신문 등의 진흥에 관한 법률」	「잡지 등 정기간행물의 진흥에 관한 법률」	「표시 · 광고의 공정화에 관한 법률」
제73조(방송광고 등) ① 방송사업자는 방송광고와 방송프로그램이 혼동되지 아니하도록 명확하게 구분하여야 하며, 어린이를 주 시청대상으로 하는 방송프로그램의 방송광고시간 및 전후 토막광고시간에는 대통령령이 정하는 바에 따라 반드시 광고임을 밝히는 자막을 표기하여 어린이가 방송프로그램과 방송광고를 구분할 수 있도록 하여야 한다.	제6조(독자의 권리보호) ③ 신문 · 인터넷신문의 편집인 및 인터넷뉴스서비스의 기사배열책임자는 독자가 기사와 광고를 혼동하지 않도록 명확하게 구분하여 편집하여야 한다.	제6조(광고) 정기간행물의 편집인은 독자가 기사와 광고를 혼동하지 아니하도록 명확하게 구분하여 편집하여야 한다.	제3조(부당한 표시 · 광고 행위의 금지) ① 사업자등은 소비자를 속이거나 소비자로 하여금 잘못 알게 할 우려가 있는 표시 · 광고 행위로서 공정한 거래질서를 해칠 우려가 있는 다음 각 호의 행위를 하거나 다른 사업자등으로 하여금 하게 하여서는 아니 된다.

를 해결하고 있다. 그러나 「신문 등의 자유와 기능 보장에 관한 법률」(이하 「정보통신망법」)이나 「방송법」 등 미디어를 다루는 법률에서는 미디어 사업의 수익의 기반이 되는 광고와 미디어 이용자의 이용대상이 되는 기사 · 방송프로그램을 별도의 법안에서 구별하도록 하고 있다. 따라서 「정보통신망법」에서도 미디어를 다루는 유사 법률들처럼 추가적인 입법을 통해 광고와 정보를 구별할 필요가 있다.

이처럼 인터넷 광고와 관련해 이용자 불만의 원인은 팝업, 배너광고, 검색광고 등 기존의 미디어에서 보이지 않던 다양한 유형의 광고들이 인터넷에서 나타날 때 이용자가 추구하는 정보 · 콘텐츠와 구별되지 않기 때문이다. 이와 관련해 2013년 **공정거래위원회**는 **미래창조과학부**와 함께 우리나라 1, 2위 포털사이트인 네이버와 다음에 대한 불공정거래행위 여부에 대한 현장조사를 실시한 결과 네이버와 다음의 검색 서비스가 검색의 결과로 노출되는 광고와 검색결과를 뚜렷하게 구분하지 않고 이용자를 기만하고 있다고 밝혔다. 이후 미래창조과학부(2013. 10.)는 '인터넷 검색 서비스 발전을 위한 권고안'을, 같은 해 12월 공정거래위원회는 '인터넷 검색서비스 산업 모범거래기준'을 마련하면서 포털 사업자에게 이용자가 광고와 그 외의 검색결과를 명확하게 구분하도록 할 것을 행정지도 형식으로 권고했다. 미래창조과학부의 권고안은 단순히 인터넷 광고사업자의 광고와 정보의 구별만을 권고하고 있지만 공정위 기준은 인터넷 광고에 '……에 관련된 광고'라는 사실을 기재하거나, 개별 사이트마다 광고임을 표시할 것을 권고하고 있다. 또한, 광고 영역을 별도 상자로 표시하고 배경색을 구분해 설정하고 광고를 일반 검색결과 우측에 배치하여 검색 결과와 광고가 구분되어 있음을 쉽게 알 수 있도록 표시할 것 등 구체적인 방안까지 제시하고 있다. 이에 따라 네이버, 다음, 네이트 등의 국내 포털사이트는 광고 영역에 음영 표시를 하고 있다. 그런데 국내 검색 서비스 사업자인 네이버와 다음 등이 정부의 가이드라인에 따라 검색광고를 음영으로 표시하는 방식으로 바꾸는 시점에서 구글은 오히려 검색광고 영역에 표시되던 음영과 ⓘ 표시를 빼고 개별 사이트에 '광고'라는 문구를 기입한 노란색 라벨을 배치하는 방식으로 차별화를 시도했다. 그 결과 인터넷 광고 화면의 구성에 있어 국내 사업자뿐만 아니라 국외 사업자도 제공하고 있음에도 불구하고 행정지도 형식의 정부 가이드라인은 국내 사업자가 운영하는 인터넷 광고에 영향력을 미쳐 경쟁 상대인 해외 사업자들에 비해 국내 기업의 자율성과 경쟁력을 약화시키는 결과를 초래한다는 주장도 제기되고 있다.

7. 착한 광고를 위하여

광고를 보는 시선이 따갑다. 광고가 세상에 모습을 드러낸 이후 광고는 세상을 비추는 거울로, 때로는 세상을 바꾸는 매개로 평가받았다. 브랜드와 소비자를 연결하는 역할을 수행하면서 마케팅과 커뮤니케이션의 한 축을 담당해 온 광고가 스마트와 소셜미디어 시대를 맞으면서 역설적으로 네거티브의 대상이 되고 있다. 이는 광고가 브랜드와 기업의 문제를 해결하는 수단이었듯이 스스로의 문제를 극복해야 할 과제를 안게 되었다.

아이러니하게, 구글이 2019년 7월부터 크롬의 광고 차단 기능 지원을 전 세계 사용자로 확대하였다. 이는 북아메리카와 유럽에서만 사용하던 광고 차단 기능을 전 세계 모든 지역으로 넓히는 것이다. 소위 '파괴적인(disruptive)' 광고를 차단한다는 것이다. 웹에서 가장 성가신 것으로 판단되는 광고를 가리겠다는 주장이다. 여기서 '성가신 것'은 바로 '파괴적인' 광고이다. 이에 대한 평가는 'CBA(Coalition for Better Ads)'라는 업계 모임에서 하며 이 기준은 '**더 좋은 광고 표준**(Better Ads Standards)'이라고 한다(CIO, 2019).

PC 기준으로는 팝업광고, 카운트 다운을 포함한 사전전면광고, 소리가 나오는 자동재생 비디오 광고, 거대한 고정광고 등이 해당된다. 모바일 기준으로는 팝업광고, 사전전면광고, 소리가 나오는 자동재생 비디오 광고, 카운트다운 포함한 사후전면광고, 30% 이상 화면을 차지하는 광고, 지나친 주목을 끄는 플래시 광고, 거대한 고정광고, 전면 스크롤광고 등이 해당된다. 앞에서 논의한 불편광고와는 유사한 듯 차이가 있는데, 이용자를 불편하게 하는 광고들로 주로 형식적인 면에 치중한 특징이 있다. 내용으로는 전 세계를 공통으로 평가하기 다소 어려움이 있을 것으로 짐작된다.

이제 업계와 정책 부문의 고민이 깊어진다. 아니면 소비자의 현명한 판단도 같이 요구된다. 그러나 무엇보다 광고를 담당하는 현업의 광고인들의 철학적인 판단이 필요한 시점이다. 오래두고 사귄 벗(親舊)처럼 사랑받는 광고, 착한광고가 지속적인 관계를 만들어 가야할 때이다. 제라르 라뇨(Gerad Lagneau, 1977)는 "오늘날 광고가 통제계획 경제체제에 이어 소비자의 자유를 인정하면서 탄생했다. 다른 한편으로 광고는 문화적 영향력을 가졌다. 따라서 소비자 반응을 염두에 두지 않으면 문제가 심각해진다."라고 하였다. 광고주와 소비자 사이의 대화를 이끌어 내는 효력을 찾아내 조화로운 광고가 실행되도록 숙고해야 한다고 강조하였다. 궁극적으로는 구글이 지향하는 것처럼, "광고를 거르는 것이 아닌 이용자에게 더 나은 환경을 제공하는" 적절한 광고를 기획하고 노출하는 노력이 뒤따라야 한다. 미디어와 광고를 떠나지 않

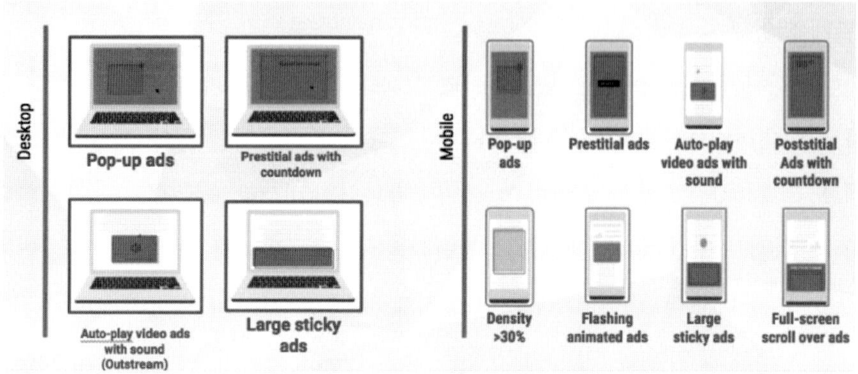

[그림 5-2] 구글 필터링 대상 광고

출처: 금준경(2019. 7. 10.).

도록 소비자를 붙잡는 일, 불편한 광고에서 편한 광고로, 유해한 광고에서 착한 광고로 거듭나야 할 시간이다. ■

제6장

선정적 광고

안주아(동신대학교 상담심리학과 교수)

1. 선정성의 개념과 정의
2. 선정적 광고의 등장과 효과
3. 선정적 광고의 유형
4. 선정적 광고와 관련된 쟁점들
5. 선정적 광고의 함의

◈◇◈

이 장에서는 선정성의 개념과 정의를 살펴보고 **선정적 광고**의 유형과 사례를 분석해 봄으로써, 선정적 광고가 사회에 미치는 영향에 대해서 생각해 보고, 선정적 광고의 미래와 방향에 대해 학습하고 논의하고자 한다.

1. 선정성의 개념과 정의

선정성(煽情, sensationalism)이란 어떤 감정이나 욕정(lascivious)을 자극하여 불러일으키는 것을 말한다. 욕정은 성적인 욕심을 말하는 것으로, 이는 다분히 성적인 개념을 포괄하는 것이다. 따라서 '선정적'이라는 표현은 욕정을 자극하여 일으키는 것을 뜻한다. 영어로 **센세이션**(sensation)은 감각, 느낌을 의미하지만 자극을 느끼는 것을 의미하기도 한다. 그런 의미에서 선정성을 센세이셔널리즘으로 번역하고 있다고 볼 수 있다. 따라서 우리가 선정성이라고 할 때는 불필요한 욕정을 불러일으키거나, 어떤 맥락에 상관이 없거나 혹은 과도하게 특별한 감정을 의도적으로 불러일으키는 것을 말한다.

특히 선정성은 매스미디어와 함께 논의되는데, 대중의 본능과 호기심을 자극하여 인기를 끌어 이득을 얻으려는 경향을 말한다. 선정성은 철학과 문학에서 유래하였으나 언론에서는 대중을 대상으로 하는 염가신문이 등장하면서 사용되었다. 대부분 영리기업으로 이루어진 자본주의 사회에서 매스미디어는 가능하면 많은 독자와 시청자를 확보하려 한다. 따라서 선정주의는 자본주의 사회에서 매스미디어가 대중 확보를 위한 효과적인 수단으로 인식되어 왔다.

선정성은 주로 인간의 정서적인 감정을 자극하는 범죄와 폭력, 성에 관한 기사, 유명인의 스캔들, 부정부패, 진담기문 등을 취급한다. 특히 미국에서는 1830년대부터 시작된 염가신문 시대, 1890년대의 황색신문 시대 그리고 1920년대의 재즈저널리즘 시대(타블로이드즘 시대)에 가장 성행하였다. 이러한 선정적인 경향은 신문 방송을 포함한 모든 언론에 영향을 주어 기업적 기반을 굳히는 데 이바지하였다. 그러나 이러한 현상이 언론의 관행으로 보편화되어 일반 대중에게 미칠 영향을 생각하지 않고 경쟁적으로 유포하게 되었고, 국민의 알 권리를 내세운 지나친 폭력과 성의 상품화는 청소년의 일탈행위를 부추기고 쾌락주의를 퍼뜨리게 된 것이다.

한편, 선정성은 **성**(性, sex), **성적 소구**(sex appeal), **섹슈얼리티**(sexuality)와 관련되거나 때로는 혼동하여 사용되기도 하는데, '성'이 보통 생물학적 성의 구별이나 직접적인 성행위를 뜻하는 반면, '섹슈얼리티'는 19세기 이후에 만들어진 용어로 성적인 것 전체를 가리킨다. 즉, 성적 욕망이나 심리, 이데올로기, 제도나 관습에 의해 규정되는 사회적인 요소들까지 포함한다(강준만, 2008). 김경일(2004)은 섹슈얼리티 개념을 이해하기 위해서 시대나 사회와 같은 문화적 맥락을 우선적으로 고려해야 한다고 주장한다. 결국, 섹슈얼리티는 생리적 현상이라기보다는 심리사회적 현상이고 문화에 의해 학습된다는 것이다. **'성적 소구'**는 인간의 성적 욕망에 호소하는 것으로, **성적소구광고**는 성적 자극을 사용함으로써 광고주가 의도하는 소비자 반응을 얻고자 하는 광고이다. 성은 인간의 가장 기본적인 욕망이기 때문에 인류 문명의 출발부터 공존해 왔다. 선사시대에는 몸짓 · 음성 · 그림을 통해서, 활자시대에는 책을 통해 인간의 성적 욕망이 표현되어 왔으며, 현대에는 수많은 미디어를 통해 재현되고 있다. 따라서 흔히 '사회의 거울'이라 불리는 광고에서도 성적 표현은 쉽게 찾아볼 수 있다.

따라서 선정성은 다음과 같이 정리해 볼 수 있다. 첫째, 선정성은 어떤 감정, 특히 성과 관련된 감정을 자극하는 것이다. 둘째, 선정성은 성과 관련된 총체적인 개념이라고 할 수 있는 섹슈얼리티에 포함되기도 하지만, 성적이지 않은 감정을 자극하는 경우에는 섹슈얼리티의 범주에 포함되지 않을 수도 있다. 셋째, 선정성 역시 사회나 문화적인 맥락에서 해석 · 고려되어야 하며, 따라서 사회적이고 심리적인 현상으로 봐야 한다는 것이다. 또한, 선정성 역시 문화에 의해 학습 및 재현된다는 특징이 있다.

특히 **선정성**은 상업주의의 극대화와 미디어 간 치열한 경쟁과 맞물려 일어나고 있는 현상이다. 미디어에서 나타나는 선정성은 정도가 심할수록 메시지의 핵심에서 벗어나 흥미 위주의 자극적인 내용만이 강조되고 과장된다. 대중은 억압된 자기자아, 즉 억제된 욕구에 대한 분출의 의미로서 선정적인 내용을 요구하고 공급자인 미디어는 이에 호응하는 것이다(이명희, 차태호, 2010).

이영돈(2014)은 영상콘텐츠에서 선정적인 내용을 ① 특정한 신체 부위에 대한 지나치게 세밀한 묘사, ② 미신, 소문, 비과학적 사실 등 사실 관계가 모호하거나 타인의 명예에 영향을 미치는 소재, ③ 배설물, 욕설 등 부적절한 소재, ④ 상업적 홍보의 가능성이 있는 소재, ⑤ 출연자들 간의 과도한 사적 방담, ⑥ 부도덕하거나 건전하지 못한 남녀 관계를 미화하는 내용, ⑦ 드라마상의 내용 전개와 필연적인 관련이 없는 성적 표현 등, ⑧ 기타 방송의 품위를 현저히 떨어뜨리는 소재로 구분하고 있다. 이영돈의 이 구분은 선정성을 매우 광범위하게 정의하여 구분하고 있다는 것을 알 수 있다.

그러나 우리가 일반적으로 선정적이라고 말할 때는 대부분 성적인 것과 관련하여 논의하는 경우가 많다. 박은아, 박창희, 박현수와 이호배(2003)는 "이성 간 및 동성 간의 성행위를 표현하거나 암시하는 신체 접촉 및 성적 자극을 유발하는 신체적 행위, 비일상적인 신체노출, 성행위에 대한 직접적이거나 간접적인 언어적 · 음성적 표현을 포함하는 것"으로 정의하였다. 하승태, 박범길과 이정교(2010)는 "성적인 표현과 관련된 것으로 보다 구체적으로 성적 상상을 불러일으키는 동작과 신체의 노출, 직접적인 성적 신체접촉, 그리고 성적 암시나 표현을 담고 있는 언어 등 성과 관련된 영상적 · 언어적 표현"으로 정의하였다. 따라서 협의의 의미로 선정적이라 함은 '성적인 욕정을 자극하여 불러일으키는 것'이라고 간단히 정의할 수 있을 것이다.

2. 선정적 광고의 등장과 효과

그렇다면 광고에서 성적 자극 또는 성적 표현은 정확히 무엇이라 할 수 있을까? 피터슨과 케린(Peterson & Kerin, 1977)은 **성적 표현**을 신체노출(nudity)로 보았는데, 이후 여러 학자들은 신체노출에 암시(suggestiveness)를 포함시켰다. 암시란 "사람의 마음에 어떤 생각을 떠오르게 하거나 실마리를 주는 정보의 단편이나 힘"이라 할 수 있다. 이 정의에 따르면, 성적 자극은 직접적인 신체노출 외에 간접적으로 마음속에 성적 생각을 떠오르게 하는 것도 포함된다. 따라서 광고 내에서 모델의 노골적인 노출이 아니더라도 문자나 언어, 몸짓 등 특정 상징을 사용해 성적 암시를 드러내는 것도 넓은 의미에서 성적소구광고라 할 수 있다(이명천, 김요한, 2013).

신체노출광고의 분류는 매우 단순하여 선행연구들에서는 신체노출 정도에 따라 비나체(non nude), 반나체(seminude), 완전나체(nude) 등으로 구분한다(Sciglimpaglia, Belch, & Cain, 1979). 리치몬드와 하트만(Richmond & Hartman, 1982)은 **성적소구광고**를 성지향적(sex orientation), 기능적(functional), 환상적(fantastic), 상징적(symbolic), 부적절한(inappropriate) 성적소구광고로 분류한다. 여기에서 **성적 암시**는 은유(metaphor)와 유추(analogy), 남유(catachresis), 환유(metonymy), 제유(synedoche)를 포함하는 개념으로 리치몬드와 하트만(Richmond & Hartman, 1982)의 상징적 성적소구광고를 상세히 구분한 것으로 이해할 수 있다(박유식, 2011).

광고에서 **선정적**이라는 것은 흔히 성적 소구라고 표현되고 있는데, **성적 소구**는 정보원이 주장하고자 하는 바를 수용자가 더욱 잘 수용할 수 있도록 호소하는 감성적인 소구 방법으로 소비자의 무의식에 잠재한 억압된 성본능을 자극하여 대리만족을 하게 만들거나, 광고 모델의 아름다움을 상품을 통해 소비자도 얻을 수 있다는 환상을 심어 주는 방식을 취한다. 이를 통해 인간의 무의식 속에 '억압'되어 있는 성본능을 자극하여 대상에 대한 만족을 하게 만드는 것이다. 이러한 성적 소구는 소비자에게 유희를 제공할 수도 있지만, 개인적인 정서와는 달리 도덕적으로 '나쁜 광고'로 지탄받을 위험성을 가지고 있다(김지영, 김재휘, 차영란, 2005).

성적소구광고의 효과에 대한 의견은 크게 긍정적 의견과 부정적 의견으로 나뉜다. 먼저, 성적소구광고가 긍정적 결과를 가져온다고 주장하는 학자들은 광고에서 에로틱한 표현의 자극이 광고 인지도를 높이고, 광고 자체에 대한 호감을 유발해 구매의향도 높인다고 주장한다. 그러나 다수의 연구들에서 성적소구광고 자체가 소비자의 주목은 끌지만, 광고 자체에만 주목케 하므로 오히려 **브랜드 회상**에는 효과적이지 않다는 결과도 나타났다. 즉, 신체노출광고는 소비자의 주의에는 긍정적인 영향을 미치지만(Baker & Churchill, 1977; Belch, & Holgerson, Belch, & Koppman, 1981; Raid & Soley, 1981; Sciglimpaglia et al., 1979), 광고 및 상표 회상 등에는 부정적인 영향을 미친다(LaTour & Tony, 1994; Peterson & Kerin, 1977; Severn, Belch, & Belch, 1990).

또한, 성적소구광고는 광고에 대한 주의를 환기시키는 효과가 있는 것과는 달리, 성적 소구의 강도가 높을수록 **브랜드 회상율**이 낮고, 시간이 지남에 따라 브랜드 회상율은 더 낮아지는 것으로 나타났다(Alexander & Judd, 1978; Reichert & Alvaro, 2001). 성적인 소구 정도가 높을수록 광고 주장을 읽게 하거나, 주장에 대한 정보처리에는 효과가 낮으며, 여성 모델을 이용한 성적 소구는 남성 소비자의 주의를 획득하기는 하지만 정보처리에 기여하지는 못한다(Reid & Soley, 1981)는 것이다. 외현적으로 강력한 성적소구광고(the strong overt sexual appeal Ad)는 강도가 낮은 성적소구광고에 비해 윤리적으로 낮게 평가할 뿐 아니라 **광고태도**, **상표태도** 및 **구매의도**가 낮은 것으로 나타났다(LaTour & Tony, 1994). 벨치 등(Belch et al., 1981)은 지나친 성적소구광고는 불결함과 같은 부정적 감정을 나타나게 한다고 주장한다. 김봉철, 김유미와 안주아(2016)의 연구에서도 **성적 소구**는 성적소구광고의 규제 인식에 긍정적인 영향을 미치며, 과도한 성적 소구는 소비자의 주의를 분산시킬 수 있다고 하였다. 즉, 광고 자체에 대한 태도에는 **성적소구광고**가 효과적이지만, **브랜드 태도**에는 부정적이라고 할 수 있다. 결과적으로 성적소구광고는 인간의 본능적 욕망에 호소하기 때문에 주목을 끌거나 호감을 불러일으킬 수는 있다. 하지만 광고에 대한 주목 수준이 너무 강하기 때문에 **브랜드**와 관련된 정보 처리는 발생하지 않을 수 있다는 것이다.

특히 **성적소구광고**가 부정적이라 주장하는 학자들은 성적 표현의 사용, 특히 노골적인 에로티시즘은 제품의 품질과 기업에 대한 평판을 저하시킨다고 주장한다. 또한, 앞서 언급하였듯이 광고 자체에만 주의를 집중시키므로 제품이나 브랜드 관련 정보 처리에는 효과적이지 않다고 판단한다. 이런 광고 자체의 미시적 효과 외에도 지나치게 노골적인 성적소구광고는 무엇보다 청소년의 성에 관한 인식을 저하시켜 성에 대한 그릇된 고정관념을 형성하게 하고 성폭행 등의 범죄를 유발할 수도 있다.

이러한 선행연구들을 고려할 때, 단순히 경쟁 브랜드와 차별화하거나 신규 브랜드를 알리기 위해 무조건 성적소구광고를 사용하는 것은 오히려 역효과를 일으킬 수 있다. 다시 말해, 여러 가지 상황을 고려한 후 성적소구광고를 사용해야 하는데, 무엇보다 제품과의 관련성을 검토해야 할 것이다. 제품 특성과 상관없이 사용되는 성적 소구는 브랜드에 대한 정보 처리를 악화시킬 뿐이다. 또한 의류를 포함한 패션, 주류, 향수, 그리고 신체와 직접 관련이 있는 비누, 보디오일, 위생용품 등은 성적 소구와 어울리지만, 관련이 없는 제품들은 오히려 성을 상품화한다는 사회적 비난을 가중시킬 수 있다. 현대 광고의 아버지라 불리는 데이비드 오길비(David Ogilvy)도 초기에 주방용품에 여성의 누드를 이용했다가 실패한 경험을 고백하였다.

또한, 소비자에 대한 고려가 필요하다. 대부분의 소비자는 광고 모델이 자신과 동성인 경우에는 부정적이고, 이성적일 때 긍정적인 반응을 보이며, 남성보다는 여성이 노골적인 성적 표현을 꺼리는 경향이 있다. 리대용과 이상빈(1999)의 연구에 따르면, 소비자들은 강력한 성적소구광고가 가벼운 성적소구광고에 비해 비윤리적이라고 판단하였으며, **광고태도**와 **상표태도** 역시 낮은 것으로 나타났다. 또한, 가벼운 성적 광고에 비해 강력한 성적 광고에서 남성보다 여성이 광고태도와 상표태도가 유의하게 부정적이었다. 따라서 광고주 입장에서는 **타깃 소비자**와 제품을 고려해 **성적소구광고**를 사용할 필요가 있다.

모델의 노출이 거의 이루어지지 않았지만 모델의 포즈, 눈빛, 전체적인 분위기에서 성적소구광고라고 할 수 있다.

[그림 6-1] 캘빈클라인 청바지 광고

출처: 네이버.

문화적인 특성도 중요한 부분이다. 각 문화권이나 국가별로 용인되는 성적 표현의 기준이 있다. 성에 대해 상대적으로 자유분방한 유럽이나 미국의 경우, 성적 소구는 그리 큰 문제가 아닐 수 있다. 그러나 아직 유교문화가 남아 있는 동북아시아와 이슬람 문화권에서는 이것이 법적 · 사회적으로 금기시되는 경우가 매우 많다. 즉, 성적 소구가 문화적 배경과 맥락에 따라 다르게 해석될 수 있다는 것이다.

3. 선정적 광고의 유형

1) 신체노출

선정적 광고에서 **선정성**은 크게 **노출**과 **암시**로 구분될 수 있다. 노출은 성적소구광고에서 많이 사용되는 방법으로, **신체노출**의 정도에 따라 비나체, 반나체, 완전나체로 분류할 수 있다. 패션이나 향수, 여성 혹은 남성용품 광고에서 많이 볼 수 있으나, 신체와 관련이 적거나 없는 제품에도 신체노출을 이용한 성적 소구를 사용한다는 것을 알 수 있다.

구찌는 주로 지면광고를 이용하여 패션용품을 광고하면서 신체노출을 이용한 성적 도구를 사용하고 있다.

[그림 6-2] 구찌 속옷 광고

출처: 네이버.

음료수 꼭지를 따는 순간 남성모델의 상의가 벗겨지고 상반신이 노출된다.

[그림 6-3] 핫식스 음료 광고

출처: 네이버.

남녀 모델의 신체노출과 더불어 성적 행위를 암시하고 있다.

[그림 6-4] 입생로랑 향수 광고

출처: 네이버.

2) 성적 암시

성적암시광고는 사람의 마음에 어떤 생각을 떠오르게 하거나 실마리를 주는 정보인 암시를 이용하여 성적인 것을 떠오르게 하는 것을 말한다. 이때 성적 자극은 직접적인 신체노출이나 남녀의 신체적인 접촉이 아니더라도 간접적으로 성적인 상상을 하게 하거나 생각을 떠오르게 하는 것을 포함한다. 따라서 광고 내에서 문자나 언어, 몸짓 등 여러 가지 상징을 사용하여 성적 암시를 드러낸다.

볼트와 너트를 이용하여 남성과 여성을 암시하였으며, 이를 통해 제품이 이성에게 어떤 영향을 미치는지를 연상하게 하였다.

[그림 6-5] AXE 데오드란트 광고

출처: 네이버.

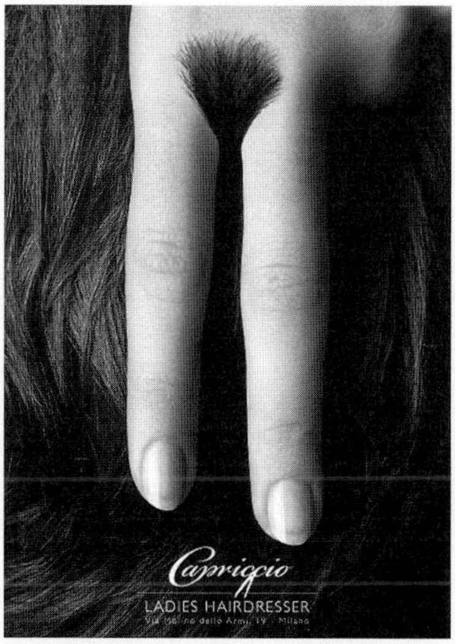

여성의 머리카락을 이용하여 여성의 성기를 형상화함으로써 여성전용 미용실이라는 것을 강조하고 있다.

[그림 6-6] 여성전용 미용실 광고

출처: 네이버.

푸시업 브라를 착용하면 가슴이 업된다는 것을 앞 사람과의 거리를 통해서 암시적으로 표현하고 있다.

[그림 6-7] 푸시업 브라 광고

출처: 네이버.

남편이 직접 공구를 구입하여 집안을 보수하지 않으면, 보수업체 직원과 아내가 불륜에 빠질 수 있다는 것을 암시하는 스토리텔링 광고이다.

[그림 6-8] 르로이 메를린 공구 광고

출처: 네이버.

3) 성과 어린이

선정성과 관련해서는 가장 민감한 부분이 **어린이**와 관련한 것일 것이다. 2019년 배스킨라빈스는 **어린이 모델**을 기용하여 핑크스타 캠페인을 제작했는데, 어린이 모델의 의상과 포즈, 눈빛 등 광고 내용에서 어린이를 성적인 도구로 이용했다는 비판과 함께 논란이 제기되었다. 제작자는 성적인 목적이나 의도성이 없었다고 해명했지만 제작자의 의도와 대중의 해석 사이에서 대중의 해석이 더 중요하며, 그동안 사용되어 왔던 성적인 상징이나 기호를 주의 깊게 활용해야 한다는 교훈을 얻은 사례라고 할 수 있을 것이다.

베스킨라빈스의 핑크스타 광고는 어린이 모델을 이용하여 진한 화장과 입술을 클로즈업하여 어린이를 성적 소구에 이용했다는 비판을 받기도 했다.

[그림 6-9] 배스킨라빈스 아이스크림 광고

출처: 네이버.

4) 성과 폭력

선정성과 관련한 또 하나의 흐름은 그것이 **성적 노출** 또는 **암시**와 관련되면서 **폭력**을 수반하는 것이다. 단순히 신체적인 노출이나 **성적 상징**, **은유**를 이용한 암시를 넘어 폭력적인 모델, 행위 혹은 상황을 연상하게 하거나 상상하게 하는 것을 말한다.

남성이 아닌 여성만을 위한 슈트 광고에서 여성은 남성의 몸을 강압적으로 밟고 소파 등받이에 앉아 있는 모습이고, 남성은 저항하지 않고 순응하는 모습으로 비주얼화되어 있다.

[그림 6-10] Suistudio의 NOTDRESSINGMEN 캠페인

출처: 네이버.

한 명의 여성 모델을 중심으로 세 명의 남자 모델이 여성 모델을 애워싸고 여성 모델의 허리와 머리카락을 쥐고 있는 모습으로 여성을 폭력적으로 대하는 것으로 묘사하고 있다.

[그림 6-11] 캘빈클라인 진 광고

출처: 네이버.

4. 선정적 광고와 관련된 쟁점들

1) 선정적 광고는 여성의 몸과 관련된다?

선정적 광고에서는 남녀의 **성적 관계**에 주목하면서 동시에 **여성의 몸**을 주시한다. 여성의 몸을 관능적으로 재현함으로써, 여성을 인격체로 보지 않고 **성적 상품**으로 간주하며, 성의 대상으로 만들고, 성적 판타지의 도구로서 활용한다. 이러한 현상은 대중문화 전반에 걸쳐 보편화하고 그 정도는 점점 심해지고 있으며, 광고에서도 마찬가지이다. 여성의 몸에 대한 집중과 **성적 강조**는 광고 제작자와 모델 모두의 이해관계에 의해 작동한다. 제작자는 아주 쉽게 수용자의 주목과 관심을 끌어낼 수 있고, 모델 역시 짧은 시간에 강렬한 인상과 이미지를 심어 줄 수 있다.

광고에서는 여성의 몸과 관능적인 자태를 특정 상품과 연계시키려고 한다. 이러한

여성 모델을 이용한 선정적인 광고로 대중의 주목을 끌었으나, 햄버거라는 제품과 광고 내용의 비상관성 및 불일치라는 비판을 받았다.

[그림 6-12] 칼스주니어 햄버거 광고

출처: 네이버.

경향은 영상매체를 중심으로 더욱 심해지고 있으며, 새로운 대중미디어가 등장할수록 더욱더 자극적이고 관능적인 성적 소구가 활용되고 있다. 여성의 몸에 대한 호기심과 훔쳐보고자 하는 **관음**의 욕구는 역사적으로 오래된 것이나 실제 생활에서는 실천하기 어려운 욕망이다. 이러한 **잠재된 욕망**을 광고는 교묘하게 파고든다. 수용자의 잠재된 욕망을 깨우고, 관음적 시도를 가능하게 해 주며, 그로 인한 성적 판타지를 달성할 수 있도록 해 준다(백선기, 2015).

광고니까 현실과 다르게 표현할 수 있는 것 아니냐는 반론도 있을 수 있지만, 광고가 어린이 및 청소년과 대중의 정체성과 가치관에 미치는 영향력은 막강하다. 이것이 광고 규제가 존재하는 이유라고 할 수 있다. 영국의 아동단체 더칠드런스소사이어티가 요크대학교와 협력해 2015년에 발표한 연구결과에 따르면, 선정적 광고는 특히 어린이 및 청소년의 **성 고정관념**, 그와 연관된 행동과 기대에 큰 영향을 미친다고 보고하고 있다(이보라, 2019. 7. 12.).

쿼터 남성용 속옷 광고는 다양한 지면광고 및 영상광고를 집행했다. 남성 모델의 근육과 몸을 적나라하게 보여 주며 남성성, 자신감과 힘을 강조함으로써 능동성과 역동성을 표현하고 있다. 선정적 광고에서 여성 모델은 대부분 수동적이고 피동적이며 남성의 성적 대상으로 묘사하는 것과는 차이를 보이고 있다.

[그림 6-13] 쿼터 남성용 속옷 광고

출처: 네이버.

2) 선정적 광고는 규제되어야 하나?

광고는 사회의 제도로서 여러 부문에서 긍정적 역할을 수행한다. **광고**를 통해 제품이나 브랜드에 대한 정보를 제공하고, 기업 간의 건전한 경쟁을 유도하고, 유행을 창조하며, 경제성장에도 일조한다. 그러나 광고는 때로 부정적 기능을 하기도 한다. 지나친 광고는 제품 가격을 상승시키는 원인이 되고, 경쟁 기업이나 브랜드를 비방해 불공정한 경쟁을 일으킬 수도 있고, 허위 혹은 기만 광고 등으로 소비자에게 직접적인 피해를 줄 수도 있다. 또한 부정적 문화를 확산시키거나 소비자의 불쾌감을 유도할 수도 있다. 특히 선정적 광고는 소비자들, 그중에서도 어린이와 청소년에게 잘못된 성적 고정관념을 형성시키며 가치관에 부정적인 영향을 미치거나 지나친 성적인 관심과 충동을 일으킬 수도 있다. 이에 많은 국가에서는 가이드라인을 제시하고 규제를 하고 있다.

문제는 선정적이거나 **음란한 표현**의 기준이 모호하다는 것이다. '시청자의 정서를 해치거나 품위를 손상시키는 음란하거나 선정적인 내용' '혐오감이나 어떤 욕정을 불러일으키는 외설적 내용' '선정적 자세나 표정을 강조한 내용' 등이 국내에서 성적소구광고를 규제하고 있는 내용들인데, 이 내용을 어떻게 정의할 것이냐가 중요한 문제가 된다. 정서나 품위는 각 나라나 사회 그리고 시대마다 다르게 적용될 수밖에 없기 때문에 이러한 문제는 쉽지 않다(이명천, 김요한, 2013).

물론 과도한 **성적 표현**과 **음란성**은 규제해야 한다는 데 이의는 없다. 하지만 시대에 맞지 않는 과도한 규제는 오히려 역효과를 가져올 수 있다는 것이다. 광고의 홍수 시대에 **창의성**(creativity)이 생명인 광고 분야에서 과도한 규제는 수준 낮고 외면받는 광고가 양산될 가능성이 높아질 것이다. 표현의 자유라는 관점에서 과도한 선정성이 배재된 창의적이고 예술적이며 메시지가 있는 광고는 장려되어야 할 것이다. 칸(Cannes) 광고제나 클리오(Clio) 광고제의 수상작들 다수는 **유머광고**와 **성적소구광고** 그리고 성적 표현을 유머러스하게 보여 주는 광고들이다.

5. 선정적 광고의 함의

1) 대중문화로서의 선정적 광고

대중문화는 구매력을 지닌 상품이며, 산업적 생산방식을 통해 생산된다. 대중문화에서 성은 대중의 시선을 장악하는 가장 중요한 요소이다. 대중문화는 대중의 관심과 구매력에 의존한다. 성은 쉽게 차용할 수 있고, 대중의 호기심을 자극하며, 내면의 성적 욕구와 욕망을 충족할 수 있다(백선기, 2015). 광고는 대표적인 대중문화라고 할 수 있으며, 다양한 매체를 통해 소비되고 재현되고 있으며, 우리 생활에 침투해 있다. 선정적 광고는 대중문화의 한 흐름으로 자리 잡았으며, 그 수위와 메시지의 유무에 따라 호응과 비판을 반복하여 받아 왔다. 이유없이, 맥락과 무관하게, 제품과 관련 없는 신체노출과 성적 암시를 하는 광고들도 많지만 일부 광고에서는 의미 있는 시도도 이루어지고 있다.

아프리카 출신 데데 하워드(Deddeh Howard)는 백인이 주류를 이루는 모델계에서 흑인 모델을 꿈꾸었지만 그녀에게 돌아오는 대답은 "우리 에이전시에는 이미 흑인 모델이 있다."는 것이었다. 데데 하워드는 흑인 모델이 이미 있다며 자신과의 모델 계약을 거절하는 에이전시들의 차별에 대해 부당함을 느끼고 사진작가 라파엘 딕로이터(Raffael Dickreuter)와 함께 모델계의 인종적 다양성을 촉구하는 프로젝트 '블랙 미러(Black Mirror)'를 진행했다. 백인 모델과 비교해서 결코 뒤지지 않은 흑인 모델의 매력을 통해 아직도 모델계에 만연하고 있는 인종에 편견에 대한 부당함을 알렸다.

수많은 글로벌 브랜드에서 우리가 마주하는 모델은 대부분이 백인일 것이다. 데데 하워드는 백인 모델과 똑같은 모습으로 광고를 재현하는 프로젝트 '블랙미러'를 진행해 파장을 일으켰다.

[그림 6-14] 블랙 미러 프로젝트

출처: 네이버.

2) 건강한 성적소구광고를 위하여

광고에서 **선정성**은 양날의 칼 같은 것이다. 적절한 선정성은 광고에 활력을 줄 수 있고 소비자의 주목을 받으며 제품과 **브랜드의 회상**에 긍정적인 역할을 할 수 있다. 그러나 선정성이란 말 자체의 의미가 그렇듯이 불필요하고 과도하고 지나치다는 의미가 포함되어 있는 만큼, 우리가 **선정적**이라고 표현하거나 판단할 때는 적정한 신체노출이나 성적 암시를 넘어서는 경우가 대부분이다. 물론 이와 같은 경우도 일시적인 주목과 기억에 도움이 될 수 있으며, 사회적인 논란으로 회자되거나 노이즈 마케팅으로 활용될 수도 있을 것이다. 그렇다고 모든 문제를 법적 규제의 문제로 돌릴 수도 없을 것이다. 활력과 번쩍이는 아이디어, 성적 내용과 품위, 이들 사이에서 어느 정도로 수위를 맞추고 소비자에게 미치는 영향과 반향을 고려해야 할 것인가는 규제와 심의의 문제를 넘어서 제작자의 양심과 품위의 문제라고 보는 것이 맞을 것

세계적인 동물보호단체인 PETA(People for the Ethical Treatment of Animals)에서 집행한 캠페인으로, 모피거부 및 동물보호라는 이슈와 성적 소구의 결합으로 선정성 논란에 휩싸였다.

[그림 6-15] 세계적인 동물보호단체인 PETA의 캠페인

출처: 네이버.

이다. 또한 이러한 광고를 해석하고 소비하며 평가하는 소비자의 안목 역시 중요하다고 할 것이다. ■

제7장

광고와 스테레오타입

정승혜(서울여자대학교 언론영상학부 교수)

1. 스테레오타입의 개념
2. 광고 속 스테레오타입의 유형
3. 스테레오타입의 규제와 도전

◈◇◈

두 명의 아기가 있다. 남자 아기는 자라서 과학자가 되고, 여자 아기는 자라서 발레리나가 된다. 아기가 똑똑하고 예쁘게 자라길 바라는 마음을 담은 분유광고이다. 많이 본 듯한 광고 장면이지만 여기엔 숨은그림찾기처럼 우리가 알아차려야 하는 오류가 있다. 바로 스테레오타입이다.

광고와 같은 매스미디어 콘텐츠는 성별, 인종, 연령 등에 대한 스테레오타입을 재생산하고 강화한다. 이러한 스테레오타입은 특정 대상을 바라보는 우리의 관점과 시각에 지대한 영향을 미쳐 사회에 불평등한 결과를 야기할 수 있다. 스테레오타입에 대한 이해와 경계가 필요한 이유이다. 이 장에서는 스테레오타입이 구체적으로 무엇인지 그 정의와 기능 및 문제점을 살펴보고, 광고에서 어떤 유형과 방식으로 재생산되고 있으며, 어떻게 규제되고 있는지를 살펴본다.

1. 스테레오타입의 개념

1) 스테레오타입의 정의

스테레오타입(stereotype)이라는 용어는 원래 18세기 말에 개발된 연판(鉛版)을 일컫는 말로, 신문 등의 고속 인쇄 작업에 널리 사용된 인쇄용 금속판의 일종이다. 지속적으로 일정한 인쇄를 할 수 있는 판형을 만들어 내는 것을 의미하는데, '판에 박힌' '항상 똑같은' '고정된' '진부한' 등의 일반적인 사전적 의미와 일맥상통한다. 또 다른 정의로는 어떤 특정한 대상이나 집단 구성원들에 대해 공통적으로 갖는 표준화된 정신적 표상으로, 과도하게 단순화된 견해, 편견적 태도 또는 무비판석인 판난을 드러내는 것이다. 그 외에 '고정관념' '정형화된 생각'으로 번역되거나 '상동행동'으로 지칭되기도 한다.

이러한 스테레오타입이 사회학적 개념으로 사용되기 시작한 것은 1922년, 리프만(Lippman)에 의해서이다. 그는 저서 『퍼블릭 오피니언(Public Opinion)』(1922)에서 스테레오타입을 "이 세상을 실제보다 더 이해 가능하고 통제 가능한 것처럼 단순하게 보는 그림"으로 정의했다. 현실이란 너무 복잡하고 정확히 표상할 수 없기 때문에 지각 · 판단 · 행동을 단순화할 필요가 있는데, 이런 의미에서 스테레오타입은 일종의 에너지 절약 장치인 셈이다. 또한 리프만에 따르면, 스테레오타입은 사람이 어떤 대상을 인식할 때 그 대상에 대한 객관적인 지식과 경험에 근거한 사고가 아니라 먼저 대상에 대해 가지고 있는 개인의 주관적인 표상이나 이미지를 통해 걸러진 인식이다. 즉, 교육과 학습을 통해 형성되고 문화적으로 인식된 표상이 새로운 지식과 경험을 받아들일 때 가치판단의 기저로 작용한다는 것이다.

여기서 주목할 점은 스테레오타입은 '인지적 요소'라는 점이다. 다시 말해, 스테레오타입은 어떤 집단이나 구성원의 특징에 대한 인지적 신념이다. 이러한 점은 편견이라는 개념과 비교하면 이해가 쉽다. 편견은 어떤 집단의 구성원에 대한 비합리적인 부정적 평가로 정의되는데, 객관적 사실보다는 집단 소속에 근거하여 발생한다고 알려져 있다(현성용 외, 2015). 예를 들어, 중국인은 시끄럽다는 생각은 스테레오타입이며, 그래서 중국인이 싫다는 감정은 편견이라고 할 수 있다. 사실 일상에서는 스테레오타입과 편견이 동의어로 사용되기도 한다. 그러나 스테레오타입은 특정 사회 집단이나 그 구성원에 대한 일반화된 상(picture)이자 그 자체로는 가치중립적이라고 할 수 있는 반면, 편견은 특정 집단에 대한 부정적 태도라고 이해라는 것이 타당하다.

리프만 이후 스테레오타입에 대한 정의는 보다 포괄적이고 복잡하게 변화해 왔다. 올포트(Allport, 1954)에 따르면, 스테레오타입은 대상 자체를 그 이상 일반화할 수

스테레오타입과 편견

스테레오타입은 어떤 대상에 대한 특정 측면을 부각시킴으로써 형성되어 고착화된 인식으로 대상을 규정한다는 점에서 편견과 혼동하기 쉽다. 스테레오타입이 어떤 집단에 대한 획일화된 관념과 이미지로 특정 사회의 구성원들 간에 널리 받아들여져 있는 개념이라면, 편견이란 개인이나 집단에 대하여 충분한 근거 없이 갖게 되는 왜곡된 이미지와 이로 인한 부정적 태도라고 볼 수 있다. 스테레오타입은 특정 집단 구성원의 실제적 차이와 상관없이 그 집단에 속했다는 것만으로 동일한 특성을 부여하는 인지적 활동과 관련이 있고, 편견은 특정 집단에 속했다는 이유만으로 긍정적 · 부정적인 감정을 형성하는 정서적 태도와 관련이 있다.

그러나 사실 스테레오타입과 편견은 매우 밀접한 관계이다(Aronson, Wilson, & Akert, 2005). 편견은 스테레오타입화 된 정보에 노출되거나 경험에 의해 많은 부분 형성되기 때문에 스테레오타입의 결과로 생겨난 태도라고 볼 수 있다. 스테레오타입은 복잡한 지식을 처리하는 인지적 특성을 의미하는데, 이러한 스테레오타입에 관한 지식이 부정적인 감정과 연결되면 편견이 된다. 교육되거나 미디어로부터 수용된 지식과 정보, 직간접적인 경험을 바탕으로 구성된 스테레오타입은 일단 형성되면 객관성이나 타당성의 여부와 상관없이 지속성을 가지면서 편견으로 전환되는 경향도 있다(박재영, 2011에서 재인용). 또한, 스테레오타입은 특정 대상에 대한 편견을 강화하는 데 지대한 영향을 미친다.

없는 가장 기본적이고 보편적인 개념이 아니라, 그 대상에 대한 범주와 연관된 특정 재현(representation)이다. 예를 들어, 정치인이라는 범주는 정치를 맡아서 하는 직업군에 대한 가치중립적이고 일반적인 개념이지만, 이 범주에 정치인은 '말 다르고 행동 다르다.'라는 이미지와 선입견이 작용한다면 이것이 바로 정치인에 대한 스테레오타입인 것이다. 그래서 스테레오타입은 "대상에 대해 가지고 있는 과장된 확신"(Allport, 1954)이라고도 할 수 있다.

한편, 스테레오타입을 하나의 범주화 과정으로 보는 견해(Tajfel, 2001)도 있다. 범주화란 비슷한 성질의 것을 일정한 기준에 따라 하나의 종류나 부류로 묶는 인식의 과정이다. 스테레오타입은 사회적 범주화에 의해서 시작된다. 사회적 범주화 과정을 통해서 어떤 대상이 특정 집단에 할당되면 그 집단의 일반적 속성에 의해 판단되는 것이다. 예를 들어, 광고에서 한 사람이 멋진 슈트를 입고 도심의 한 사무실에서 많은 사람들을 상대로 프레젠테이션을 하고 있다면, 수용자들은 그를 성공한 비즈니스맨으로 범주화할 것이다. 이때 그 개인이 가진 개별적이거나 고유한 특징은 고려되지 않고 성공한 비즈니스맨이 갖는 일반적인 특징에 의해서 판단할 것이기 때문에 그를 유능하고 민첩한 사람이라고 생각할 것이다. 이와 같이 스테레오타입은 인간이 자신을 둘러싼 환경을 특정 기준에 따라 범주화하고 각 범주에 일반적 특성을 부여하는 방식으로 환경을 빠르고 효과적으로 인식하기 위하여 만들어 낸 일종의 인지 구조이다(Taylor, 1981).

또 다른 사회심리학적 관점에서 보면, 스테레오타입은 특정 집단이나 사회적 범주의 구성원들이 가지는 자질이나 특성에 대한 인지적 일반화로 본다. 이때의 일반화는 단순하고, 정형화되어 있으며, 편향되어 있고, 부정확하다(Stroebe & Insko, 1989). 특정 대상물이 어떻게 보이는지, 그것이 무엇을 하는 것이고, 또한 무엇인지에 대해서 관습적으로 뿌리 깊게 고착화된 일종의 견해(Putnam, 1975)로도 볼 수 있다. 타인이나 타 집단에 대한 긍정적 · 부정적으로 일반화된 인식적 판단이자 대상을 인식하는 주체의 인지 및 감정적 요소의 필터링을 거친 결과물(박재영, 2011)인 것이다.

한편, 문화연구에서는 스테레오타입을 보다 비판적인 관점으로 다루는데, 스테레오타입이란 "차이를 규정하는 특성을 과장하고 단순화하여 일반화한 것"(Hall, 2001)이라고 본다. 스테레오타입은 집단 내부의 차이를 축소하고, 핵심화하고, 자연화하고, 고정시킨다. 홀(Hall, 2001)에 따르면, 스테레오타입은 폐쇄와 제외를 통해서 만들어지며, 정상적인 것과 비정상적인 것, 수용할 만한 것과 수용할 수 없는 것을 구분하여 전자는 수용하고, 후자는 제외하고 삭제한다.

2) 스테레오타입의 기능

스테레오타입 없이 움직이는 사회를 상상하는 것은 사실 힘들다. 인지사회학적 측면에서 보면 스테레오타입이 복잡함이나 복합성을 축소하는 기능을 갖고 있기 때문이다. 또한 스테레오타입이 어떤 대상의 특징을 설명하는 데 도움을 주는 기능을 수행한다고 보면, 스테레오타입에 수반되는 편견이나 과장은 사람의 인지능력의 한계로 인해 야기되는 부산물로 볼 수 있다. 즉, 스테레오타입은 비정상적이라기보다 자연스러운 인지반응이기도 하다.

이러한 맥락에서 스테레오타입의 장점은 '인지적 경제성'이다(Fiske, 1998). 스테레오타입을 사용하게 되면 인지 과정에서 특정 대상에 대한 개별 속성들을 일일이 고려할 필요 없이 이미 얻어진 대표적인 속성을 기초로 처리해 나가므로 인지적 에너지를 절약할 수 있다(Macrae, Miline, & Bodenhausen, 1994). 즉, 우리의 정보처리를 빠르고 간편하게 해 준다. 사람들이 사회적 자극을 스테레오타입화하여 처리하는 것은 제한된 자원 내에서 효율적으로 상황에 대처하기 위한 것이다(Macrae et al., 1994).

만일 우리 세계에서 실제 통용되는 공통점이 없었으면 이러한 경제성은 존재하지 않았을 것이다. 눈에 보이는 정보로 미리 알아채는 인간의 습관도 오판에 지나지 않았을 것이다. 그러나 어느 정도 명확한 공통점이 있다면 소모적인 과정을 줄여 주는 경제적 측면은 분명 의미를 갖는다. 경험에서 얻은 결과가 아니라는 이유로 모든 스테레오타입을 배제하면 인간의 삶은 매우 피곤해질지 모른다.

중요한 것은 스테레오타입의 특성과 우리가 그것을 받아들이는 방법이다. 사람은 단지 거대한 세상의 작은 일부이고 사람의 지능은 기껏해야 극히 일부나 측면을 파악하는 수준임을 이해해야 한다. 그러면 그저 스테레오타입은 스테레오타입일 뿐이고, 이를 가볍게 생각하거나 쉽게 수정할 수 있다. 나아가 사람이 갖게 되는 하나의 사고가 어떻게, 왜, 언제 시작되고, 우리는 그것을 어떻게 받아들이고 있는지도 보다 분명하게 알게 될 것이다(Lippmann, 1922). 다시 말해, 스테레오타입의 존재를 인정하면서 이를 사회 통합이나 인간다운 삶에 기여하는 방식으로 전환하려는 고민이 필요하다.

그렇다면 일단 형성된 스테레오타입은 변하지 않을까? 반드시 그런 것은 아니다. 스테레오타입은 그것과 일치하지 않는 정보가 지속적으로 유입될 경우 변화하기도 한다(Loken & John, 1993). 또한 장기간에 걸쳐 역사적 상황이 변화할 경우 수정될 수 있다. 그러나 일단 형성된 스테레오타입은 변화하기보다는 정보의 선택적 인지 과정 등을 통해 강화되는 경우가 많다(박선미, 2009). 특히, 특정 집단에 대한 스테레오타입에 대해서는 사람들이 그것과 일치하는 정보만을 선택적으로 인지하고 기억하려는 경향이 있기 때문이다.

3) 스테레오타입의 문제점

매스미디어는 다양한 스테레오타입을 형성하고 강화하는 것으로 알려져 있다. 리프먼의 주장처럼, 미디어는 '우리 머릿속의 이미지'를 만들어 특정 집단에 대한 고정되고 편향된 인식을 갖게 한다. 특히 광고는 짧은 시간 내에 소비자와의 소통을 원활하게 하기 위해 스테레오타입과 같은 기존의 사회적 신념 체계를 이용하는 경향이 강하다. 이론을 통해 스테레오타입이 미디어 속에서 어떻게 생산되고 유통되는지, 그리고 어떤 문제점을 갖는지 알아보자. 이를 설명하는 이론에는 배양이론과 사회인지이론이 있다.

(1) 배양이론

거브너 등(Gerbner, Gross, Morgan, & Singnorielli, 1986)에 따르면, 텔레비전에서 남성과 여성에 대한 특정 이미지를 지속적이고 고정적으로 전달하면 사람은 실제 세계의 이미지보다 대중매체에서 제시된 가상 세계의 이미지를 받아들이게 된다. 이를 **'배양이론**(cultivation theory)'이라 하는데, TV의 이미지가 왜곡되어 있을 경우 수용자들도 왜곡된 이미지를 갖게 된다. 특히 TV와 같이 표현이 사실적일수록 이러한 배양효과는 더욱 강하게 나타난다(Shrum, 1995). TV를 많이 시청하는 수용자들은 TV를 통해 반영된 사회적 현실을 쉽게 받아들이는데, 이는 TV를 통해 나타난 이미지와 인물 묘사 등이 비교적 일관되고 획일화되어 있기 때문이다.

원래 배양이론은 폭력성이 담긴 TV 프로그램들의 영향력을 설명하기 위해 개발된 이론인데, 특정 집단의 인물이 어떻게 묘사되고 있는가를 고찰하는 틀로도 많이 적용되고 있다. 이러한 연구들에 따르면, 사회적 소수자 집단에 대한 미디어 수용자의 인식은 그 집단이 미디어를 통해 어떻게 묘사되는가에 따라 영향을 받는다(Gerber et al., 1986). 비슷하게, 국내 연구(정연구 외, 2011: 문영숙, 2014에서 재인용)에서도 뉴스에 많이 노출된 사람들이 외국인 이민자에 관한 뉴스를 더 많이 기억하고, 기억하는 뉴스가 많을수록 이민자에 대한 스테레오타입을 가지고 있으며, 이러한 스테레오타입이 다문화 현상에 대한 태도에 영향을 미친다는 것을 밝혀냈다. 또한, 이민자들과 개인적 접촉이 없는 사람들은 다문화 현상에 대해서 덜 부정적인 스테레오타입과 개방적인 태도를 가지고 있었다. 이와 같이 미디어의 재현과 이를 통해 강화된 스테레오타입은 사회 구성원이 소수 집단 구성원의 성격과 행동을 이해하고 예측하는 데 특정한 방향을 제시함을 알 수 있다. 이처럼 배양효과에 관한 연구들은 광고와 같은 매스미디어에서 재현되는 특정 집단의 스테레오타입이 사회 구성원의 인식과 태도에 영향을 미칠 가능성을 제시한다. 다르게 말하면, 미디어를 통해 재현되는 사회적 현실의 모습은 사회 구성원의 인식과 감정에 영향을 미치기 때문에 특정한 사회 집단이나 구성원에 대한 스테레오타입으로 인해 우리 사회에 퍼져 있는 지배적인 생각들을 반영한다(Hartman & Husband, 1974: Ross, 1992: 문영숙, 2014에서 재인용).

(2) 사회인지이론

배양이론이 미디어에 노출되는 양적인 측면을 이야기한다면, 사회인지이론은 내용적인 측면에 보다 주목한다. **사회인지이론**(social cognitive theory)은 개인의 인지, 행동, 경험 및 환경의 상호작용을 통해 학습이 일어난다는 이론인데, TV 광고와 같이 반복되고 메시지가 단순하며 보상적인 경우 시청자가 광고에서 본 것들을 통해서 학습이 이루어진다는 것이다. 반복 노출된 보든 행위를 나 모방하는 것은 아니지만 TV에 묘사되는 방식은 시청자가 인물이나 모델의 행위를 해석하거나 그에 반응하는 것에 영향을 미친다. TV 광고를 시청하는 수용자들에게 영향을 미치는 정도는 광고 모델이 수용자 자신과 비슷하다고 생각하는 정도에 달려 있다. 따라서 광고모델이나 캐릭터의 인종 또는 민족성이 이러한 유사성을 지각하는 데 영향을 미치는 지표로 알려져 있다. 국외 연구에 따르면, 흑인 시청자들은 흑인이 나오는 광고와 프로그램 선호하고, 히스패닉은 스페인어 방송프로그램을 선호하며, 어린이들은 자신의 인종이나 민족적 배경을 가진 미디어 캐릭터와 쉽게 동일시하고 그런 캐릭터가 되고 싶은 경향을 보인다는 것이다(Greenberg & Atkin, 1982). 따라서 TV에서 재현된 스테레오타입화된 이미지는 수용자에게 학습되고 이는 사회문화에 반영되며, 이러한 문화는 다시 광고에 재현되는 악순환의 형태로 재생산된다. 한 사회의 인식을 광고는 스테레오타입의 형태로 재생산하고, 사회의 인식은 다시 강화되는 형태로 끊임없이 연결되는 것이다. 광고가 스테레오타입을 재생산하고 강화하는 구조를 도식화하면 [그림 7-1]과 같다.

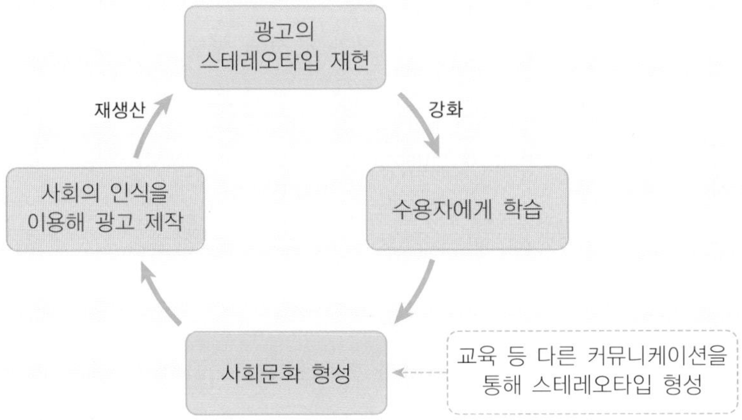

[그림 7-1] 광고의 스테레오타입 재생산 및 강화 구조

또한 사회인지이론의 관점에서 보면, 사람은 자신이 속한 집단을 긍정적으로 생각하고 다른 집단을 부정적으로 보는 경향(in-group bias)이 있는데(Folks & Kiesler, 1990), 이러한 경향성은 집단에 대한 일반적인 기대를 기준으로 개인을 평가하여 부정적인 태도를 야기한다.

한편, 사회인지이론을 고안한 밴듀라(Bandura, 2001)에 따르면, TV에서 현실이 재현될 때 이데올로기적인 성향이 반영되어 사회 구성원의 인성, 사회적 관계 및 사외 규범과 구조 등이 묘사된다. 즉, 특정 집단에 대한 편향적이고 잘못된 사회적 인식이 광고 속 인물의 모습이나 이미지를 통해서 반영되어 스테레오타입화되는 것이다. 이렇게 광고가 생산하는 스테레오타입은 잠재적으로 사회적인 편견과 분열을 조장한다는 점에서 광고 내용의 질적 수준은 반드시 감시되고 고려되어야 한다.

2. 광고 속 스테레오타입의 유형

광고에서 사용되고 있는 스테레오타입은 성별, 인종, 연령, 직업 등 다양한 유형에서 발견된다. 그 가운데 사회적으로 보다 중요한 의미를 갖는 유형들을 중심으로 자세히 살펴보자.

1) 성별

성에 대한 스테레오타입은 사회에서 가장 많이 사용되고 유지되는 신념 체계의 일종이자 광고를 대상으로 빈번하게 거론되는 스테레오타입 유형이다.

성별 스테레오타입은 여성성 및 남성성에 대한 주관적인 견해들이 사회적으로 고착화되어 형성된다. 성별 스테레오타입은 **젠더**(gender) **스테레오타입**으로 더 많이 일컬어지는데, 여기서 젠더란 사회적으로 구성된 성을 말한다. 연관된 용어로 성역할 스테레오타입이 있다. 성역할(gender role)은 생물학적인 성을 바탕으로 사회가 적절하고 바람직하다고 규정한 특성 및 가치 등을 가리킨다. 따라서 성역할은 본질적이고 생득적인 것이 아닌 후천적으로 특정 사회나 문화 내에서 여러 가지 규범적 환경적 요소에 의하여 구성된 것이다(이솔기, 백선기, 2013). 사람은 자신이 속한 성별에 대한 사회적 규범을 수용하고, 이에 순응한다. 또한, 스스로를 성별로 범주화할 뿐 아니라 타인에 대해서도 그 규범에 따라 행위를 평가하는 경향이 있다. 이와 같이 성차에 따른 차이, **성역할**의 차이는 사회적으로 구성되고 재생산되는 것으로, 결국 문화적으로 구성된 표상들로 인해 특정성에 대한 왜곡된 관념이 만들어진다.

전통적으로 나타나는 여성에 대한 스테레오타입은 수동적이고, 감각적이며, 의존적이고, 고통을 참는 힘이 약하며, 내적 감정에 민감하다 등이 있고, 남성에 대한 스테레오타입으로는 강인하고, 능동적이고, 이상적이며, 독립적이고, 감정을 잘 통제할 수 있다 등이 있다(김희정, 2007).

'젠더는 커뮤니케이션에 의해 창조되는 동시에 커뮤니케이션을 창조하는 것이다.'라는 말은 곧 광고로 스테레오타입이 만들어지고 스테레오타입으로 광고가 만들어지는 것이라는 의미로 확장될 수 있다. 이러한 맥락에서 광고에 재현된 성역할에 대한 이미지는 그 사회에서 기능하고 있는 성에 대한 가치, 사회적 평가, 신념체계 등이 반영된 것이다. 결국 광고는 상품의 특성만을 설명하는 것이 아니라 그 상품이 가지는 사회적 의미를 동시에 제시한다(Williamson, 1978). 이러한 점 때문에 광고를 문화적으로 구성되는 '문화적 산물'이라고 한다.

그러나 문제는 광고가 소비자를 효과적으로 설득하기 위해 성별 스테레오타입을 이용함으로써 성역할에 대한 왜곡된 가치 체계나 신념을 강화하는 역할을 한다는 것이다. 광고에 나타나는 여성은 실제 세계에서 이루어지는 여성 성역할의 일부만을 사용한다(Courtney & Lockeretz, 1971). 예를 들어, 여성의 일이라고 규정된 일들을 하거나, 독립적인 주체라기보다 결혼 등의 남성 등장인물과의 관계에 의해 그 존재가 정의된다(문영숙, 2014에서 재인용). 광고에 나타나는 대표적인 성별 스테레오타입을 김광옥과 하주용(2007)의 정리를 토대로 구성하면 〈표 7-1〉과 같다. 이 결과는 국가나 시기별로 다소 차이는 있지만 성역할이 얼마나 편향되어 있는지를 알아보는

표 7-1 광고에 나타나는 성별 스테레오타입의 예시

항목	스테레오타입의 내용
모델의 나이	여성은 일반적으로 남성보다 젊음
메시지 제시 형식	남성의 보이스오버 내레이션이 더 많음 남성이 권위와 관심의 대상임을 암시
등장 배경	여성: 주로 가정 남성: 주로 직장이나 업무 공간
모델의 직업	남성: 전문직업인이나 직장인 여성: 가정주부, 어린이와 함께 등장
설득 방식	여성: 비과학적 소구방법 사용 남성: 과학적 소구방법 사용
모델의 신뢰도	여성: 권위자보다는 주로 사용자
상품의 종류	여성: 가정용품 남성: 금융이나 기술 관련 상품
성적표현	여성: 성적 대상으로 묘사, 노출 증가

예시로는 충분하다. 또한, 광고는 주로 전통적이고 지배적인 성별 스테레오타입을 반영하고 있음을 알 수 있다.

성별 스테레오타입은 성별에 따른 기대, 역할, 지위 부여 등에서 많은 사회적 차별을 유발하기 때문에 끊임없이 감시되고 경계되어야 한다. 광고에 묘사된 성역할이 어떤 영향을 미치는지를 조사한 연구들에 따르면, 스테레오타입이 묘사된 광고에 단시간 노출되었음에도 수용자의 사회적 실재에 대한 인식과 성역할에 대한 스테레오타입이 강화되었다(Lafky, Duffy, Steinmaus, & Berkowitz, 1996). 또한, 성역할에 대한 고정관념이 적은 수용자에게 스테레오타입이 사용된 광고를 보여 주었을 때 여성을 가정주부로 판단하는 경향이 높았다(Johar et al., 2003).

또한, 광고의 성역할 스테레오타입은 문화적 차이나 성역할 평등 수준의 차이에 크게 영향을 받지 않는다(Matthes, Prieler, & Adam, 2016). 시기에 따른 변화도 생각만큼 크지 않다. 성별 스테레오타입에 관한 초기 연구(McArthur & Resko, 1975)에 따르

면, 여성은 보다 의존적인 모습이며 가정을 중심으로 하는 배경에 주로 등장하고, 남성은 보다 자율적인 역할을 하고 집 이외의 배경에 배치되는 경우가 많았다. 그 후 40여 년 후의 연구결과도 다르지 않은데, 여전히 남성이 보다 우세하고 권위 있는 역할을 맡고, 여성은 성역할 스테레오타입에 따라 묘사되는 경향이 있는 것으로 밝혀졌다(Paek, Nelson, & Viela, 2011). 최근 연구로 젠더 미디어(Gender Media)의 지나 데이비스 협회(Geena Davis Institute)는 구글(Google)과 협력하여 2,000개 이상의 광고를 분석했는데, 2006년과 2016년 간 영상광고에서 여성 캐릭터의 수는 근본적으로 변함이 없음을 발견했다. 남성이 나온 시간은 여성의 4배였고 남성은 여성보다 7배 정도 더 많이 멘트를 했다. 남성만 나온 광고는 전체 광고의 약 4분의 1을 차지한 반면, 여성으로만 구성된 광고는 전체 광고의 5%를 차지했다. 2016년 로이드 은행 그룹(Lloyds Banking Group)의 보고서에 따르면, 광고에 나온 사람들의 약 3분의 1만이 여성이라는 비슷한 결과를 발표했다. 그들은 권력의 자리를 거의 차지하지 못했고, 권력 중심에 있을 때의 역할은 보통 유혹, 아름다움 또는 모성과 관련된 것이었다.

2) 인종

스테레오타입은 인종주의를 구성하는 기본 요소이다. 홀(Hall, 2001)에 따르면, **인종에 관한 스테레오타입**은 특정 주민 집단을 구분하는데 신체적 특징을 사용하는 사회적 실천양식으로, 여러 다른 인종 간의 유전적 차이가 하나의 인종 내에서 나타나는 개인의 차이보다 크지 않다고 지적한다. 인종과 관련된 스테레오타입은 자신의 인종은 우수하고 다른 인종은 열등하며, 다른 인종이 자신의 인종에 위협이 된다는 믿음의 형태가 깔려 있다. 이는 앞서 설명한 사회인지이론의 설명과 같은 맥락이다. 자신이 속한 집단을 긍정적으로 생각하고 다른 집단들을 부정적으로 보는 경향성이 있어서, 집단에 대한 일반적인 기대를 근거로 개인을 평가하여 편견을 만들어 낸다.

특히 매스미디어는 외국인 이민과 같은 사회적 · 정치적 이슈들에 대한 공적인 담론 구성에 있어서 중요한 역할을 한다. 따라서 광고와 같은 매스미디어에는 서로 다른 문화권이나 인종 등에 대한 사회적 인식이 반영되어 있다. 광고에서 소수 인종과 소수 민족에 대한 스테레오타입을 보여 주고 있음은 이미 잘 알려져 있다. 예를 들어, 아시아인과 히스패닉이 실제 인구 구성비에 비해 훨씬 낮은 비율로 등장하며 역할 묘사의 범위도 매우 제한되어 있고, 흑인은 보통 순진하거나 의존적인 인물, 또는 음악적인 상황에서 등장하는 인물 등으로 묘사되고 있는 것이 그것이다(Mastro & Stern, 2003). 실제 유명 브랜드 광고에서도 인종에 대한 스테레오타입이 이용된 경우가 종종 발견되는데, 씻으면 흑인이 백인으로 변한다며 흑인과 백인의 피부색을 대비하여 백인의 우월의식을 드러낸 도브(Dove) 바디워시 광고나 흑인 어린이에게 '정글에서 가장 멋진 원숭이[1]'라는 글이 프린트된 옷을 입힌 H&M 광고 등이 있다. 최근에는 패션 브랜드 돌체앤가바나(Dolce & Gabbana)가 중국인 모델에게 젓가락으로 피자와 카놀리 등 이탈리아 음식을 어렵게 먹게 하고 이를 희화화한 광고가 논란이 되기도 했다([그림 7-2] 참조).

중국인 모델에게 젓가락으로 이탈리아 음식을 먹게 하고 이를 희화화한 광고로, 중국 문화를 경시하고 근거 없는 스테레오타입을 조장한다는 비난을 받았다.

[그림 7-2] 돌체앤가바나 광고

출처: 인디펀던트 홈페이지.

1 원숭이는 흑인을 지칭하는 은어이다.

이와 같이 특정 민족이나 인종에 대한 잘못된 사회적 인식의 많은 부분은 스테레오타입을 보여 주는 광고 속의 인물이나 상징화된 이미지를 통해서 만들어진다. 광고에 나타나는 인종에 대한 스테레오타입이 사회적인 편견과 분열을 조장함을 인식하고 이러한 광고의 잠재적 영향력에 주의를 기울여야 한다.

3) 연령

연령과 관련된 스테레오타입 가운데는 노인과 관련된 부분이 가장 많이 논의된다. 광고에서 반복적으로 다루어지는 이미지는 특정 집단의 사회적 지위를 상징적으로 부여하는 데 중요한 역할을 하며, 이는 노인 집단에 대해서도 다르지 않다. **노인에 대한 스테레오타입**은 노인이 사회에서 어떤 역할을 주로 수행하며 노인에 대해 어떤 기대를 가져야 하는가 등을 정의하는 힘을 가진다(Gerbner, 1998). 심지어 노인 스스로가 자신들을 바라보는 정체성에도 영향력을 미치기 때문에(양정혜, 2011에서 재인용), 부정적인 재현은 노인의 자아 존중감을 낮추고 위축되게 한다. 연령에 대해 형성된 스테레오타입을 받아들여 스스로를 가치 없고 너무 나이가 많다고 여겨 사회활동에 나서기를 주저한다는 것이다(Smythe, 1996).

광고가 재현하는 노인의 모습에는 긍정적인 면과 부정적인 면이 혼재되어 있다. 긍정적인 이미지로는 조직 내부에서 높은 지위에 있거나, 상사 또는 정보 제공자로서 중요한 역할을 하는 사람이다. 광고의 소비자층과 관계없이 긍정적이고 열정적인 모습이거나, 독립적이고 지적이며, 유연한 사고를 가진 사람, 유머러스한 상황에서 등장하더라고 우스꽝스러운 인물이기보다 상황을 주도하며 적극적으로 참여하는 사람으로도 재현된다(Simcok & Lynn, 2006). 또한, 상품광고보다 기업 이미지 광고에 보다 자주 등장하는 경향이 있으며, 자상하거나 너그러움과 같은 노인의 인성적 특징에 초점을 둔 내용들이 많다.

이에 비해 광고에서 노인이 부정적인 이미지로 재현되고 있다고 보는 주장도 자주 제기된다. 광고에서 노인은 주로 보조적인 역할을 하며, 신체적 활동도 비교적 적고 집안에만 머무르는 모습이 많다. 뻔뻔하고 건강하지 못하고 재미없으며, 젊은 층에 비해 무력, 불완전, 나약, 무식, 나태하게 묘사된다. 또한, 건강상 문제가 있고 품위가 없으며 우스꽝스럽고, 그렇지 않더라도 가족과 사회 안에서 부양과 부담을 주는 존재로 묘사된다([그림 7-3] 참조). 성격적인 측면에서는 야비하고, 뚱하며, 새로운 것을 시도하려는 의미가 거의 없고, 매력 없는 존재로 묘사된다는 연구들이 있으며, '초라하다' '허약하다' '고집스럽다' '무뚝뚝하다' 등의 부정적인 이미지로 묘사되고 있다. 또한, 노인은 광고에서 제품을 직접 구매하는 주체가 아니라 그 물건을 선물받는 객체로 자주 묘사된다. 이와 비슷한 맥락으로, 노인이 등장하는 광고가 평상시에는 많지 않다가 어버이날이나 추석과 같은 명절 때 증가한다는 점이 이를 시사한다. 그 밖에 IT 제품과 같은 첨단기기에 취약한 모습으로 더 자주 등장한다.

노인의 재현된 이미지가 긍정적이든 부정적이든 더 심각한 문제는 노인의 배제이

노인을 돌봄이 필요한 존재로 묘사한 광고로, 노인은 광고에서 때때로 부양과 부담을 주는 존재로 그려진다.

[그림 7-3] SK 텔레콤 광고

출처: TVCF 홈페이지.

다. 노인이 광고에 등장하는 비율은 현저히 낮은데, 노인이 등장하더라도 보조적이거나 배경적인 역할로 묘사되는 경우가 많다. 이 중에서도 여성 노인은 인구 구성 비율에서 더 높은 비중을 차지함에도 등장하는 비율은 더욱 낮으며, 심지어 주로 집안을 배경으로 등장하는 경우가 대부분이다.

마케팅 전략 측면에서 노인에 대한 묘사가 주요 타깃인 젊은 층에게 부정적인 인식을 줄 수 있다는 우려 때문에 노인 대상 광고에서조차 젊은 모델을 이용하는 경향이 있고, 젊은 층을 보다 적절한 오피니언 리더로 여기기도 한다는 점(Greco, Swayne, & Johnson, 1997)도 이러한 스테레오타입이 끊임없이 재생산되는 이유로 볼 수 있다.

3. 스테레오타입의 규제와 도전

1) 스테레오타입에 대한 국가의 규제

영국 **광고규제위원회**(Advertising Standards Authority: ASA)는 2018년 12월, 성별 스테레오타입이 나타나는 장면을 금지한다고 발표했다. 이는 시행되기까지 6개월 간의 조정 기간을 걸쳐 2019년 하반기부터 시행된다. 기저귀를 갈아입히지 못하는 남자, 소파에서 발을 흔들며 누워 있는 남성과 그 옆에서 청소하는 여성, 주차를 못하는 여성 등 성별 스테레오타입에 따라 재생되는 이런 장면들이 광고에서 금지된다.

신체적 특징과 성공을 연관 짓는 광고 또한 금지 대상이다. 어떤 특성을 특정 성별에 부여하는 일도 금지되는데, 예를 들면 소년에게는 대담함을, 소녀에게는 온화함을 연결시키는 광고들이다. 또한, 초보 주부가 자신의 외모나 집안의 청결을 자신의 감정보다 우선시하도록 종용하는 광고, 청소기나 세탁기를 돌리거나 자녀를 양육하는 등의 스테레오타입화된 '여성의 일'에 서툰 남성을 표현하는 광고도 규제 대상이다.

여성을 성적인 상품으로 묘사하여 사회적 책임을 불이행했다는 이유로 금지된 광고로, 청원 사이트에서 7만 명 이상이 삭제를 요구했고 게재 3주 만에 금지 처분을 받았다.

[그림 7-4] 프로틴 월드 광고

출처: 더가디언 홈페이지.

여성을 대상화했다는 이유로 금지된 포르쉐 딜러용 광고로, 제품과 관련 없는 암시적 이미지를 사용하여 여성을 대상화하였고 이는 일부 사람들에게 심각한 범죄를 유발할 가능성이 있다고 지적받았다.

[그림 7-5] 포르쉐 딜러용 광고

출처: 캠페인라이브 홈페이지.

이와 같은 결정은 성별 스테레오타입의 이미지와 표현이 "대중의 생활의 공적 · 사적인 면에서 성적 불평등을 초래할 수 있다."라는 광고규제위원회의 보고서 발표에 따라 개발되었다. 이 보고서는 여성에 대해 부정적인 인식을 지속시키는 몇 가지 광고를 제시했다. 그중 하나는 체중 감량 음료인 프로틴 월드(Protein World)의 포스터 광고로, 비키니를 입은 모델과 함께 "해변의 몸매 준비되었나요?"라는 문구로 구성되었다([그림 7-4] 참조). 이 광고는 청원 사이트에서 7만 명 이상이 해당 광고의 삭제를 요구했고, 게재 3주 만에 금지 처분을 받았다. 이전에도 ASA는 불쾌감을 주는 영상을 금지해 왔다. 2016년에는 '비정상적으로 말라 보이는' 모델을 사용한 구찌(Gucci) 광고를 내리도록 했다. 2017년에는 시청자들이 오도할 수 있을 정도로 과도한 마스카라를 한 광고모델이 나왔던 림멜(Rimmel) 광고를 금지했다(심의위원회는 모델의 속눈썹이 부자연스럽게 부풀려졌다고 지적함). 2018년에는 여성을 대상화한 포르쉐(Porsche) 딜러용 광고를 비난했다. 이 광고는 "매력적인 서비스"라는 태그라인과 함께 차 밑으로 여성의 다리와 몸통이 드러나 있는 비주얼이었다([그림 7-5] 참조).

ASA의 결정에 따라 광고 규제조항을 담당하는 영국 광고집행위원회(Committee of Advertising Practice: CAP)는 해로운 젠더 스테레오타입을 금지하는 다음과 같은 새로운 조항을 만들었다.

> 광고물은 해롭거나, 심각한 또는 포괄적인 비방을 야기할 수 있는 젠더 스테레오타입을 담고 있지 않아야 한다.

이 새로운 조항은 방송광고 및 온라인과 소셜미디어를 포함하는 비 방송광고에 모두 적용된다. 이를 위해 조항이 적용되는 가상 시나리오(〈표 7-2〉 참조)와 여전히 허용하는 장면(〈표 7-3〉 참조)을 예시로 제시하여 원활한 실행을 돕고 있다.

영국은 이 새로운 규제안을 실시함으로써 벨기에, 프랑스, 핀란드, 그리스, 노르웨이, 남아프리카 및 인도와 함께 광고에서 성차별을 금지하는 구체적인 법률 또는 법령을 갖춘 국가가 되었다. 노르웨이는 1978년부터 광고에서 성차별을 금지하는 법을 제정하였고, 스페인은 2004년 성범죄에 대한 법으로 광고가 여성의 신체에 대한 이미지를 저하시키는 것을 방지하고 있다. 오스트리아는 법으로 성차별을 유발하는 묘사를 감시한다. 한편, 미국에서 광고의 스테레오타입에 대한 지침은 어린이를 대상으로 하는 광고에만 적용하고 있다.

표 7-2 영국 광고규제위원회가 제시하는 금지 장면의 예시

- 집안 곳곳을 엉망진창으로 만드는 가족과 이를 지켜만 보고 있는 남편, 엉망이 된 집을 치우는 모든 책임이 여성에게만 있음을 묘사하는 광고
- 기저귀를 잘 갈지 못하는 남성, 주차를 잘 하지 못하는 여성 등 특정 업무를 잘 해내지 못하는 것이 성의 차이 때문임을 묘사하는 광고
- 낭만적이거나 활발한 사회생활 등 성공한 삶을 누리지 못하는 이유가 성별 스테레오타입에 따른 이상적인 신체를 갖지 못했기 때문임을 암시하는 광고
- 소년의 대담함과 소녀의 온화함과 같이 성별에 따라 스테레오타입화된 성격으로 묘사되어 성의 차이에 따른 대비를 강조하는 광고
- 외적으로 매력적이거나 아주 깨끗한 집을 유지하는 엄마의 모습을 제안하는 광고. 이러한 광고는 정신적인 행복과 같은 개인의 감정적 요인보다 그러한 모습을 우선시하게 조장할 수 있음
- 스테레오타입화된 여성의 역할이나 업무를 수행하는 남성을 폄하하고 희롱하는 광고

표 7-3 영국 광고규제위원회가 계속 허용하는 장면

- 쇼핑하는 여성, DIY를 만드는 남성
- 화려하고, 매력적이고, 성공적이고, 열망이 강하거나 건강한 사람들 또는 그런 라이프스타일
- 하나의 성(gender)을 타깃으로 개발된 제품을 광고하는 하나의 성
- 부정적인 효과에 도전하기 위한 수단으로 사용된 젠더 스테레오타입

우리나라의 경우, 국내 「방송광고심의에 관한 규정」 제13조(차별금지)에서 "방송광고는 국가, 인종, 성, 연령, 직업, 종교, 신념, 장애, 계층, 지역 등을 이유로 차별하거나 편견을 조장하는 표현을 하여서는 아니 된다."고 규정하고 있지만, 기준이 불분명해 실질적인 제재 효과는 거의 없는 실정이다.

그 밖에 2017년 유엔(UN) 여성부와 구글, 존슨앤존슨(Johnson & Johnson), 마스(Mars)를 비롯한 유엔 여성 단체와 유니레버(Unilever) 사는 '비(非) 스테레오타입 연합(Unstereotype Alliance)'를 창설하여 광고가 어떻게 불평등을 야기하는지를 교육하기 위한 노력을 기울이고 있다.

2) 스테레오타입에 대한 기업의 도전

변화하는 트렌드와 시대에 따라 스테레오타입에 대한 우려와 논의가 증가하면서 기업 스스로가 이에 도전하거나 해결하려는 시도들이 보인다. 일각에서는 이 또한 마케팅 전략의 일종일 뿐이라는 시각도 존재하나 어떤 의미로든 광고의 스테레오타입에 대한 인식과 사고를 문제삼고 논의의 장으로 이끈다는 데 의미가 있다. 이러한 움직임 속에서 2014년에는 페미니즘과 애드버타이징을 결합한 **'펨버타이징(femvertising)'**이라는 용어가 등장하기도 하였다.

(1) 도브(DOVE)의 '리얼 뷰티' 캠페인

이러한 맥락의 대표적인 사례로 유니레버 사의 브랜드인 도브의 **'리얼 뷰티(The Read Beauty)' 캠페인**을 들 수 있다([그림 7-6] 참조). 2004년 영국에서 시작된 이 캠페인은 매스미디어에 묘사된 여성 이미지로 인해 낮아진 여성들의 자존감(self-esteem)을 높이기 위해 실시되었다. 모든 여성이 가진 자연스러운 신체적 다양성을 인정하고 스스로 자신감을 갖도록 북돋기 위해 일반인들을 모델로 한 옥외광고를 집행하였다. 이 모델들은 주름이 많거나, 나이 들었거나, 살이 쪘거나, 얼굴에 잡티가 있는 등 여성의 외적 아름다움과 관련되어 형성된 기존 스테레오타입에 반하는 모습들이었다. 그 결과 사회적으로 큰 반향을 일으키며 수많은 매체에서 다뤄졌고 열띤 온라인 토론을 이끌었다. 그 후 기존 광고 모델의 인위적으로 조작되는 아름다움을 폭로한 'Evolution' 광고, 여성 스스로를 낮춰 보는 시각을 건드린 'Sketches' 광고 등 비슷한 맥락의 캠페인들로 국제광고제에서 수상하기도 하며 좋은 반응을 얻고 있다.

여성들의 자존감을 높이기 위해 실시한 도브의 첫 번째 광고 캠페인으로, 일반인들을 모델로 기용하여 옥외광고를 집행하였고, 온오프라인 상의 수많은 토론을 이끌었다.

[그림 7-6] 도브의 '리얼 뷰티' 캠페인

출처: 핀터레스트 홈페이지.

(2) 올웨이즈(Always)의 '소녀답게' 캠페인

피앤지(P&G)의 브랜드인 올웨이즈의 **'소녀답게(Like a Girl)' 캠페인** 또한 펨버타이징의 대표 사례로 꼽힌다([그림 7-7] 참조). 소녀처럼 달리거나 싸워 보라고 요청받은 출연자들은 스테레오타입화된 여성의 모습으로 표현해 낸다. 우스꽝스럽거나 다소 모욕적인 모습이다. 그러나 어린 소녀들에게 같은 요구를 했을 때 그들은 남자나 여자의 모습과 상관없이 자연스럽게 달리거나 행동한다. '소녀 같다'라는 것이 부정적으로 스테레오타입화되어 있음을 깨닫게 하는 부분이다.

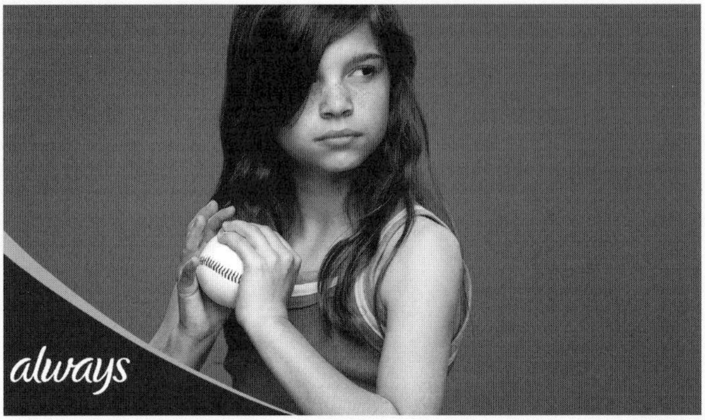

'소녀 같다'라는 어휘와 관련된 부정적인 스테레오타입을 지적한 캠페인. 소녀처럼 달려보라고 요구하자 부정적이고 우스꽝스럽게 표현하는 출연자들과는 달리 실제 소녀들은 자연스럽게 달리는 모습을 보여 준다.

[그림 7-7] 올웨이즈의 '소녀답게' 캠페인

출처: 올웨이즈 홈페이지.

(3) 질레트의 '남자가 될 수 있는 최상의 모습' 캠페인

마찬가지로 P&G는 최근 남자다움에 대한 스테레오타입에도 도전했다. 남성 면도기 **질레트**(Gillette)는 지난 30년 동안 "남자가 가질 수 있는 최상의 것(The Best a man can get)"이라는 슬로건을 사용해 왔으나, 2019년 이를 **"남자가 될 수 있는 최상의 모습**(The Best men can be)"이라는 슬로건으로 대체하고 남성성에 대한 광고를 제작했다([그림 7-8] 참조). 미투(Me Too) 운동 관련 영상과 영화의 성적 소구, 소년들 간의 괴롭힘 등을 묘사하면서 "약자 괴롭히기, 성희롱, 유해한 남성성, 이것이 남자가 가질 수 있는 최상의 모습입니까?"라는 카피를 덧붙였다. 이 광고는 즉각적으로 유튜브에서 48시간 만에 4만 뷰(view) 이상을 기록했고, 엄청난 찬사와 분노의 비판이 동시에 쏟아졌다. 이 영상에 분노한 이들을 중심으로 불매 운동과 매출 하락이 일어나기도 했으나, P&G의 질레트 담당자는 논란을 예상했으며 광고를 통해 사회의 긍정적인 변화를 기대한다는 소신을 밝히고 있다. ■

올바른 남성성에 대한 인식을 재고한 광고 캠페인으로 기존의 유명 슬로건인 '남자가 가질 수 있는 최상의 것'을 '남자가 될 수 있는 최상의 모습'으로 대체했고, 수많은 찬사와 비판을 동시에 받았다.

[그림 7-8] 질레트의 '남자가 될 수 있는 최상의 모습' 캠페인

출처: 더가디언 홈페이지.

제8장

부당광고

최민욱(남서울대학교 광고홍보학과 교수)

1. 부당광고의 개념과 특성
2. 부당광고의 유형
3. 부당광고의 규제 현황
4. 부당광고 관련 주요 이슈
5. 부당광고의 바람직한 규제 방향

◈◇◈

현대사회에서 광고는 공기 같은 존재로 경제적 기능 외에 사회적 기능, 문화적 기능 등 다양한 긍정적 기능을 수행하고 있다. 그러나 그 중요성이 큰 만큼 부정적 측면과 역기능도 가지게 된다. 그중에서도 특히 **부당광고**는 소비자에게 피해를 줄 뿐만 아니라 경쟁자에게도 피해를 주어 자본주의 경제에 필요한 공정한 경쟁을 방해하게 된다. 따라서 사회에서 광고가 긍정적으로 기능하게 하는 한편 광고산업의 건전한 발전을 위해서는 부당광고 규제의 필요성이 대두된다.

이 장에서는 이러한 부당광고에 대해서 살펴보고 바람직한 규제 방향에 대해 고민하고자 한다. 먼저, 부당광고의 개념과 특성에 대해 살펴보고, 부당광고의 유형에 대해 구체적으로 살펴본다. 다음으로, 국내외 부당광고 규제 현황을 관련 법 중심으로 살펴보고, 이를 바탕으로 부당광고 관련 주요 이슈를 살펴본다. 마지막으로, 새로운 광고환경에서 부당광고의 바람직한 규제 방향에 대해 논의한다.

1. 부당광고의 개념과 특성

1) 부당광고의 개념

「표시 · 광고의 공정화에 관한 법률」(이하 「표시 · 광고법」)에 따르면, 부당한 표시 · 광고(unfair labeling and/or advertising)란 "소비자를 속이거나 소비자로 하여금 잘못 알게 할 우려가 있는 표시 · 광고 행위"로서 "공정한 거래질서를 해칠 우려가 있는 행위"를 말한다(제3조 제1항). 즉, 광고의 부당성 판단 기준으로 ① **거짓성**, ② **소비자 오인성**, ③ **공정거래 저해성**을 요구하고 있다. 이러한 부당성 판단 기준과 관련하여 대법원도 "허위 · 과장 광고의 요건으로 사업자, 상품 또는 용역에 관한 광고의 내용이 허위이거나 사실을 과장한 것이어야 하고, 그러한 광고가 소비자를 오인시킬 우려가 있어야 하며, 나아가 그러한 광고가 공정한 거래를 저해할 우려가 있을 것"[1]을 요구하고 있다. 「표시 · 광고법」은 '부당한 표시 · 광고'의 네 가지 행위로 **"거짓 · 과장의 표시 · 광고, 기만적인 표시 · 광고, 부당하게 비교하는 표시 · 광고, 비방적인 표시 · 광고**"로 유형화하고 있다.

실무적 입장에서 광고의 부당성 판단 기준은 매우 중요하다. 따라서 광고의 부당성 판단 기준으로 '거짓성' '소비자 오인성' '공정거래 저해성'에 대해 자세히 살펴볼 필요가 있다. '거짓성'은 표시나 광고의 내용이 사실에 부합하는지 여부를 의미하며 고의나 과실 유무를 불문한다. 하지만 표시 · 광고 행위 시 어느 정도의 과장은 불가피하다. 따라서 광고의 내용이 사실과 부합하지 않더라도 소비자 오인성이 없는 광고적 표현, 일명 '**퍼핑**(puffing)'은 통상 부당한 표시 · 광고로 보지 않는다. 예를 들어, "소리가 보인다." "가슴 속까지 시원한 사이다" 아파트 분양광고에서의 다소 과장되고 화려한 색감의 조감도 등은 이러한 퍼핑에 해당한다고 볼 수 있다(정원준, 2014). 즉, 광고에서 중요한 크리에이티브 요소로서 과장은 '거짓성'에 해당하지 않는 경향을 보인다.

그러나 제품, 가격, 애프터서비스 등과 관련한 객관적이고 중요한 사항에 대한 거짓은 부당광고에 해당한다고 할 수 있다. 중요한 사항의 허위 범위에 대해 대법원은 "중요한 사항에 관하여 구체적 사실을 거래상의 신의, 성실의 의무에 비추어 비난받을 정도의 방법으로 허위로 고지하는 경우에는 과장 · 허위 광고의 한계를 넘어 사기죄의 기망행위에 해당한다."[2]라고 판시하여 부당성 판단의 기준을 제시하고 있다.

---

1 대법원 2002. 6. 14. 선고2000두187 판결

2 대법원2002. 2. 5. 선고2001도789 판결; 대법원1997. 9. 9. 선고97도561 판결; 대법원1993. 8. 13. 선고92다2665 판결 등

'소비자 오인성' 또는 '오인 가능성'은 광고 행위를 통하여 소비자를 속이거나 소비자로 하여금 잘못 알게 할 우려가 있음을 의미하는 개념이다. 여기에서 중요한 것은 광고 행위를 하는 주체가 발생시킨 광고 내용의 '거짓성'은 그로 인하여 소비자가 '속거나 잘못 아는' 효과, 즉 오인을 유발할 가능성이 있어야 「표시 · 광고법」상 부당한 표시 · 광고 행위로서 위법성이 인정된다는 것이다.

부당한 표시 · 광고에서 허위성은 표시 · 광고의 위법성을 가리는 중요한 요소이기는 하지만, 유일한 요건은 아니어서 허위 내용의 표시 · 광고라도 소비자의 오인을 일으키지 않는 경우에는 부당한 표시 · 광고로 인정되지 않는다는 것이다. 즉, 허위광고에 의하여 소비자가 속거나 잘못 알게 되었어야 위법한 부당한 표시 · 광고로서 인정된다(김두진, 2017).

어떤 표시 · 광고가 그 수신자를 속이거나 잘못 알게 하는 효과가 있는지는 표시 · 광고 행위자가 수신자의 오인을 유발하려는 의도가 있었는지를 기준으로 판단하는 것은 어렵고 그러한 행위가 있어서 상대방인 소비자가 '속거나 잘못 아는' 결과가 생길 우려가 있었는지를 기준으로 판단하는 것이 상대적으로 쉽다. 대법원의 "광고가 소비자를 속이거나 소비자로 하여금 잘못 알게 할 우려가 있는지는 보통의 주의력을 가진 일반 소비자가 당해 광고를 받아들이는 전체적 · 궁극적 인상을 기준으로 하여 객관적으로 판단되어야 한다."[3]는 기준도 같은 관점이다.

'공정거래 저해성'이란 허위이거나 기만적이어서 오인을 유발하는 광고가 그에 의하여 경쟁의 수단이나 방법이 부당하거나 불공정한 경우로서 신의성실, 권리남용금지의 원칙 등 법의 일반원칙에 반하는 것을 말한다. 이는 구체적으로는 광고의 수단이나 내용이 '자유경쟁성, 경쟁수단의 공정성, 거래결정의 자주성 또는 거래내용의 공평성'에 반하는 것이고, 그 효과로서 '경쟁의 공정성' 자체, '경쟁자의 보호'와 나아가서 '소비자의 보호'에 반하는 결과를 가져오는 것을 말한다(김두진, 2017).

3 대법원 2003. 6. 27. 선고 2002두6965 판결. 같은 취지로 대법원 2008. 11. 13. 선고 2008두6646 판결; 대법원2010. 7. 22. 선고 2007다59066 판결; 대법원 2013. 6. 14. 선고 2011두82 판결; 대법원 2014. 12. 24. 선고 2012두26708 판결; 대법원 2017. 4. 7. 선고 2016두61242 판결; 대법원 2017. 4. 7. 선고 2014두1925 판결 등

2) 규제 대상 광고로서 부당광고의 특성

광고는 경제적 · 사회적 · 문화적 기능 등 다양한 긍정적 기능을 수행하고 있지만 그 중요성이 큰 만큼 부정적 측면과 역기능도 가지게 된다. 이러한 광고의 부정적 측면과 역기능을 방지하기 위하여 여러 가지 방법으로 광고를 규제하게 된다. 대표적인 규제 대상 광고는 부당광고 외에 **선정적 광고**, **폭력적 광고**, **미풍양속 침해 광고**가 대표적이다. 타 규제 대상 광고와 비교하여 부당광고의 중요한 특성은 경제적 측면이 강하다는 것이다. 즉, 선정적 광고, 폭력적 광고, 미풍양속 침해 광고 등은 그 피해가 정서적인 측면에서 발생하지만, 부당광고는 소비자에게 경제적 손실을 줄 뿐만 아니라 경쟁자에게도 피해를 주어 자본주의 경제에 필요한 공정한 경쟁을 방해하게 된다. 이는 부당광고의 대표적인 유형이 '거짓 · 과장' '기만' '부당 비교' '비방'이라는 점에서도 확인할 수 있다. 4 가지 유형의 부당광고 모두 소비자와 경쟁 기업에 경제적 손실을 입히게 된다.

이러한 부당광고의 경제적 측면은 부당광고를 규제하는 법인 「표시 · 광고법」에도 잘 나타나 있다. 「표시 · 광고법」은 상품 또는 용역에 관한 표시 · 광고를 할 때 소비자를 속이거나 소비자로 하여금 잘못 알게 하는 부당한 표시 · 광고를 방지하고 소비자에게 바르고 유용한 정보의 제공을 촉진함으로써 공정한 거래질서를 확립하고 소비자를 보호함을 목적으로 제정하였다(동법 제1조).

「표시 · 광고법」의 전신이 「**독점규제 및 공정거래법에 관한 법률**」(이하 「공정거래법」)이라는 점에서도 부당광고의 경제적 측면을 엿볼 수 있다. 「표시 · 광고법」의 제정 이전 1980년 구 「**공정거래법**」 제15조에서 "상품 또는 용역에 관하여 허위 또는 과장된 광고를 하거나 상품의 질 또는 양을 속이는 행위"라고 처음으로 규정하여 부당광고를 불공정 거래행위의 한 유형으로 보았다. 이후 1991년 개정된 「공정거래법」에서는 제23조 제1항 6호에서 "사업자, 상품 또는 용역에 관하여 허위 또는 소비자를 기만하거나 오인시킬 우려가 있는 표시 · 광고를 하는 행위"를 부당한 표시 · 광고로 규정하였다. 하지만 부당한 표시 · 광고로 인한 소비자 피해가 증가하고 다른 부당한 고객 유인행위와 다른 점과 상품의 복잡화 · 다양화로 인한 광고기법의 발달에 대응하기 위하여 포괄적이고 통일적인 규제를 위한 단일 법률인 「표시 · 광고법」을 1999년 제정하였다. 특히, 「공정거래법」의 체계하에서 사후적 규제만을 적용해야 한다는 한계를 탈피하여 사전적 규제 수단을 대폭 마련하였다는 점에서 「표시 · 광고법」의 의미가 있다(정원준, 2014).

결국 부당광고를 다루는 「표시 · 광고법」은 공정한 거래질서의 확립과 소비자 보호를 목적으로 하고 있는 점에서, 즉 경제적 측면이 강한 법이라는 점에서 「공정거래법」과 입법 목적이 일치한다. 입법 연혁에서도 알 수 있듯이, 「표시 · 광고법」은 공정거래법의 표시 · 광고 규정을 분리하여 별도의 법률로 제정된 것으로 「공정거래법」과는 일반법과 특별법과의 관계에 있다.

문제가 되는 광고를 규제하고 담당하는 주체를 보더라도 부당광고의 경제적 측면을 엿볼 수 있다. 선정적 광고, 폭력적 광고, 미풍양속 침해 광고 등은 대부분 관련 업체를 대표하는 기관에서 자율 규제가 이루어지거나 방송통신심의위원회에서 사후 규제가 이루어지고 있다. 그러나 「표시 · 광고법」의 주무 기관은 공정거래위원회이다. 구체적으로 「표시 · 광고법」의 시행과 관련된 공정거래위원회 업무에 관하여 「공정거래법」을 준용하며, 공정거래위원회의 처분(임시중지명령은 제외)에 대한 이의 신청이나 불복의 소의 전속 관할 및 사건처리에 관하여 뿐만 아니라 조사, 의견 청취 및 시정권고, 그리고 과징금 납부 관련 규정들은 「공정거래법」 규정이 준용되고 있다(「표시 · 광고법」 제16조).

광고 규제를 논할 때 광고 내용에 대한 규제와 광고 형식에 대한 규제로 나눌 수 있다. 선정적 광고, 폭력적 광고, 미풍양속 침해 광고 등은 광고 내용에 대한 규제라고 할 수 있다. 반면, 불편광고, 광고 시간 및 분량, 광고 위치 등은 광고 형식과 관련된 규제이다. 특히 최근 온라인 광고가 대세가 되면서 불편광고 규제의 필요성이 전 세계적으로 대두되고 있다. **플로팅**(floating) **광고, 종료버튼 확장광고, 팝업광고, 자동재생광고** 등과 같이 온라인으로 제공되는 서비스와 콘텐츠들을 가리거나 왜곡하는 온라인 불편광고의 등장으로 이용자의 정보 이용을 방해하는 사례가 증가하고 있고 이용자의 불편을 초래하고 있는 것이다.

광고 규제와 관련하여 부당광고의 특성은 광고 내용에 관한 것이 주를 이룬다고 할 수 있다. 부당광고는 상품 또는 서비스에 관한 광고의 내용이 허위이거나 사실을 과장한 것이며, 그러한 광고가 소비자를 오인시킬 우려가 있는 광고이다. 부당광고의 대표적 유형인 거짓 · 과장, 기만, 부당 비교, 비방도 모두 광고 내용에 해당하는 것이다.

그러나 최근 **네트워크 광고**, **애드버토리얼**(advertorial), **네이티브 광고**가 성장하면서 광고를 기사인 것처럼 의도적으로 소비자를 기만하는 은닉광고도 부당광고에 해당한다고 볼 때 부당광고가 반드시 광고 내용에 대한 규제라고만 볼 수는 없다.

2. 부당광고의 유형

「표시 · 광고법」 제3조에서는 "거짓 · 과장의 표시 · 광고, 기만적인 표시 · 광고, 부당하게 비교하는 표시 · 광고, 비방적인 표시 · 광고"의 4가지 유형으로 부당한 표시 · 광고를 분류하고 있다. 동법 시행령 제3조에서는 좀 더 구체적으로 부당한 표시 · 광고의 요건에 대하여 규정하고 있다. 그러나 이 4가지 유형은 대체적인 분류에 불과하고 경우에 따라서는 하나의 행위가 2가지 이상의 유형에 해당할 수 있어서 반드시 배타적인 분류로 보기는 어렵다. 그리고 이러한 부당한 표시 · 광고의 세부적인 유형 또는 기준은 공정거래위원회가 정하여 고시할 수 있다. 4가지 유형에 관하여 구체적으로 살펴보면 다음과 같다.

1) 거짓 · 과장의 표시 · 광고

거짓(허위) · 과장의 표시 · 광고는 사실과 다르게 표시 · 광고하거나 사실을 지나치게 부풀려 표시 · 광고하는 것을 말한다(「표시 · 광고법 시행령」 제3조 제1항). 허위

광고와 과장광고의 구분이 명확한 것은 아니지만, 대체로 광고 내용이 사실과 다르거나 객관적인 근거가 없는 내용을 광고하는 경우는 허위의 표시 · 광고인 반면, 광고상의 주장이 특정 사실이나 객관적인 근거에 기초하고는 있으나 그 내용을 지나치게 부풀려서 광고하는 경우는 과장의 표시 · 광고 행위로 인정된다(조성국, 2009). 허위광고의 경우에는 과장광고의 경우보다 소비자를 오도하려는 광고주의 의도가 더욱 분명하다고 할 수 있다(심재원, 2004). **아커와 마이어스**(Aaker & Myers, 1982)는 광고 내용이 사실에 위배되는지 여부, 즉 진실성에 반하는지 여부는 허위 · 과장 광고의 판단에 있어서 중요한 요소이며, 표현뿐만 아니라 그 광고에서 제시하고 있는 조건에서 광고된 상품을 사용한 경우에 생기는 결과에 관하여 중요한 사실을 명시하고 있지 않은 정도를 고려하여 판단해야 한다고 했다.

김광수(1994)는 허위광고의 개념을 "표시대상물과 표현된 내용을 비교하여 표현이 대상과 상이할 때 발생하는 개념"이라고 정의하였다. 허위사실의 판단 기준은 사회 통념을 기준으로 하며 자연과학적인 엄밀성을 요구하지 않는다. 표시 · 광고의 진실성 여부를 판단할 때에는 문구의 명료성, 글자 및 도안의 상대적인 위치와 크기 또는 색상, 보통의 소비자에게 전달되는 의미 등 표시 · 광고의 전체를 종합적으로 판단하여야 한다.

과장은 표현 내용이 명백하게 허위가 아니면서 진실보다 부풀려 과대하게 표현된 경우를 말한다. 부분적으로는 사실이라고 하더라도 전체적으로 보아 소비자를 오인시킬 수 있는 부정확한 표시 · 광고 행위도 이에 속한다. 예를 들어, 건강보조식품을 광고하면서 "항암작용과 함께 면역을 강화하는 식품으로 에이즈 치료에까지 쓰이고 있다."라고 표시 · 광고하는 행위, 다이어트 운동기구를 광고하면서 "장의 연동운동 활성화와 변비, 숙변을 완화시키고 불필요한 지방과 독소를 없애 주며 살이 찌기 어려운 체질로 유도합니다."라고 표시 · 광고하는 행위, 콩기름이나 들기름을 섞어서 판매하면서도 '참기름'이라고 표시 · 광고하는 행위는 부당한 과장광고에 해당한다(김태구, 2000).

그러나 현실적으로 광고의 크리에이티브 측면에서 표현적인 과장은 광고의 특성으로 인정되어 부당광고에 해당하지 않는 경향을 보인다. 이와 관련하여 미국에서는 일반적으로 허용되는 범주에 있는 과장광고에 대해 '퍼핑'이라는 개념을 통해 부당한 광고와 구분하고 있다. 예를 들면, 'The Best' 'amazing' 'change your life forever' 등을 전형적인 퍼핑의 예로 보고 있다(이병규, 2010). 과장광고가 미국 광고 관련 법에 위반되지 않는 이유는 이러한 문구에는 소비자가 무관심하거나 냉소적으로 대하므로 결국 그들이 기만당했다고 볼 수 없고, 또한 소비자의 의사결정에도 별 영향을 미치지 않는다고 보기 때문이다(정원준, 2014). 그러나 국내의 경우 객관적인 근거 없이 배타성을 띤 절대적 표현, 예컨대 최초, 최대, 최고, 넘버원, 1위, 제일, 유일 등을 사용하는 경우에는 과장의 범주에 해당될 가능성이 크다(신현윤, 2010).

2) 기만적인 표시 · 광고

「표시 · 광고법 시행령」 제3조 제2항에 따르면, 기만적인 표시 · 광고는 사실을 은폐하거나 축소하는 등의 방법으로 표시 · 광고하는 것을 의미한다. 여기에서 사실이라 함은 소비자가 상품 또는 용역을 선택하는 데 있어 중요한 영향을 끼치는 필수사항, 예컨대 원재료, 성분, 품질, 효능, 규격, 제조방법, 제조일자, 원산지, 포장, 추천, 권장, 용도, 사용방법, 기타의 거래 내용 등을 의미한다. 이러한 중요 사항을 생략 또는 숨기는 행위가 기만적인 표시 · 광고에 해당한다. 또한, 거짓 · 과장성이 인정되지 않더라도 소비자의 오인가능성이 있으면 기만적 표시 · 광고 행위에 해당한다고 볼 수 있다.

또한 광고주의 고의성이 없었다고 하더라도 소비자 오인성이 있으면 부당한 표시 · 광고로 인정된다. 기만광고는 한마디로 소비자를 현혹시키는 광고이다. 예를 들면, 가공일자를 재포장한 날짜로 표시하는 행위, 중고제품을 판매하면서 정상품인 것처럼 표시 · 광고하는 행위, 국산품을 판매하면서 외국 제조사의 상표, 외국 국기, 외국어만을 사용하여 외국산인 것처럼 표시 · 광고하는 행위 등이 있다(정원준, 2014). FTC는 "어떤 상황에서 합리적으로 행동하는 소비자를 해로운 방향으로 오도할 가능성이 있는 그릇된 설명, 누락 혹은 악습이 있을 때 기만이라고 한다."라고 정의하였다(심재원, 2004).

학계에서는 브랜드에 대해 사실과 다른 잘못된 신념을 일으키는 광고를 기만광고로 정의하는가 하면, 광고 주장과 관계없이 전달된 의미가 상품과 상이한 것으로 정의한 경우도 있다. 특히 학자들은 부당광고로 인해 소비자가 특정 브랜드를 사실 이상으로 좋게 인지했을 경우 기만이 발생한다고 주장하였으며, 광고 자체가 명백하게 거짓이 아니어도 광고에 대한 지각 과정에서 기만적인 인상을 일으킬 경우에 기만 광고로 분류할 수 있다고 주장하였다. 즉, 광고의 주장이 문자 그대로 사실이라 하더라도 전체적 인상이 기만적인 경우는 기만광고라 분류할 수 있다는 것이다(최윤형, 변혜민, 2017).

기만광고의 판단 요소는 다음과 같다. 첫째, '전체적 인상'으로 광고에서 행하여진 개개의 주장이 문자대로 또는 부분적으로는 진실일지라도 광고의 전체적 인상이 기만적인 경우가 있을 수 있다. 소비자는 광고물의 각 용어를 주의 깊게 생각하지 않고 광고물 전체에서 나타내는 전체적 인상에 의해 광고물을 이해하는 경향이 있기 때문이다. 둘째, '의미의 이중성'으로 광고문구의 해석 범위도 기만광고의 중요한 판단요소가 된다. 소비자가 광고문구를 어떻게 이해하느냐에 따라 구매 활동에 지대한 영향을 미치기 때문이다. 만약 광고 내용이 두 가지 또는 그 이상으로 해석될 수 있고 그 가운데 어느 하나라도 기만적이라면 그 광고는 기만광고에 해당된다(손수진, 1996).

3) 부당하게 비교하는 표시 · 광고

자사 브랜드의 우위성을 경쟁사의 것과 직접적 또는 암시적으로 비교함으로써 소구하는 비교광고는 소비자의 높은 주의를 끌 수 있기 때문에 광고의 메시지 정보처리에 있어서 효과적이다. 그러나 비교광고는 정당한 비교가 아닐 경우 오히려 역효과를 가져올 수 있으며 제재를 받을 수 있다. 즉, 객관적인 근거에 의하지 않은 비교광고는 오히려 자사 브랜드의 이미지에 부정적인 영향을 주기도 하며 경쟁사와 갈등을 일으켜 법정 소송으로 발전하기도 한다. 그리고 이것은 모두 소비자에 대한 피해로 귀착된다(조재영, 2017).

「표시 · 광고법 시행령」 제3조 제3항에 따르면, "부당하게 비교하는 표시 · 광고는 비교대상 및 기준을 명시하지 아니하거나 객관적인 근거 없이 자기 또는 자기의 상품이나 용역을 다른 사업자 또는 사업자단체나 다른 사업자 등의 상품 등과 비교하여 우량 또는 유리하다고 표시 · 광고하는 것"을 의미한다. 부당한 비교표시 · 광고는 1980년 「공정거래법」이 도입되면서부터 이 법 제23조 제1항의 불공정 거래행위 유형의 하나로 금지되어 왔다. 그 후 1999년 「표시 · 광고법」이 제정되면서 동법 제3조 제1항에서 부당비교 표시 · 광고를 비방광고와 함께 부당광고의 한 유형으로 규정하게 되었다. 동법 시행령 제3조 제3항에서는 부당비교 표시 · 광고를 "비교대상 및 기준을 명시하지 아니하거나 객관적인 근거 없이 자기 또는 자기의 상품이나 용역을 다른 사업자 또는 사업자단체나 다른 사업자 등의 상품 등과 비교하여 우량 또는 우수하다고 표시 · 광고하는 것"을 말한다고 규정함으로써 객관적인 근거만 있으면 자기나 자기의 상품 등이 경쟁사업자의 것보다 우량 또는 우수하다고 광고할 수 있도록 허용하여 비교광고의 범위를 넓게 인정하고 있다(조성국, 2009).

「표시 · 광고법」의 비교표시 · 광고에 관한 규정은 추상적이고 포괄적으로 되어 있기 때문에 구체적인 처리 기준을 제정할 필요성이 있어 비교 표시 · 광고의 구체적인 처리 기준이라 할 수 있는 「비교 표시 · 광고에 관한 심사지침」을 2001년 제정하여 시행해 오고 있다. 이 지침에 의하면, "비교표시 · 광고가 되기 위한 형식적 요건으로 비교 대상이 되는 경쟁사업자 또는 경쟁사업자의 제품이 명시적으로 표현되거나 명시적으로 표시되지는 않더라도 정황상 알 수 있어야 한다."고 규정하고 있다. 또한, 구체적으로 비교대상, 비교기준, 비교내용 및 비교방법별로 부당한 비교에 해당하는 경우와 해당하지 않는 경우의 구체적인 기준과 사례가 제시되어 있다. 특히 비교대상과 관련하여 대법원은 동일 시장에서 경쟁업체의 상품으로 자기의 상품과 동종 또는 가장 유사한 상품을 자기 상품과 비교해야 부당 비교가 되지 않는다고 판시하고 있다. 참고로, 미국 FTC는 비교광고의 경우 소비자에게 유용한 정보를 제공하는 중요한 역할을 한다는 점을 감안하여 부당성 판단에 있어 상당히 관대한 입장을 견지하고 있다(정원준, 2014). 이러한 점들은 미국에 비하여 국내의 경우 비교광고가 활성화되지 않는 주요 요인으로 작용하고 있다고 할 수 있다.

부당광고 중 광고 실무적으로 부당 여부가 가장 애매하고, 객관적으로 실무자들이 부당광고에 해당되는 내용을 반드시 알아야 할 광고가 비교광고라고 할 수 있다. 따라서 비교광고 제작 시 부당광고에 해당되는 내용을 숙지할 필요가 있다. 공정거래위원회는 공정거래위원회 훈령으로 「비교표시 · 광고에 관한 심사지침」을 제정하였으며, 이후 이 지침은 개정을 거쳐 공정거래위원회예규로 운영되고 있다. 이 지침의 적용 범위는 직접 비교광고와 간접 비교광고를 포함한 비교광고 전부이다. 이 지침에 따르면 부당 비교광고의 차원은 다음과 같다.

첫째, 비교대상의 부당성이다. 비교대상이 부당한 비교광고란 자기의 상품과 용량, 크기, 생산 시기, 등급, 특성 등에 있어서 차이가 존재함으로써 거래 통념상 동등한 것으로 인정되지 아니하는 다른 사업자의 상품과 비교하거나, 동일 시장에서 자기와 유사한 지위에 있는 다른 사업자가 존재함에도 불구하고 소비자 인지도나 시장점유율 등이 미미한 사업자의 상품과 비교하는 등 소비자의 선택에 있어서 정보로서의 가치가 없는 사업자의 상품과 비교하여 소비자를 속이거나 소비자로 하여금 잘못 알게 할 우려가 있는 경우를 말한다.

둘째, 비교기준의 부당성이다. 비교기준의 부당성이란 비교기준이 적정하고 합리적으로 설정되었다고 보기 어려운 경우로서 서로 다른 조건, 기간, 환경 등 동일하지 아니한 기준에 의하여 비교하거나, 표시 · 광고에 나타나지 아니한 사항이 당해 표시 · 광고상 비교기준과 불가분의 직접적 관계에 있어 소비자의 선택에 중요한 영향을 미치는 사항임에도 불구하고 이를 명시하지 아니함으로써 소비자를 속이거나 소비자로 하여금 잘못 알게 할 우려가 있는 경우를 말한다.

셋째, 비교내용의 부당성이다. 비교내용이 진실되고 소비자의 상품 선택을 위하여 유용한 경우에는 부당하게 비교하는 광고에 해당하지 않는다. 그러나 자사상품에 대해서 허위 · 과장된 성능, 품질 등을 제시하거나, 비교사항의 내용상 차이가 객관적으로 의미가 없거나 아주 근소하여 성능이나 품질 등에 미치는 영향이 미미한데도 불구하고 그 차이가 성능이나 품질 등에 중대한 영향을 미치는 것처럼 광고하거나 다른 사업자의 상품을 실제 이상으로 열등한 것처럼 소비자를 속이거나 소비자로 하여금 잘못 알게 할 우려가 있는 경우에 비교 내용의 부당성이 인정된다.

넷째, 비교방법의 부당성이다. 객관적이고 공정하게 비교가 이루어지고, 시험 · 조사 결과를 인용할 때 그 내용을 정확하게 인용하는 경우에는 비교방법의 부당성이 인정되지 않는다. 그러나 특정 항목, 특정 조건 등에서의 비교결과를 근거로 전체적인 우수성을 주장하거나, 시험 · 조사 결과를 인용하면서 그 결과를 왜곡하여 자기의 상품이 우수한 것처럼 표시 · 광고함으로써 소비자를 속이거나 소비자로 하여금 잘못 알게 할 우려가 있는 경우에는 부당한 비교광고에 해당된다(육소영, 2016).

4) 비방적인 표시 · 광고

비방적인 표시 · 광고는 다른 사업자 등 또는 다른 사업자 등의 상품 등에 관하여 객관적인 근거가 없는 내용으로 표시 · 광고하여 비방하거나 불리한 사실만을 표시 · 광고하여 비방하는 것을 의미한다(「표시 · 광고법 시행령」 제3조 제4항). 비방행위는 통상적으로 직접적인 비방을 내용으로 하므로 경쟁사업자의 명예 · 신용의 훼손, 사업기회의 박탈 등 경쟁사업자의 영업상 이익을 침해하게 되며, 자체로서 부당하므로 비방표시 · 광고에 대해 특별한 부당성의 요건을 요하지 않는다. 비방표시 · 광고는 객관적 근거가 없는 허위인 경우뿐만 아니라, 사실에 기초하더라도 불리한 사실만을 표기하여 중대한 이미지 훼손에 이르거나 전체 내용이 전달하는 것이 다른 사업자 또는 다른 사업자의 상품이 실제보다 현저히 열등 또는 불리한 것처럼 소비자가 오인할 수 있도록 하는 경우에는 비방표시 · 광고에 해당한다(신현윤, 2010).

비방광고는 비교광고와 달리 비교대상인 경쟁사업자가 광고에서 명시적으로 인용되거나 전체적인 문언을 통해 특정될 수 있어야 한다. 비교하는 표시 · 광고는 표시 · 광고의 내용이 다른 사업자 또는 다른 사업자의 상품과 비교하는 형식을 갖추고 있는 반면, 비방적인 표시 · 광고는 자기 또는 자기 상품의 우수성을 알리기 위하여 소비자에게 정보를 제공하는 것이라기보다는 다른 사업자 또는 다른 사업자의 상품에 관한 단점을 부각시킴으로써 다른 사업자 또는 다른 사업자의 상품이 실제보다 현저히 열등 또는 불리한 것처럼 소비자를 오인시키는 경우 비방광고로 본다(조성국, 2009).

안승철과 장흥섭(1997)은 비방광고는 일반적으로 비교광고의 형태로 나타나지만, 실질적으로는 허위 · 과장 광고 또는 기만광고에 해당된다고 하였다. 왜냐하면 객관적으로 인정된 근거 없는 광고는 허위 · 과장 광고에 해당하며, 경쟁사업자의 것에 관하여 불리한 사실만을 광고하는 것은 기만광고에 해당되기 때문이다. 그러므로 비방광고의 판단 요소는 허위 · 과장 광고 및 기만광고의 판단 요소와 동일하다고 보고, 비방광고는 경쟁사업자의 것에 관하여 진실성에 반하는 내용을 광고하거나 기만적인 방법으로 광고하여 소비자의 합리적 선택을 방해한다는 점에서 그 차이가 있다고 보았다. 지금까지 살펴본 부당광고 유형을 비교 · 요약하면 〈표 8-1〉과 같다.

표 8-1 부당광고 유형 비교 · 요약

유형	정의	판단 요소	구체적 내용
거짓 · 과장	• 사실과 다르게 표시 · 광고하거나 사실을 지나치게 부풀려 표시 · 광고하는 행위	• 광고 내용이 사실에 위배되는지 여부	• 광고 내용이 사실과 완전히 다르거나 부분적으로만 사실인 경우 • 제품 특성상 용인될 수 없는 용어 사용 • 실증되지 않은 수치나 사실을 주장하는 경우 • 배타적 용어를 사용하는 경우
기만	• 사실을 은폐하거나 축소하는 등의 기만적 방법으로 소비자를 속이거나 속일 우려가 있는 표시 · 광고하는 행위	• 개개의 주장이 문자대로 또는 부분직으로 진실일지라도 광고의 전체적 인상이 기만적인 경우 • 광고 문구 의미의 이중성	• 공공기관이 아니면서 공공기관인 것처럼 표현하는 광고 • 직접적 관련이 없는 자료나 통계 혹은 인증을 인용하는 광고 • 국내 제품을 외국 제품으로, 외국 제품을 국내 제품으로 오인시킬 우려가 있는 광고 • 중요한 정보 생략 • 상황적인 조건 오해 유발

부당 비교	• 객관적으로 인정된 근거 없이 자기의 것이 경쟁사업자에 비하여 우량 또는 유리하다고 하거나 경쟁사업자의 것과 비교함에 있어서 자기 것의 유리한 부분만을 비교하여 표시 · 광고하는 행위	• 비교대상 • 비교기준 • 비교내용 • 비교방법	• 경쟁사업자 상품에 대해 사실과 다르게 광고 • 부정확한 비교(다른 비교 기준 사용, 동등하게 비교할 수 없는 성질 비교) • 경쟁사업자에 비해 일부 우위를 확대
비방	• 경쟁사업자에 관하여 객관적인 근거 없는 내용으로 표시 · 광고하여 비방하거나 불리한 사실만을 표시 · 광고하여 비방하는 행위	• 실질적으로는 허위 · 과장 또는 기만 광고와 동일하지만 경쟁사업자의 것에 관하여 진실성에 반하는 내용을 광고	• 경쟁사업자의 것에 관하여 객관적으로 인정된 근거가 없는 내용으로 광고 • 경쟁사업자의 것에 관하여 불리한 사실만을 광고

출처: 심혜원(2004)에서 발췌하여 수정.

3. 부당광고의 규제 현황

소비자의 궁극적인 시장에서의 의사결정은 통상적으로 우리 주변 어디에서나 접할 수 있는 기업의 광고로부터 우선적으로 영향을 받는다(Vukowich, 2002). 그런 만큼 광고가 진실하지 않은 사실을 내용으로 전달하여 소비자에게 오인을 유발한다면 바라지 않던 구매결정으로 이어지거나 바라는 구매결정을 방해받는 일이 발생하게 되므로 이에 대한 법적 규제가 필요하게 된다(김두진, 2017). 이 절에서는 우리나라와 주요 국가의 부당광고 규제 현황을 법적 규제 중심으로 살펴보고자 한다.

1) 국내 규제 현황

우리나라에서 부당광고에 대한 규제 체계는 모든 물품 및 용역 그리고 사업자에게 공통적으로 적용되는 일반법적 성격을 가진 법규와 특정 품목이나 분야에만 적용되는 개별 법규에 의해 규제되고 있다. 일반법적 성격을 가진 대표적인 법규로는 「표시 · 광고법」 **「소비자기본법」** 등을 들 수 있으며, 개별 법규로는 **「식품위생법」** **「약사법」** **「화장품법」** 등을 대표적으로 들 수 있다. 표시 · 광고에 관한 모든 분야와 품목을 규율하는 일반법으로는 「표시 · 광고법」과 「소비자기본법」이 있지만, 「소비자기본법」의 경우 선언적으로만 규정하고 있어 실질적으로는 「표시 · 광고법」만을 일반법으로 볼 수 있다. 표시 · 광고를 규제하는 법률은 적용대상 등에 따라 90여 개의 개별 법규에서 규율하고 있다. 참고로 부당광고와 관련하여 광고 규제 법령 및 소관 부처를 살펴보면 〈표 8-2〉와 같다.

표 8-2 광고 규제 법령 및 소관 부처

대상구분	관련 법률
표시 · 광고	• 「표시 · 광고의 공정화에 관한 법률」
건강기능식품 광고	• 「건강기능식품에 관한 법률」 • 「건강기능식품 표시 및 광고심의기준」
게임물 광고	• 「게임산업진흥에 관한 법률」 • 「정보통신망 이용촉진 및 정보보호 등에 관한 법률」
결혼중개업 · 상조서비스업 광고	• 「결혼중개업의 관리에 관한 법률」
금융투자상품 광고	• 「자본시장과 금융투자업에 관한 법률」
담배광고	• 「담배사업법」 • 「국민건강증진법」
대부업 광고	• 「대부업 등의 등록 및 금융 이용자보호에 관한 법률」
부동산 광고	• 「부동산개발업의 관리 및 육성에 관한 법률」
사행산업 광고	• 「사행행위 등 규제 및 처벌 특례법」
생명손해보험 광고	• 「보험업법 시행령 및 시행규칙」
식품광고	• 「식품위생법」 • 「어린이 식생활 안전관리특별법」

영화 및 비디오물 광고	•「영화 및 비디오물의 진흥에 관한 법률」
의료 · 병원 광고	•「의료법 시행령 및 시행규칙」
의료기기 광고	•「의료기기법 시행령 및 시행 규칙」
의약품 및 의약외품 광고	•「약사법 시행령 및 시행규칙」
주류광고	•「주세법 시행령 및 시행규칙」 •「국민건강증진법 시행령 및 시행규칙」
화장품 광고	•「화장품법 시행령 및 시행규칙」

출처: 김상중(2011), 정원준(2014)에서 발췌하여 수정.

(1)「표시 · 광고법」

「표시 · 광고법」은 상품 또는 용역에 관한 표시 · 광고에 있어서 소비자를 속이거나 소비자로 하여금 잘못 알게 하는 부당한 표시 · 광고를 방지하고, 소비자에게 바르고 유용한 정보의 제공을 촉진함으로써 공정한 거래질서를 확립하고 소비자를 보호함을 목적으로 한다(「표시 · 광고법」 제1조). 이 법은 소비자 정책의 선진화 방안의 하나로, 소비자 정보의 공개를 촉진하고, 부당한 표시 · 광고를 사전에 예방하기 위하여 제정되었다. 이 법의 제정 이전에는「공정거래법」에 근거하여 불공정한 표시와 광고를 규제하였다. 그러나 부당한 표시 · 광고로부터 소비자 피해가 증가하고, 표시 · 광고의 특성이 다른 부당한 고객 유인 행위와 다른 점이 있어 효과적인 규제에는 한계가 있었다. 이에 따라 표시 · 광고의 특성을 감안한 종합적인 정책추진을 위하여 1999년에 독자적인 특별법인「표시 · 광고법」을 제정하였다(박성용, 2007).

「표시 · 광고법」은 소비자가 충분한 시장정보를 가지고 합리적인 구매 선택을 할 수 있도록 소비자 위주의 표시 · 광고 정책을 강력히 추진하기 위하여 제정된 것이며, 이러한 목적을 위하여 다양한 제도를 도입하였다. **'중요정보공개제'** **'광고실증제'** 및 **'임시중지명령제'** 등이 그것이다. '중요정보공개제'는 소비자에게 정보 제공을 촉진하고 부당한 표시 · 광고를 효과적으로 시정할 수 있도록 소비자의 상품 선택에 필요한 중요 정보를 공정거래위원회가 고시하고 이를 사업자의 표시 · 광고에 반드시 포함하도록 하는 기능을 한다. '광고실증제'는 광고주가 사실을 주장하는 광고 내용에 대해 객관적인 실증 자료를 갖추고 이를 소비자에게 공개하도록 하고 있고, '임시중지명령제'는 부당한 표시 · 광고로 인한 불특정 다수인의 피해를 신속하게 방지하는 기능을 한다(유주선, 2011).

(2) 부당한 표시 · 광고 행위에 대한 제재

① 시정조치

공정거래위원회는 사업자 등이 「표시 · 광고법」 제3조 제1항의 규정을 위반하여 부당한 표시 · 광고 행위를 하는 때에는 당해 사업자 등에 대하여 그 시정을 위하여 당해 위반행위의 중지, 법 위반 사실의 공표, 정정광고, 기타 위반 행위의 시정을 위하여 필요한 조치를 취할 수 있다.

② 정정광고

「표시 · 광고법」 제3조 제1항의 규정에 위배되는 표시 · 광고로서 소비자의 오인성을 치유할 필요성이 큰 광고에 대하여 적용한다. 정정광고명령은 정정광고의 기간과 횟수를 정하여 명하는 것을 원칙으로 하되, 소비자 오인성 치유를 위해서 필요한 경우 정정광고의 비용 및 기타 방법을 정하여 명할 수 있다. 이행기간은 공정거래위원회로부터 정정광고 명령을 받은 날로부터 6개월 이내를 원칙으로 한다. 다만, 그 기간 내에 정정광고를 이행하는 것이 불가능하다고 판단되는 경우에는 그 기간을 연장하여 명하거나 상품 · 용역의 특성에 따라 기간을 특정하여 명할 수 있다.

정정광고의 내용은 사업자명 및 정정광고의 대상이 되는 상품 · 용역을 명시하되, 일반 소비자에게 널리 알려진 사업자의 사업자명이 따로 있는 경우에는 이를 병기하도록 하여야 한다. 정정광고의 문안은 원 광고의 내용이 공정거래위원회에 의하여 부당한 광고로 결정되었다는 내용과 원 광고의 부당성을 수정하는 내용이 포함되어야 하며, 정정 메시지와 일치하지 않거나 모순되는 내용이 포함되지 않도록 하여야 한다. 정정광고명령을 이행함에 있어서 사전에 정정광고의 구체적인 내용, 광고매체별 정정광고의 구체적인 방법 등에 관하여 공정거래위원회와 문서로 협의해야 한다.

③ 임시중지명령

표시 · 광고 행위가 「표시 · 광고법」 제3조 제1항의 규정에 위반한다고 명백하게 의심될 때, 당해 표시 · 광고 행위로 인하여 소비자 또는 경쟁사업자에게 회복하기 어려운 손해가 발생할 우려가 있어 이를 예방하기 위한 긴급한 필요가 있다고 인정될 때의 요건을 갖추었을 때에는 사업자 등에 대하여 소비자단체, 기타 대통령령이 정하는 기관 · 단체는 서면으로 공정거래위원회에 당해 표시 · 광고 행위를 일시 중지할 것을 명하도록 요청할 수 있다. 대통령령이 정하는 임시중지명령 요청 기관 · 단체라 함은 **정보통신윤리위원회**(「전기통신사업법」 제53조의2 제1항), **한국간행물윤리위원회**(「청소년보호법」 제45조 제1항), **한국소비자보호원**(「소비자보호법」 제26조), **한국신문윤리위원회**, 기타 사업자 등이 행한 표시 · 광고를 심의하기 위하여 다른 법령에 의하여 설립된 기관 또는 단체를 말한다.

④ 과징금

공정거래위원회는 「표시 · 광고법」 제3조 제1항의 규정에 위반하여 표시 · 광고 행위를 한 사업자 등에 대해서는 대통령령이 정하는 매출액에 100분의 2를 곱한 금액을 초과하지 아니하는 범위 안에서 과징금을 부과할 수 있다. 다만, 그 위반행위를 한 자가 매출액이 없거나 매출액의 산정이 곤란한 경우로서 대통령령이 정하는 사업자이거나 사업자단체인 경우에는 5억 원을 초과하지 않는 범위 안에서 과징금을 부과할 수 있다. 그러나 위원회의 처분을 수용할 수 없는 자는 처분의 고지를 받은 날로부터 30일 이내에 이의신청을 할 수 있다.

⑤ 손해배상책임

사업자 등은 「표시 · 광고법」 제3조 제1항의 규정에 위반하여 부당한 표시 · 광고 행위를 함으로써 피해를 입은 자가 있는 경우에는 당해 피해자에 대하여 손해배상의 책임을 진다(심재원, 2004).

2) 해외 규제 현황

(1) 미국

미국은 표시와 광고의 규제를 다루는 일반법적 성격의 법률이 구분되어 있다. 표시를 규제하는 법률로는 「**공정포장 및 라벨법**」이 있고, 광고의 규제는 「**연방거래위원회법**(Federal Trade Commission Act)」(이하 「FTC법」)에서 규정하고 있다. 1914년 제정된 「FTC법」은 당시 제5조에서 '상거래상 불공정한 경쟁방법(unfair method of competition incommerce)'을 불법으로 규정하였기 때문에, 사업자 간 부당경쟁의 경우에만 규제가 가능하였고 소비자 보호를 위한 광고 규제는 한계가 있었다. 이후 1938년 「**휠러리법**(Wheeler-Lea Act)」이 제정되어 '불공정하거나 기만적인 행위 또는 관행'을 불법으로 규정하고, 이 법 제12조에서 허위광고의 금지를 별도로 규정하여 소비자 보호를 위한 광고 규제가 가능하게 되었다. 이 조항은 반드시 경쟁에 대한 부정적인 영향이 입증되지 않더라도 소비자의 이익을 해치는 불공정하거나 기만적인 행위에 대해서 폭넓게 적용될 수 있게 되었다. 이후 1975년 「FTC법」 제5조에 "상거래에 영향을 주는"이라는 문구를 삽입하여 허위 · 기만 광고에 더해 불공정한 광고도 규제의 대상으로 포함시키고 있다. 이 법상 기만적 표시 · 광고 유형으로는 허위 · 오인유발(misleading) 표시 · 광고, 중요 사실의 누락(omission), 부당 비교 및 비방광고 등이 있다.

또한, 표시 · 광고의 규제와 관련한 연방 입법으로 소비자가 아닌 경쟁자와 기타 법률상 이익을 침해받는 자들에게 원고적격이 주어지는 연방상표법인 「**랜햄법**(Lanham Act)」이 있다. 이 법에서는 상품 또는 서비스에 대한 허위의 기술 또는 표시를 금지하고 있다. 「랜햄법」에서는 "자신 또는 타인의 상품 · 용역 및 영업활동의 성질, 특성, 품질 또는 원산지를 부정확하게 진술하는 허위 또는 오인 유발적인 사실의 기술(description) 및 허위 또는 오인 유발적인 사실의 표시(representation)"를 금지하고 있다(정원준, 2014).

미국에서 부당한 표시 · 광고 행위에 대하여 「랜햄법」을 근거로 책임을 추궁하기 위해서는 ① 피고가 상업광고에서 자기 또는 제3자의 상품에 관하여 사실 또는 사실의 표시(representation of fact)에 관하여 부실 또는 오인을 유발하는 설명(false or misleading description)을 하였을 것, ② 부실표시(misrepresentation)가 구매결정에 영향을 줄 가능성이 높다는 면에서 중요할 것, ③ 부실표시는 실제로 상대방(소비자)을 실질적으로 기만하거나 기만하는 경향을 가질 것, ④ 피고는 부실 또는 오인을 유발하는 진술을 주간 통상(interstate commerce)에 사용하였을 것, 그리고 ⑤ 원고는 부실표시의 결과로서 피해를 입었거나 피해를 입을 가능성이 있을 것 등이 요건으로 충족되어야 한다(김두진, 2017).

(2) 독일

우리나라를 비롯하여 미국, 일본, 프랑스 등 다수의 국가가 행정기관을 통해 표시 · 광고 규제를 운용하는 데 비해, 독일은 행정적 규제는 하지 않고 민사적 규율(금지청구권, 손해배상청구권 등 사법적 규제)을 원칙으로 하는 **「부정경쟁방지법(UWG)」**을 통해 부당한 표시 · 광고를 규정하고 있다(성승제, 2011). 「부정경쟁방지법」의 구성을 살펴보면 제3조는 부당한 거래행위를 허용하지 않음을 규정하고 있고, 제4조는 금지되는 거래에 대한 사례들을 제시하고 있다. 제5조에서는 오인을 야기하는 거래행위에 대해 규정하여 소비자 오인성 있는 표시 · 광고를 금지하고 있다. 같은 조에서는 부작위를 통한 오인행위, 즉 기만적인 표시 · 광고를 금지하고 있다. 이는 중요한 사실에 대해 누락함으로써 성립이 되며, 어떤 것이 부작위에 해당하느냐는 침묵의 성질뿐만 아니라 소비자 인식의 수준을 고려하여야 한다. 제6조는 직간접적으로 경쟁업자 또는 경쟁업자에 의해 제공된 상품 및 서비스를 인식하게 하는 '비교광고' 행위에 대해 규율하고 있다. 비교광고의 위법성 판단 기준은 비교 대상 및 기준의 적절성 등을 통해 소비자가 오인할 우려가 있는지 여부를 판단하고 있다. 제7조는 과도하게 성가심을 당하는 행위를 금지하는 내용을 담고 있다(유주선, 2011; 정원준, 2014).

(3) 일본

일본에서 표시 · 광고 규제와 관련하여 대표적인 법률은 1962년에 제정된 「**부당경품류 및 부당표시방지법**」(이하 「경품표시법」)을 들 수 있다. 이 법은 모든 사업자 그리고 표시에 공통적으로 적용되는 일반법적 성격을 가지고 있다. 특정 품목별로는 가정용품은 통산성에서, 택지건물은 건설성에서, 식품과 의약품은 후생성 등에서 관련 법률에 의거하여 규제하고 있다(박성용, 2007).

「경품표시법」은 상품 및 용역의 거래에 관하여 부당한 경품류 및 표시에 의한 고객 유인을 방지하고 공정한 경쟁의 확보 및 일반 소비자의 보호를 목적으로 폭넓게 적용된다. 이 법에서 표시는 "고객을 유인하기 위한 수단으로 사업자가 자기가 공급하는 상품 또는 용역의 내용 혹은 거래조건, 기타 이들 거래에 관한 사항에 대하여 행하는 광고와 그 이외의 표시"라고 정의하고 있다. 이 법은 이러한 표시를 대상으로 실제 상품이나 경쟁상품에 비해 현저하게 우량하다고 나타내는 '우량 오인표시', 가격 등의 거래 조건에 대해 현저히 유리하다고 소비자에게 오인되는 '유리 오인표시' 등의 행위를 금지하고 있다(정원준, 2014).

4. 부당광고 관련 주요 이슈

1) 광고 및 산업의 활성화와 소비자 보호, 공정경쟁 보장이라는 상반된 이익의 상충

광고 규제와 관련하여 항상 대두되는 문제가 규제를 통한 소비자 보호, 공정경쟁을 통한 건전한 시장 발전이라는 긍정적 측면과 과도한 규제로 인한 광고 표현과 광고산업의 위축, 규제로 인하여 활발한 경쟁이 오히려 위축될 수 있다는 부정적 측면의 대립이다. 그러나 선정적 광고, 폭력적 광고, 미풍양속 침해 광고 등 타 규제 대상 광고는 그 피해가 정서적인 측면에서 발생하지만 부당광고는 소비자에게 경제적 손실을 줄 뿐만 아니라 경쟁자에게도 피해를 주어 자본주의 경제에 필요한 공정한 경쟁을 방해한다는 측면에서 타 광고에 비하여 규제의 당위성이 커지게 된다. 즉, 선정적 광고, 폭력적 광고, 미풍양속 침해 광고 등은 그 광고가 소비자에게 미치는 정서적 부작용 문제와 광고의 표현의 자유와의 상충이 주요 쟁점이라면, 부당광고는 부당광고의 대표적인 유형이 '거짓 · 과장' '기만' '부당 비교' '비방'이라는 것에서도 알 수 있듯이 사회 통념상 '범죄'적인 측면이 강하다. 이는 각 광고들의 규제의 흐름을 보아도 알 수 있다. 선정적 광고, 미풍양속 침해 광고는 물론이고 광고의 소재, 표현 측면에서 규제는 점점 완화되는 추세이다. 그러나 부당광고는 과거에 비하여 규제가 완화되고 있다고 보기 어렵다.

또한, 규제 주체 측면에서도 이러한 경향을 엿볼 수 있다. 광고의 소재나 표현과 관련해서 심의 주체가 공공기관에 의한 타율 규제에서 업계에 의한 자율 규제로 변화하고 있으며, 사후 규제도 **방송통신심의위원회**에서 광고 표현 중심으로 이루어지고 있다. 반면, 부당광고는 경제 활동 관련 기관인 **공정거래위원회**에서 경제적인 관점에서 보다 엄격하게 규제가 이루어진다고 할 수 있다.

그러나 부당광고 문제와 관련하여 합법적인 비교광고는 보다 활성화될 필요가 있다. 우리나라의 경우 서구에 비하여 비교광고가 활발하지 않다는 것은 업계 모두가 동의하는 사실이다. 참고로, 미국 FTC는 비교광고의 경우 소비자에게 유용한 정보를 제공하는 중요한 역할을 한다는 점을 감안하여 부당성 판단에 있어 상당히 관대한 입장을 견지하고 있고, 이러한 점들이 국내에 비하여 미국의 경우 비교광고가 활성화된 주요 요인으로 작용하고 있다고 할 수 있다. 이와 관련하여 조재영(2017)은 비교광고 규제에 대한 논문에서 국내에서의 비교광고는 현재는 물론 과거의 법률에서도 금지된 적이 없었다는 사실을 실증적으로 밝혔다. 따라서 향후 국내 광고업계는 정당한 비교광고를 보다 활발히 활용할 필요가 있고, 관련 기관도 정당한 비교광고가 활성화될 수 있도록 환경을 마련할 필요가 있다.

2) 은닉광고

최근 온라인 광고가 활성화되면서 네트워크 광고, **브랜디드 콘텐츠**, 네이티브 광고, **브랜드 저널리즘**, **미디어 커머스**(media commerce)가 활성화되고 있다. 이들의 공통점은 콘텐츠와 광고의 구분이 모호하다는 것이다. 인터넷 기반 광고가 활성화되면서 광고 메시지 처리 과정에서 소비자 능동성이 증가하는 한편, **광고 혼잡도**가 높아짐에 따라 소비자의 광고회피가 증가하고 있다. 이러한 현상을 극복하려는 광고업계의 노력 등으로 광고와 콘텐츠의 결합 현상은 점점 증가하고 있다. 여기에서 브랜디드 콘텐츠나 브랜드 저널리즘과 같이 소비자가 상업적 콘텐츠임을 인지하는 상황에서 능동적으로 상업적 콘텐츠를 이용하는 현상은 소비자의 콘텐츠 이용 만족이나 광고효과 측면에서 바람직하다고 할 수 있다. 그러나 의도적으로 상업적 메시지가 아닌 뉴스 등의 콘텐츠로 소비자를 기만하는 행위는 부당광고로 보아야 할 것이다.

인터넷 신문에서 기사 제목처럼 보이게 하여 자사 광고 페이지로 유인하는 행위, 광고 포맷을 기사 포맷과 유사하게 하여 뉴스처럼 보이도록 소비자를 오도하는 행위, 검색광고와 관련해서 검색어와 관련 없는 결과를 제시하거나 광고를 고의적으로 검색 결과로 오인되도록 하는 행위, 상품 체험단 혹은 파워 블로거를 이용하는 부정적인 블로그 리뷰 형식의 광고 등이 그 예이다. 이러한 광고들은 고의적으로 기사나 뉴스처럼 보이게 하여 소비자를 기만한다는 점에서 은닉광고로 보아야 할 것이며, 이러한 은닉광고는 인터넷 기반의 광고환경에서 새로이 나타나고 증가하고 있는 부당광고의 한 형태로 보아야 할 것이다.

3) 부당광고 규제 관련법의 산재

우리나라에서 부당광고와 관련하여 표시 · 광고와 관련된 법규는 무수히 많다. 그러나 표시 · 광고 관련 개별 법규와 「표시 · 광고법」과의 관계가 명확히 규정되어 있지 않아 법 적용의 우선순위 등에 혼란이 야기될 가능성이 있다. 「표시 · 광고법」은 모든 물품과 용역 그리고 사업자에게 적용된다. 「**방송법**」 역시 방송광고에 한정되기는 하나 모든 물품과 용역 그리고 광고주에게 적용된다. 「식품위생법」은 '식품'이라는 특정 품목에 대해 인쇄매체, 방송매체 등 모든 광고매체에 적용된다. 그러나 현행 「표시 · 광고법」에서는 이 법과 개별 법규와의 관계가 명확히 규정되어 있지 않다. 따라서 「표시 · 광고법」에 이 법과 개별 표시 · 광고 법률과의 관계를 명확히 규정하여야 한다.

따라서 입법론적 관점에서 표시 · 광고와 관련된 다수의 법률 간의 관계가 정리되어야 할 것이다. 예를 들어, 인터넷의 표준약관을 허위로 표시 · 광고하는 경우, 「표시 · 광고법」으로 규율할지, 「**약관규제법**」으로 또는 「**전자상거래법**」으로 규율할지 정해진 기준이 없어 애매한 부분이 있다. 이러한 점들이 개선되어야만 「표시 · 광고법」의 입법 취지를 살려 소비자의 올바른 선택권을 보장하는 진정한 표시 · 광고의 공정화를 이룰 수 있을 것으로 기대한다.

4) 부당광고 책임 주체

「표시 · 광고법」에 의하여 구체적인 표시 · 광고가 규제를 받는 것과 관련해서 표시 · 광고 행위를 하는 주체가 누구인가 하는 문제가 있다. 특히 광고주가 광고대행사에게 자사의 상품 · 용역의 광고 행위를 의뢰하여 광고매체사의 광고매체에 광고한 경우에 부당한 광고가 행해졌다면 광고주, 광고대행사 또는 광고매체사 가운데 누가 「표시 · 광고법」상 법적 책임을 지는지, 또한 누가 그 광고로 인하여 손해를 입은 소비자에 대하여 손해배상책임을 부담하는지가 쟁점이다.

그동안 많은 문제가 되어 왔던 것은 아파트분양과 관련하여 실질적인 광고 주체는 대형건설사인 시공사로 보이지만, 형식적으로는 분양대행사가 광고를 하고 시공사가 광고에 관여하였다는 증거를 찾지 못한 경우 시공사에게 책임을 물을 수 있느냐 하는 것이었다. 나중에 분양대행사의 광고책임이 인정된다 하더라도 분양대행사는 대부분 영세하여 책임을 묻기 어려운 경우가 많았다(조성국, 2009).

최근에는 인터넷 쇼핑몰이라는 새로운 매체가 등장함으로써 「표시 · 광고법」상 책임을 부담해야 하는 주체의 확정이 필요해지고 있다. 사이버몰 운영자가 입점업체의 광고행위에 대하여 입점업체와 공동으로 또는 입점업체와 독립하여 광고행위의 주체로서 행정적 책임을 지는지 여부가 문제된 사안에서 공정거래위원회는 사이버몰 운영자에 대하여 부당한 표시 · 광고 책임을 인정하였다.[4] 그러나 대법원은 사이버몰 운영자와 입점업체 사이의 거래약정의 내용, 사이버몰 운영자의 사이버몰 이용약관의 내용, 문제된 광고에 관하여 사이버몰 운영자와 입점업체가 수행한 역할과 관여 정도, 광고의 구체적 내용은 물론 광고행위의 주체에 대한 소비자의 오인가능성 등을 종합하여 구체적 · 개별적으로 판단하여야 한다고 하였다.[5]

인터넷 포털에서 이루어지는 부당광고에 대한 법적 책임을 광고매체사의 지위에 있는 포털 사업자에게 부과할 수 있는지도 인터넷에서 행해지는 부당광고 규제와 관련하여 중요한 부분이다. 현재 우리나라 「표시 · 광고법」으로는 인터넷 포털에서 이루어지고 있는 불법 부당광고에 대하여 광고매체사의 지위에 있는 인터넷 포털 사업자에게 부담시킬 수 있는 법적 책임은 행정규제, 형사규제, 민사규제 모두 가능한 것으로 해석할 수 있다. 그러나 전통적으로 광고매체사가 가지는 언론의 자유, 표현의 자유 등에 대한 기능 등을 고려하여 광고매체사를 광고행위의 주체로 인정하여, 불법 부당광고에 대한 법적 책임을 부담시키는 것은 매우 특별한 경우가 아니면 인정되지 않는 것이 일반적이다. 그리고 우리나라 법원에서 광고매체사에 대하여 손해배상책임을 부과한 판례도 아직까지 없다. 그러나 포털 사업자에게도 인터넷 부당광고 게재에 대한 주의 의무를 강화시키기 위하여 우리나라 광고 규제 일반법인 「표시 · 광고법」에서 중요정보고시제도를 통하여 포털 사업자에게 광고매체사로서 법적 책임을 부담시키는 방안을 제안하는 의견도 있다(박성용, 오동현, 2017).

4 공정거래위원회 의결 제2002-202호, 2002. 9. 16.

5 대법원 2005. 12. 22. 선고 2003두8296 판결

5) 1인 미디어 광고의 활성화와 부당광고

인터넷을 기반으로 미디어 환경이 급변하면서 새로운 광고 형태가 성장하고 있다. 새로운 광고 현상과 형태 중에 특히 부당광고와 관련하여 고민해 볼 필요가 있는 것이 1인 미디어 광고와 미디어 커머스이다.

최근 유튜브, 페이스북, 인스타그램 등 SNS가 핵심 미디어로 떠오르면서 1인 크리에이터의 활동이 활발해지고 있으며, 이들이 광고, 마케팅 활동에 뛰어들면서 인플루언서 마케팅이 빠르게 성장하고 있다. **1인 크리에이터**들은 초기에 그들이 좋아하는 취미나 장르에 대하여 콘텐츠 중심으로 활동을 하였으나, 점차 1인 크리에이터들을 광고나 마케팅에 활용하는 1인 미디어 광고가 새로운 광고 수단으로 자리잡아 나가고 있다. 초창기에는 본인의 콘텐츠에 PPL 형식으로 제품을 삽입하는 형태였는데, 최근에는 제품 판매가 콘텐츠의 주요 목적인 미디어 커머스 형태로 성장하고 있다.

부당광고와 관련하여 1인 미디어 광고가 문제가 되는 부분은 1인 크리에이터들이 전문 기업이나 광고 전문가가 아니기 때문에 의도적이건 비의도적이건 부당광고에 해당하는 행동을 할 개연성이 크다는 점이다. 1인 크리에이터들을 활용한 인플루언서 마케팅이 주요 광고, 마케팅 수단이 되면서 최근 이들의 광고, 마케팅 활동이 사회적 물의를 일으키고 심지어 구속되는 경우가 발생하고 있다. 어쩌면 광고나 마케팅 분야에서 비전문가라고 할 수 있는 1인 크리에이터에게 있어 부당광고 사건이 발생하는 것은 충분히 예견된 상황이라고 할 수 있다. 물론 최근에 1인 크리에이터 관련 시장이 커지면서 이들의 광고, 마케팅 활동, 법적인 측면 등을 대행해 주는 MCN 산업이 자리를 잡아나가고 있지만, 일반 기업의 광고에 비하여 부당한 광고나 마케팅이 제작되고 집행될 개연성은 아직은 더 높다고 할 수 있다.

6) 미디어 커머스의 활성화와 부당광고

최근 모든 산업이 온라인 중심으로 변화해가고 동영상 콘텐츠가 대세가 되면서 미디어 커머스가 새롭게 떠오르고 있다. 미디어 커머스(media commerce)란 '콘텐츠를 활용해 고객에게 큐레이션하는 이커머스(e-commerce) 유통방식'이라고 할 수 있다. 미디어 커머스의 성장은 유튜브로 대변되는 동영상 콘텐츠의 성장과 깊은 관련이 있다. 젊은 소비자들을 중심으로 스마트폰으로 짧은 맞춤형 동영상을 시청하는 미디어 이용 행태 및 생활 행태가 보편화되면서 이러한 트렌드를 활용한 광고 형태가 미디어 커머스라고 할 수 있다. 즉, 1인 크리에이터를 중심으로 소비자 개인의 취향에 맞춘 콘텐츠를 활용하여 제품을 판매하는 방식이 미디어 커머스인 것이다.

부당광고와 관련하여 미디어 커머스를 주시해야 할 이유는 전통적인 광고에 비하여 즉각적인 판매가 광고의 목적이라는 것이다. 전통적인 광고의 경우 물론 궁극적인 목적은 제품 판매이지만 즉각적이고 직접적인 목적은 인지도 제고나 이미지 구축과 같은 커뮤니케이션 측면이라고 할 수 있다. 그러나 미디어 커머스의 경우, '커머스'라는 단어가 이름에 포함되어 있다는 데서 알 수 있듯이, 즉각적인 제품 판매가 목표이다. 앞서 설명하였듯이, 부당광고는 다른 규제 대상 광고와 달리 광고로 인한 경제적 피해가 큰 특성을 가지고 있다. 따라서 즉각적인 판매를 목표로 하는 광고 형태인 미디어 커머스의 경우 일반 광고에 비하여 부당광고 문제가 발생할 소지가 훨씬 크다고 할 수 있다. 왜냐하면 단순히 제품에 대한 메시지를 접촉하는 것에 비하여 제품 메시지를 보고 제품을 구매하는 경우 소비자의 불만 및 문제 제기 가능성이 더 크다고 할 수 있기 때문이다.

5. 부당광고의 바람직한 규제 방향

1) 새로운 광고환경을 고려한 현실적인 부당광고 규제 방안 구축

최근 광고계는 패러다임의 변화라는 단어가 실감되듯이 광고 형태, 소비자의 광고 이용 행태 등에서 엄청난 변화가 일어나고 있다. 따라서 부당광고의 규제 측면에서도 이러한 변화를 규제 체계에 반영하여야 할 것이다. 먼저, 콘텐츠와 광고의 구분이 모호한 은닉광고에 대한 규제 방향 정립이 필요하다. 광고 윤리의 기본은 상업적 메시지를 접촉하는 소비자가 상업적 메시지임을 인지하는 상황에서 콘텐츠를 접촉해야 한다는 것이다. 왜냐하면 우리가 뉴스를 볼 때와 광고를 볼 때 정보 처리 태도가 분명히 다르기 때문이다. 따라서 광고와 미디어 환경이 변화하면서 브랜디드 콘텐츠나 브랜드 저널리즘과 같이 소비자가 상업적 메시지임을 인지하면서 콘텐츠를 접촉하고 이용하는 상황은 소비자의 다양한 콘텐츠 이용 욕구를 만족시키고 광고효과를 높인다는 측면에서 권장해야 하지만, 의도적으로 상업적 메시지임을 숨기고 뉴스나 기사인 것처럼 소비자를 오도하고 기만하는 행위는 은닉광고라는 새로운 부당광고의 한 형태로 규제를 하는 것이 바람직하다. 따라서 향후 광고업계는 물론 규제 관련 기관에서도 이러한 은닉광고에 대한 규제에 대해 고민하고 대응할 필요가 있다. 구체적으로 최소한 소비자가 접촉하는 메시지나 콘텐츠가 상업적 목적에서 만들어졌다는 것을 인지할 수 있도록 해야 한다. 이는 종합적이고 현실적으로 판단하여야 할 것이다. 하지만 의도적으로 기사나 뉴스인 것처럼 소비자를 오도하는 광고는 부당광고로 규제하는 것이 바람직하다.

다음으로, 최근 빠르게 성장하면서 부당광고 측면에서 문제점이 노출되기 시작하는 1인 미디어 광고에 대한 대비책이 필요하다. 특히 1인 크리에이터들이 광고 비전문가인 경우가 많아 이는 더욱 시급하다고 할 수 있다. 따라서 향후에는 MCN 중심으로 1인 크리에이터들을 대상으로 부당광고의 제작 및 집행을 방지할 수 있는 교육과 체계의 정립이 필요하다. 또한 관련 기관에서도 1인 크리에이터들의 부당광고 집행을 사전에 예방할 수 있는 제도의 수립 및 집행이 필요하다.

끝으로, 광고 접촉 후 소비자의 제품 구매로 바로 이어지는 미디어 커머스의 부당광고 대응도 특히 중요하다. 향후 미디어 커머스 산업의 성장에 대비하여 미디어 커머스 콘텐츠는 물론, 미디어 커머스 콘텐츠를 통해 구매한 제품의 품질, 구매, 환불 등에 대해 소비자 불만을 줄이고 공정한 경쟁이 이루어지도록 부당광고 방지 차원의 제도 정비가 필요하다, 이는 업계의 기준 마련 등 자율 규제 차원은 물론이고, 법과 공적 규제 체계의 정립 등 타율 규제 차원도 해당된다.

2) 규제된 자율 규제

최근 사회 흐름은 가능한 한 정부에 의한 규제를 줄이고 시장 자율에 맡기는 방향으로 가고 있다. 특히 인터넷 중심으로 광고가 진행되면서 수많은 온라인상의 광고 콘텐츠를 공공기관이 규제한다는 것은 현실적으로 불가능한 측면도 있다. 부당광고 규제도 이러한 측면을 고려해야 하지만 부당광고가 소비자나 경쟁 기업에 주는 경제적 피해 등을 고려해 볼 때 규제의 구속력과 실효성도 중요하다. 따라서 부당광고 규제 시 시장의 발전과 공익성을 함께 담보하는 방안으로 민관의 협력하에 효율적 · 합리적인 규제 체계의 마련이 검토되어야 할 것이다.

따라서 부당광고 규제의 큰 방향으로 독일의 '규제된 자율 규제(regulated self-regulation)' 체계를 제안한다. 이 체계는 정부가 자율 규제에 있어 법적 틀과 그 구조를 마련하고 그렇게 마련된 틀에 업계가 내용을 채울 수 있도록 하는 체계이다. 이 체계는 자율 규제 기구에 책임과 권한을 강화하는 한편, 동시에 공공기관에 의한 심의결과의 구속력을 강화하여 규제의 실효성을 높이는 것으로 집약할 수 있다. 이러한 체계는 도덕과 가치관의 변화와는 다르게 경제 요구에 따라 빠르게 발전하는 정보통신기술에 보다 유동적으로 대응할 수 있으며 정부와의 협력에 있어서도 효율성을 극대화하고 국제적 기준에 부합할 수 있는 장점을 가지고 있다.

3) 수용자 특성에 따른 규제

부당광고 규제 시 수용자 특성에 따라 규제의 수위를 달리 할 필요가 있다. 특히 부당광고와 관련하여 어린이 · 청소년은 성인의 경우보다 더 엄격한 규제의 시각이 필요하다. 어린이 · 청소년, 특히 어린이는 상업적 메시지에 대한 인지적 방어능력이 부족하다. 즉, 성인에 비하여 상업적 메시지에 대한 설득 지식이 부족하다. 특히 부당광고의 주요 내용이 거짓, 과장, 기만이라는 점에서 어린이 · 청소년에 대한 차별적 규제는 당위성을 갖는다. 왜냐하면 어린이 · 청소년이 성인에 비하여 광고의 서짓, 과장, 기만을 눈치 채기가 상대적으로 어렵기 때문이다.

따라서 향후 부당광고 규제나 심의 정책 수립 시 이에 대한 고민이 필요하다. 그 해결책의 하나로 어린이 · 청소년이 많이 접촉하는 사이트를 선정하여 이들에 대해서는 별도의 강화된 규제나 심의를 적용하는 것이 필요하다. 특히 인지적 방어능력이 부족한 어린이 대상 광고의 특수성을 고려하여 어린이 광고 심의기구의 설립을 제안한다. 현재 다양한 시민단체들을 통해 산발적으로 심의가 이루어지고 있을 뿐이어서 지속적 감찰이 가능한 전문기구의 설립이 필요하다. 따라서 미국의 **어린이광고심의분과위원회**(Children's Advertising Review Unit: CARU)와 같은 자율적인 어린이 광고 심의기구의 설립을 통해, 세계 어느 나라 어린이보다 인터넷 노출이 많은 어린이 · 청소년의 부당광고에 대한 인지적 방어능력을 검증하고 적절한 정책적 대안을 제시할 수 있어야 한다. 이러한 기구의 설립을 통하여 구체적으로 어린이 대상 광고와 관련한 기본 원칙과 모든 매체의 어린이 대상 광고에 적용되는 일련의 해석 지침을 발표하여 광고주 및 광고회사에서 어린이 대상 광고를 어떻게 다루어야 하는가에 대한 가이드라인을 제시하는 것이 필요하다.

4) 부당광고 규제의 일원화

우리나라에서 부당광고와 관련하여 표시 · 광고와 관련된 법규는 무수히 많다. 그러나 표시 · 광고 관련 개별 법규와 「표시 · 광고법」과의 관계가 명확히 규정되어 있지 않아 법 적용의 우선순위 등에 혼란이 야기될 가능성이 있다. 입법론적 관점에서 표시 · 광고와 관련된 다수의 법률들 간의 관계가 정리되어야 할 것이다. 또한, 장기적인 관점에서 부당광고를 포함한 광고 심의기구의 일원화도 고려할 필요가 있다. 방송과 통신의 융합을 비롯하여 융합이 보편화되고 있는 오늘날의 미디어 환경과 광고환경에서는 궁극적으로 통합된 광고자율기구 체계의 운영이 바람직하다. 실제로 현재 거의 모든 국가들이 이와 같은 통합된 자율심의기구 체계를 운영하고 있다.

부당광고의 규제를 비롯하여 통합된 광고자율기구 체계 운영이 바람직한 이유는 다음과 같다. 첫째, 광고 심의기구의 일원화가 효율적이기 때문이다. 부당광고 심의 및 규제도 여러 기관에서 서로 다른 법규를 통하여 이루어지고 있기 때문에 이중 규제가 이루어질 수도 있는 등 혼란이 야기될 가능성이 있다. 둘째, 현재 국내의 사전 자율심의 과정에서 광고 제작의 주체이자 저작권자인 광고주와 광고대행사의 적극적인 참여가 없다는 것은 문제가 될 수 있다. 문제가 되는 광고에 대한 소비자의 불만이나 정부 규제기구의 의견이 광고에 반영되기 위해서, 그리고 문제된 광고의 사례가 있더라도 그것이 단발적인 지적에 그치지 않고 광고계 전체 차원에서 예방되고 개선이 되기 위해서 광고업계의 적극적인 참여가 필요하다. 셋째, 광고와 관련한 소비자의 의견이 반영되고, 광고에 대한 소비자의 신뢰를 높이기 위해서도 통합된 광고자율심의기구는 필요하다. 특히 부당광고의 가장 큰 피해자가 소비자인 점을 고려하면 소비자가 참여하는 광고심의는 그 공정성과 객관성을 담보하는 장치가 될 수 있다.

제9장

광고의 사회적 책임

오창우(계명대학교 광고홍보학과 교수)

1. 새로운 논의의 필요성
2. 광고환경의 변화
3. 소셜 마케팅으로 진화
4. 윤리적 기업이 최고의 마케팅
5. 윤리적 마케팅의 미래

◈◇◈

광고의 윤리는 광고주와 광고 관련 종사자들이 주어진 상황에서 도덕적으로 올바른 광고를 의미하는 반면, 광고의 사회적 책임은 광고가 일반적인 소비자의 복지와 공공선을 위해서, 또한 특정 지역사회를 위해 최선이라고 간주하는 것들을 행하는 것을 의미한다. 윤리나 사회적 책임감은 아무리 법적인 의무가 없다고 하더라도 사회적으로 통용되고 있는 기본적인 경제적 가정을 벗어나지 않기 위한 광고주의 도덕적 의무라고 할 수 있다.

오늘날 모바일 광고시장으로 광고의 무게중심이 이동한 상황에서 윤리적 이슈는 마케팅 커뮤니케이션 전반으로 확대하여 논의하는 것이 바람직하다. 특히 모바일 광고에서는 크리에이티브보다 제품과 서비스의 솔루션(solution)을 효과적으로 전달하는 것이 관건인데, 좋은 제품의 생산 및 판매, 윤리적인 기업의 운영, 지속가능한 가치의 실현 자체가 최고의 마케팅으로 자리잡는 시대가 되고 있다.

1. 새로운 논의의 필요성

광고의 사회적 책임에 대한 논의는 너무나 오래된 주제이다. 광고가 대중매체를 통해 제품에 관한 정보를 전달하고 판매를 촉진하던 시대에는 광고의 사회적 책임이 심각한 문제로 대두되지 않았다. 제품판매 촉진을 위한 기업 간의 경쟁이 활발해지고, 제품의 시장에서의 우월적 지위 확보를 위한 마케팅이 본격화되면서 광고가 사회적으로 어떤 도덕적 의무를 지니는가에 대한 논의가 활발해졌다. 결국 자신들의 이익을 극대화하려는 기업 본성 간의 경쟁이 가져올 사회적, 문화적 또는 소비자의 인식적 차원에서의 위험성을 고발하고, 이를 최소화하거나 방지하기 위한 규범이 필요해진 것이다.

마케팅의 사회적 지배력은 그 사회가 처한 상황에 따라 차별적으로 나타나기 마련인데, 한국사회에서의 마케팅 지배력은 다른 어떤 사회에서보다 크다고 할 수 있다. 사회 구성원들의 패션, 헤어스타일, 먹거리, 주거 형태, 여행지, 라이프스타일에 이르기까지 마케팅이 지배하지 않는 영역은 거의 없으며, 심지어 소비자의 입맛마저도 마케팅의 영향력으로부터 자유롭지 못하다. 일례로, 한국 사람들은 소고기를 먹을 때 유난히 마블링(marbling) 부위를 좋아한다. 이 마블링은 고기의 근육 조직을 관통하는 작은 지방 조각 또는 지방의 얇은 층으로서, 고기의 풍미나 부드러움, 육즙 등을 풍부하게 해 주지만 어디까지나 지방질 부위에 불과하다. 결국 먹기에는 좋지만 건강에는 그리 좋지 않음에도 불구하고 '한우' 하면 마블링이 적당히 낀 살코기를 떠올린다. 오죽하면 지방질이 없는 소고기에 맛이나 향을 풍부하게 하기 위해 지방질을 인위적으로 넣어 주는 라딩(larding)을 하겠는가. 이러한 현실은 한우를 마케팅하면서 마블링이 풍성해 육즙이 살아 있다는 사실을 내세워 포지셔닝한 결과가 아닐 수 없다.

또한, 소비자들이 의약품 '인사돌'을 잇몸 건강의 필수품으로 인식하게 된 것은 광고의 힘이기도 하지만 광고의 폐해이기도 하다. '인사돌' 플러스의 주요 성분 중의 하나인 옥수수불검화정량추출물 내 베타시토스테롤이라는 성분이 혈관을 재생시키고 혈류 공급을 원활하게 해 잇몸병 염증을 개선한다고 알려져 있다. 그러나 2014년 5월 식약처가 의약품의 임상재평가를 실시한 후 치료제로서의 효과는 없으며 치주치료 후 보조제 정도의 효과가 있는 것으로 결론지었다. 아직까지 많은 사람들이 TV 광고를 신뢰하면서 '인사돌'을 잇몸 강화 및 치료에 특효약으로 알고 있지만 실제로는 잇몸 영양제 수준에 불과한 것이다. 상황이 이러한데도 여전히 소비자를 오도하는 광고를 계속하고 있는 기업의 비윤리성은 문제가 되지 않을 수 없다.

광고 윤리(advertising ethics)는 광고주와 광고 관련 종사자들이 믿기에 주어진 상황에서 도덕적으로 올바른 광고를 의미하는 반면, **광고의 사회적 책임**(social responsibility of advertising)은 광고가 일반적인 소비자의 복지와 공공선을 위해서, 또한 특정의 지역사회를 위해 최선이라고 간주하는 것들을 행하는 것을 의미한다. 윤리나 사회적 책임감은 아무리 법적인 의무가 없다고 하더라도 사회적으로 통용되고 있는 기본적인 경제적 가정들은 벗어나지 않기 위한 광고주의 도덕적 의무라고 할 수 있다.

윤리를 "개인과 집단의 행동과 의사결정을 지배하는 도덕적 원리이자 가치"로 정의할 때 **광고 윤리**는 "기업의 광고 활동과 과정을 지배하는 도덕적 원리이자 가치"라고 할 수 있다. 프라이드와 페렐(Pride & Ferrell, 2006)은 **마케팅 윤리**를 "다양한 이해관계자들에 의해 수용되는 수준의 마케팅 행위를 정의하는 원리 및 표준"으로 정의한다. 여기서의 이해관계자에는 공중(publics), 정부 규제기관, 이익단체, 소비자, 산업계 그리고 조직 등이 포함되는데, 이해관계자들 사이에는 개별 윤리적 행위를 둘러싸고 갈등을 나타나기도 한다. 대체로 윤리적 마케팅은 제품 및 서비스의 프로모션에서 사회적 · 환경적 고려사항을 통합하여 기업이 고객의 관심을 유발하고, 고객과의 관계를 구축하며, 모든 이해당사자를 위한 가치를 창출하는 과정이라 할 수 있으며, 영업 기법부터 비즈니스 커뮤니케이션, 비즈니스 개발에 이르기까지 마케팅의 모든 측면에 걸쳐 나타난다.

이러한 의미에서 광고의 사회적 책임에 대한 논의도 광고 크리에이티브 자체에 국한시키기보다는 기업의 마케팅 전반 또는 브랜드 커뮤니케이션 전체에 걸쳐 나타나는 반사회성, 인식 또는 가치의 편향과 왜곡, 허위 · 과장 · 기만적 정보를 통한 소비자의 오도 등에 대한 논의로 확대되어야 할 것이다. 따라서 이 장에서는 광고를 포함한 마케팅 전반의 윤리적 · 사회적 책임에 대한 논의를 중심으로 내용을 구성하고자 한다.

2. 광고환경의 변화

1) 모바일 광고 중심의 광고시장

2019년 현재, 새로운 광고시장 환경하에서 광고의 역할을 어떻게 규정해야 하는가? 어떤 의미에서 전통적 형태의 광고가 쇠퇴하고 있는 상황에서 광고의 사회적 역할이 축소되었다고 할 수 있는가? 많은 경우 미디어의 역할과 광고의 역할이 구분되지 않은 채 논의되고 있으며, 수용자의 인식과 가치 형성에 있어서 미디어의 강력하고 광범위한 역할과 광고의 역할이 혼재되어 논의되는 측면도 있다. 소비자가 구매결정과정에서 매우 능동적인 주체로 변한 상황에서 광고의 역할은 그만큼 다르게 논의되어야 하고 인식론적 · 사회기능론적 · 미학적 차원의 논의 또한 달라져야 할 것이다.

2016년 말, 온라인 및 모바일 광고 매출액이 방송광고를 추월한 이래, 2018년에는 모바일 광고 단독으로만 지상파 TV 광고 매출액을 뛰어넘었다. 이러한 광고시장의 지형 변화는 광고 크리에이티브에도 많은 영향을 미치고 있다. 따라서 과거의 광고 크리에이티브 접근법으로는 모바일 광고 중심의 시장에서 잠재 고객들에게 효과적으로 다가가지 못할 것이다. 모바일 광고시장으로의 무게중심의 이동은 광고주, 광고대행사, 광고매체 및 광고 크리에이티브에 있어서 다음과 같은 결과를 야기할 것이다(Parkinson & Ekachai, 2014).

- 광고대행사의 역할 감소
- 광고제작의 보편화
- 소셜미디어를 통한 고객과의 커뮤니케이션 강화
- 투자자본수익률(Return On Investment: ROI)에 대한 관심 증가로 광고노출 후의 전환(conversions) 행동 중시

- 보다 직접적이고 명시적인 표현의 크리에이티브 증가
- 솔루션으로서의 크리에이티브
- 소셜메시지의 증가
- '좋아요' '댓글달기' '공유하기' '리트윗' 등을 통한 메시지의 확산

2) 광고 윤리 영역의 확대

많은 광고 관련 법 조항 및 행동규칙이 광고주가 '할 수 있는 것'과 '해서는 안 되는 것'을 구분하고 있지만, 현재의 모든 이슈를 포괄하지는 못하고 있다. 대부분의 마케터들은 무엇이 합법적인지 또는 행동규칙에 맞는지를 따져보고 행동하기보다는 단순히 무엇이 윤리적인 관점에서 상대적으로 적절하고 책임 있는 행동인지를 따르게 된다. 여기서 윤리는 "개인과 집단의 의사결정과 행동을 지배하는 도덕적 원리이자 가치"를 의미한다.

어떤 행동은 합법적이지만 동시에 비윤리적일 수 있다. 흑인들을 대상으로 새 브랜드를 광고 · 홍보하는 담배회사를 제한하는 법은 존재하지 않는다. 그러나 흑인 인구 중 높은 폐암 및 흡연 관련 질환 비율을 고려할 때 담배회사의 이러한 비즈니스 활동은 합법적이지만 비윤리적인 것일 수 있다.

윤리적 이슈들은 마케팅 커뮤니케이션 전반에 걸쳐 고려되어야 한다. 사회 전반에 걸쳐 광고 및 마케팅의 역할에 대한 논란은 여전히 계속되고 있으며, 사회 내 여성, 어린이, 소수자 등을 대상으로 하는 경우에는 보다 엄격한 접근 원리 및 기준이 요구되고 있다.

오늘날 맥주나 양주와 같은 주류 광고에 대한 정부의 규제와 통제가 점점 강화되고 있다. 주류 업체들은 자신들의 제품 소비로 인한 알코올 중독이나 음주운전의 문제를 인식하고 있으며, 특히 젊은 소비자들이 건전한 주류문화를 통해 건강상의 위험을 줄여 나가는 것이 바람직하다고 인식하고 있다. 하지만 여전히 많은 브랜드들은 성적 방임을 조장하고 여성을 상품화하는 광고를 실행해 비판을 받고 있다. 캘빈

클라인(Calvin Klein)은 오래 전 10대의 도발적인 태도로 논란이 되었던 '어린이 포르노(kiddie porn)' 광고([그림 9-1] 참조)로 심각한 사회적 문제를 야기했으며, 그 결과 광범위한 불매운동에 직면했다. 최근에는 스마트폰의 생산, 운영과 관련된 브랜드들의 광고는 결과적으로 현대인의 스마트폰 과다 사용으로 인한 문화적 · 신체적 · 정신적 · 인간관계적 차원에서의 문제를 노출시키고 있기도 하다.

어린이 대상 광고, 담배 · 알코올 광고, 성적소구광고가 전혀 문제가 안 된다고 인식하는 사람이 있는가 하면, 사회적 책임이나 윤리적인 차원에서 매우 위험한 것으로 인식하는 사람도 있다. 담배광고나 맥주광고를 보는 소비자가 얼마나 자율적으로 위험성을 감지하고 자신의 행위와 분리시킬 수 있겠는가. 또한, 성적소구광고는 소비자의 성적 본능을 자극해 성적 충동을 유발하는가 아니면 광고되는 브랜드의 스토리로 외면화시키기 때문에 어떤 위험도 없는 것인가. 오늘날 소비자가 능동적인 소비자로 변했다고는 하지만 여전히 광고나 마케팅이 갖는 근본적인 문제점을 스스로 조절하고 피해 갈 정도의 능동성을 지녔다고 보기는 어렵다.

[그림 9-1] 캘빈클라인의 '어린이 포르노' 광고

출처: http://i.bnet.com/blogs/brandon-ck-child-porn.jpg

3) 광고 내용의 윤리적 함정

광고 내용이나 크리에이티브를 전체적으로 볼 때 어떤 문제점을 지니고 있는가? 위키피디아(Wikipedia, 2019)에서 이러한 문제점들을 다음과 같이 정리하고 있다.

- 진실과 정직에 관한 문제: 1940년대와 1950년대에 담배는 건강을 증진하는 제품으로 광고되었다. 오늘날 진실하지 못한 광고주는 도덕적이지 못할 뿐만 아니라 법적으로 문제가 되는 행동을 하는 기업이다. 그러나 법률상 '과장된 칭찬(puffery)'은 허용된다. '과장된 칭찬'과 사기(fraud)는 다른 것이다. 이 둘 사이의 차이는 종이 한 장 차이에 불과하기 때문에 '과장된 칭찬'이 허위, 과장, 기만적으로 변하기는 정말 쉽다.
- 폭력, 섹스, 비속적 표현(profanity)의 문제: 광고에서의 성적 표현은 광고의 핵심적인 요소이지만 성적 고정관념의 형성, 여성의 상품화, 광고 크리에이티브의 질 저하 등의 비판에 직면하고 있다. 폭력은 여전히 어린이를 대상으로 하는 광고에서 핵심적인 이슈로 존재한다.
- 취향과 논란: 특정 제품의 광고는 어떤 사람에게는 유익하지만, 동시에 다른 어떤 사람에게는 강한 불쾌감을 유발할 수 있다. 여성 위생용품, 치질, 변비약 등이 좋은 예이다. 콘돔 광고는 에이즈 예방을 위해서는 유익하지만, 일부 사람에게는 성적 난잡함을 조장하는 결과를 야기한다는 인식을 주기도 한다. 일부 회사들은 실제로 논란이 많은 광고를 마케팅의 수단으로 활용하기도 한다. 베네통(Benetton)이나 소니(Sony)의 '튀는 광고'가 좋은 예이다.
- 공격적 광고와 같은 부정적인 광고 기법: 부정적인 광고에서 광고주는 그들 자신의 장점보다는 경쟁제품의 단점을 강조한다. 이러한 방법들은 정치 영역에서 네거티브 선거광고와 같은 형태로 나타난다.
- 광고 전달 채널(delivery channel): 지나치게 선정적이거나 폭력적인 내용을 전달하는 매체를 통해 광고를 게재하는 것은 피하는 것이 좋다. 매체의 일반적인

평판이 광고하는 브랜드로 전이될 수 있다.

- 직접 마케팅: 특히 소비자에게 일방적으로 전달될 때 가장 논란이 된다. TV 광고와 다이렉트 메일이 대표적인 예이다. 전자스팸이나 텔레마케팅은 윤리와 합법성의 경계가 매우 모호하다.
- 미끼(shills)와 조작(astroturfers): 제품 추천이나 보증(endorsement)을 가장하여 마케팅 메시지를 전달함으로써 소비자의 수용을 유도하기도 한다. 오늘날 많은 기업들이 그럴듯한 콘텐츠를 스스로 제작 · 공시함으로써 마치 객관적인 평가를 받은 콘텐츠인 것처럼 가장하기도 한다. 미끼는 주로 메시지 전달을 위한 것이지만, 이베이와 같은 경매에서 낙찰가를 올리기 위해 사용되기도 한다.
- 네이티브(native) 광고: 광고와 내용 사이의 경계가 더욱 모호하게 된다.

특히 **유머광고**(humor appeal ad.)의 기만성에 대해 주목할 필요가 있다. 유머소구광고는 제품이나 서비스 광고에 있어서 재미와 흥미적 요소를 광고 전면에 내세우는 형태로서, 소비자의 눈과 정신을 유머적 요소에 집중하게 함으로써 광고주가 원하는 소기의 목적을 달성하고자 한다. 샤비르와 스와이트(Shabbir & Thwaites, 2007)는 238건의 유머광고를 대상으로 얼마나 많은 유머광고가 소비자를 기만하기 위해 유머적 요소를 사용하고 있는지를 분석하였다. 그 결과, 전체의 73.5%가 기만적인 마케팅 관행을 사용한 것으로 밝혀졌다. 이 중의 74.5%는 잠재 고객을 오도하기 위해 유머적 요소를 은폐 장치로 활용했다. 여기서 중요한 사실은 유머가 소비자로 하여금 어떤 제약으로부터 탈출이나 안도감을 제공한다는 사실을 바탕으로 일부 광고주가 제품에 대해 느끼는 제약을 완화시킬 수 있는 수단으로 사용한다는 점이다. 또한, 많은 유머소구광고는 소비자를 속이기 위해 사용될 수 있으며, 어떤 기만적인 주장을 위해 사용될 수 있다는 점이 중요하다. 따라서 소비자는 광고에서의 유머적 요소가 제품과 어떤 관련성이 있으며, 유머적 요소가 제품이나 서비스 광고를 접하는 소비자를 어떻게 오도할 수 있는지에 관심을 가져야 한다.

4) 비윤리적 마케팅 관행

모든 마케팅이 소비자에게 적대적인 것은 아니며, 마케팅 실행자에게만 유리하게 작동하지도 않는다. 마케팅에서 생산자와 소비자 또는 구매자와 판매자 사이의 관계는 적대적이거나 협력적일 수 있다. 만약 어떤 마케팅 상황이 적대적이라면 이들 사이에는 제로섬(zero-sum) 게임 원리가 작동하는 것이며, 협력자 관계라면 상생(win-win) 원리가 작동하는 것이라 할 수 있다.

마케팅을 전개하는 과정에서 수많은 윤리적 이슈에 직면하게 되는데, 마케팅 믹스인 4P를 기준으로 할 때 제품이슈(product issues), 유통이슈(place issues), 가격이슈(pricing issues) 그리고 프로모션이슈(promotion issues) 등에 걸쳐 수많은 윤리적 이슈가 존재한다. 램 등(Lamb et al., 2000)은 마케팅 관리자가 겪는 비윤리적인 상황을 다음과 같이 설명하고 있다.

- 여흥과 선물의 제공
- 허위 또는 오해 소지가 있는 광고의 실행
- 제품, 서비스, 기업을 능력을 잘못 전달
- 판매를 위해 고객에게 거짓말
- 정보의 조작
- 불공정한 고객의 조작
- 어린이나 불리한 단체를 부당하게 이용
- 여성, 소수집단, 노인에 대한 부정적인 묘사
- 고객의 사생활 침해
- 성적 지향의 광고
- 제품이나 서비스의 기만
- 안전하지 않은 제품이나 서비스 판매
- 가격 기만

- 가격 차별
- 경쟁자에 대한 불공정하거나 정확하지 않은 언급
- 제품의 크기에 비해 과도한 포장

한편, 헌트와 비텔(Hunt & Vitell, 1986)은 마케팅 전문가들이 마케팅 활동에 있어서 해야만 하는 도덕적 판단 관련 마케팅 윤리 모델을 제안하였다. 여기에서의 도덕적 판단은 도덕주의자(moralist)와 공리주의자(utilitarian)에 의해 확립된 기준을 말하는데, 마케팅 실행 시 준수해야 할 4가지 차원, 42가지 윤리적 행동을 제시했다.

① 정직한 행동: 기업의 정직한 행동과 관련해서는 서비스 약속의 실현, 할인 정보의 신뢰성, 서비스 개선 조치 완료, 제품 위험의 공표, 제공된 제품 수량 및 제품 소개의 정확성 등 16가지의 행동 특징 포함
② 사회적 책임 행동: 공동 의무의 완성, 고유 집단의 보호, 공공복리 활동 참가, 직업 도덕 규칙의 유지 등 6가지의 행동 특징 포함
③ 공정 경쟁 행동: 소비자에게 영향을 미치는 입찰 경쟁자로서 조사의 회피, 불완전한 계약의 성립, 시장지배력에 의해 유통업자에게 영향을 주거나 착취하는 것, 외부 고객에 대한 차별적 대우 등 7가지 행동 특징 포함
④ 프로모션 전략 행동: 가격 조정 빈도, 기사(보도자료)의 빈도와 강도, 판촉 활동을 오도하는 광고, 프로모션에서 고객을 속이고 통제하는 것 등 13가지의 행동 특징 포함

마케팅은 반드시 다음의 3가지 오류 중 어느 하나를 범하고 있다(Wekipedia, 2019).

① 개인의 자율성을 해친다: 마케팅의 희생자는 자기결정권이 침해되는 구매자들이다.

② 경쟁자에게 해를 끼친다: 지나치게 과도한 경쟁과 비윤리적인 마케팅 전술은 특히 포화상태의 시장에서 발생하기 쉽다.

③ 나쁜 사회적 가치를 조장한다: 희생자는 사회 전체, 즉 환경이다. 마케팅이 사회 전체에 걸쳐 소비주의와 낭비를 조장할 수 있다.

그렇다면 비윤리적인 마케팅이란 무엇인가? 윤리적인 마케팅은 정직한 주장을 하면서 잠재 고객 및 기존 고객의 필요를 충족시켜 주는 것을 의미한다. 윤리적인 마케팅은 윤리적 방법으로 마케팅하는 제품이나 서비스를 인지하도록 하고, 기업 및 브랜드에 대한 신뢰를 높이고, 브랜드 충성도를 형성하며, 고객 유지율을 높이는 것이다. 반면, 비윤리적인 마케팅은 제품 및 서비스에 대한 잘못된 신호를 보내고, 브랜드 평판을 파괴하며, 법적 문제를 초래할 수 있는 방법을 동원하는 것이다. 비윤리적인 마케팅 관행을 피하기 위해서 무엇보다도 중요한 사실은 그러한 관행이 무엇인지를 제대로 인식하는 것이다. 많은 기업 및 마케팅 담당자들이 이러한 관행이 무엇인지를 제대로 알지 못하기 때문에 비윤리적인 마케팅 관행에 빠져들 수도 있다. 제품 또는 서비스를 마케팅할 때 피해야 하는 10가지 비윤리적 관행들은 다음과 같다.

① 허위, 과장 또는 미승인된 내용의 주장: 잠재 고객 및 기존 고객이 제품이나 서비스를 구매해야 하는 절박한 상황에서 일부 마케터는 허위 진술, 과장된 혜택 또는 제안에 대한 지나치게 명시적인 주장을 활용한다. 예를 들면, 마케터가 특정 제품이 운동이나 식이요법 없이 2주 내에 엄청난 체중 감량을 할 수 있다는 주장을 하는 경우이다.

② 잠재적인 구매자를 오도하거나 혼동시킬 수 있는 사실의 왜곡: 기업이 일반적으로 범할 수 있는 비윤리적 관행 중 하나이다. 전형적인 예로는 식품 가공 회사가 설탕이나 칼로리를 함유하고 있으면서도 설탕이나 칼로리가 전혀 없는 제품이라고 주장하는 경우이다. 식품에 설탕이나 칼로리가 함유되어 있는 것으로 알려

지면 제품을 사지 않을 가능성이 있기 때문에 잠재 구매자를 오도할 목적으로 허위사실을 통해 고객에게 다가가는 것이다.

③ 제품 또는 서비스의 어두운 면 또는 부작용 숨기기: 이러한 비윤리적인 마케팅 관행은 자연 요법 업계에서 자주 활용되고 있다. 대부분의 제조업체는 잠재적 구매자들에게 천연 재료로 만들어서 부작용이 없다고 말하지만 실제로 오랜 기간 사용했을 때 부작용이 나타나는 경우가 많다. 부작용이 없는 제품은 실제로 거의 없다. 어떤 경우에는 부작용이 알려지지 않았을 수도 있다. 따라서 이런 경우 '부작용이 없다.'고 말하는 것보다 '알려진 부작용이 없다.'라고 말하는 것이 더 바람직하다.

④ 경쟁 제품에 대한 비방: 잠재 고객을 자신의 제품 구매자로 전환시키기 위해서는 경쟁 제품의 어두운 측면을 강조하는 것이 일반적이지만 이 또한 비윤리적인 마케팅 관행 중의 하나이다. 이 나쁜 전략에 의지하기보다는 자사 제품의 우수한 점을 더 돋보이기 해서 현재 고객을 유지하고 잠재적 고객을 현재적 고객으로 전환시키는 것이 훨씬 더 윤리적이고 전문적인 접근법이다.

⑤ 여성을 성적으로 표현하여 광고하기: 평판이 좋지 않은 브랜드일수록 비윤리적인 마케팅 관행에 의지하려고 한다. TV 광고나 옥외광고 등에서 노출이 심한 여성모델을 등장시켜 제품이나 서비스를 광고하는 경우를 자주 볼 수 있는데, 시장에서 제품의 위치가 열악한 브랜드의 경우 이러한 전술에 더 의존하려 한다. 뷰티 제품 및 화장품 광고에 모델을 사용하는 것은 자연스러울 수 있지만 발전기, 중장비, 스마트폰 등과 같이 여성과 관련이 없는 제품 광고에서 신체 노출을 한 여성모델을 활용하는 것은 무의미하며 비윤리적이라 할 수 있다.

⑥ 두려움 소구 전술의 사용: "이 가격은 제한된 시간에만 제공된다. 지금 바로 구매하지 않으면 2일 이내에 가격이 오르기 때문에 더 많은 돈을 지불해야만 구매할 수 있다."라는 메시지를 종종 접하게 된다. 이러한 메시지 뒤에 숨은 유일한 동기는 잠재 구매자로 하여금 당장 구매 결정을 내리도록 하는 것이다. 이러한 전술은 법적으로 잘못된 것이 없지만, 기업의 이익 증대를 위해서 소비자에게

과도한 압력을 행사해서는 안 된다.

⑦ 마케팅 메시지의 표절: 드물긴 하지만 일부 사업자 및 영업 사원은 경쟁업체의 마케팅 메시지를 도용해 자사 제품이나 서비스를 마케팅한다. 창의적인 마케팅을 하는 것이 매우 중요하며, 경쟁업체의 마케팅 메시지를 그대로 사용하는 것은 기업의 사기행위에 해당된다. 경험적으로 마케팅 메시지를 표절하는 기업일수록 파산할 가능성이 높아진다.

⑧ 착취: 제품이나 서비스의 실제 가치보다 훨씬 더 많은 비용을 청구하는 것을 말한다. 제품이나 서비스의 가격은 그것이 구매자에게 주는 가치와 등가(等價)적이거나 그 아래여야 한다. 반대로, 구매자가 자신이 지불한 금액보다 더 적은 효용성을 돌려받는다면 비윤리적인 행위로 받아들이게 된다.

⑨ 인종·연령·성별·종교에 대한 차별: 윤리적인 마케팅은 어떤 형태의 차별이 있어서는 안 된다. 마케팅 메시지에 특정 연령대, 성별, 종교, 국적 또는 인종에 대한 차별적 내용을 담고 있다면 윤리적 마케팅의 한계를 넘어서는 것이다.

⑩ 스팸: 스팸은 잠재 고객에게 원치 않는 이메일을 보내서 제품 또는 서비스를 구매하도록 장려하는 것이다. 이것은 온라인상에서 행해지는 가장 비윤리적인 마케팅 관행이다. 한 번 또는 여러 번 스팸을 보내면 스패머로 인식될 수 있으며, 이럴 경우 어떤 마케팅 효과도 기대할 수 없다.

마케팅 윤리 논쟁에 있어서 가장 이론적인 이슈는 자유 시장과 규제 시장 사이의 논쟁이다. 진정한 자유 시장하에서 모든 참가자는 규칙을 만들거나 변경할 수 있다. 그러나 너무 갑작스럽거나 너무 먼 방향으로 새로운 규칙이 만들어지는 경우 시장 참가자들은 자신의 행동을 새로운 규칙에 맞게 수정하기보다는 비윤리적인 행동으로 옮겨 갈 가능성이 높아진다. 대부분의 경우 완전히 자유로운 시장은 존재하지 않기 때문에 가장 의미있는 논쟁은 '적절한 규제' 범위에 관한 것이다.

3. 소셜 마케팅으로 진화

1) 기업과 사회적 이슈

오늘날 많은 기업들은 **사회적 마케팅**(societal marketing)을 매우 중요한 개념으로 받아들이고 있다. 소비자들도 사회적 이슈와 공익적 문제해결에 많은 관심을 나타내며, 이에 동참하기를 원하는 사회적 소비자(social consumer)로의 변화가 두드러지고 있다. 이들은 브랜드 자체보다는 그 브랜드를 생산하는 기업이 얼마나 사회문제해결에 참여하는가에 좀 더 많은 가치를 부여하려 한다. 사회적 마케팅은 현대사회의 환경오염, 생태계파괴, 자원부족, 건강과 복지, 사회봉사 등의 문제에 대하여 제대로 대응하지 못하는 전통적 마케팅 활동의 대안으로 등장한 것이다. 이러한 사회지향적 마케팅 범주에는 그린마케팅, 사회공헌 마케팅, 공익마케팅, 대의마케팅, 필랜스러피(philanthropy) 마케팅, 사회환원 마케팅 또는 착한 마케팅, 문화마케팅(메세나 활동 포함) 등 모두가 포함된다. 기업들의 이러한 관심과 활동의 변화가 전체적으로는 사회적 경제의 중요성을 부각시키는 계기가 되었다.

최근에는 대기업은 물론 중소기업들도 이러한 사회적 마케팅에 많은 관심을 가지게 되었고, 각 기업은 보다 차별적인 사회적 마케팅을 전개하기 위해 노력하고 있다. 그러나 이러한 움직임은 어떤 의미에서 기업들 사이에서 하나의 유행이 되는 경향이 있으며, 구체적인 프로그램에 있어서 기업 활동과의 연계성은 고려되지 않은 채 양적 규모를 늘리거나 활동의 다양성을 둘러싼 경쟁으로 치닫고 있다. 그 결과, 우리나라 기업들은 2000년대 이후 사회공헌활동을 위한 투자를 지속적으로 늘려 오고 있지만 기업에 대한 일반 소비자의 신뢰도가 증가했다는 어떤 증거도 나타나지 않고 있다. 그리고 기업 차원에서도 각종 **사회공헌활동**이 기업 경영에 어떤 긍정적인 영향을 미쳤는지, 그리고 장기적 · 단기적으로 기업전략에 어떤 영향을 미쳤는지에 대한 실증적인 자료도 갖고 있지 않다. 에델만(Edelmen, 2014)의 신뢰도 조사결과에 따르면, 한국기업의 신뢰도(글로벌 기업들의 본사가 있는 나라별 국가의 신뢰도)는 54%로 심각한 경제위기와 신뢰도 저하를 겪은 이탈리아와 스페인 사이에 위치하고 있음을 알 수 있다. 이처럼 한국 소비자들의 기업에 대한 신뢰도 수준은 결코 높다고 할 수 없는 수준이다.

전국경제인연합회가 2013년 8월 '기업의 사회공헌활동에 대한 인식조사' 결과를 발표하였는데, 응답자의 78%가 "사회공헌활동이 우수한 기업의 제품을 비싸더라도 구매할 의사가 있다."라고 답했다. 이는 기업의 사회적 책임 실현에 대한 국민의 평가와 기대가 그만큼 높아졌다는 것을 의미하며, 기업에게 시사하는 바가 크다. 오늘날 사회공헌이 세계적인 트렌드로 자리매김하면서 많은 기업들이 사회공헌활동을 펼쳐 나가고 있지만 국민의 기업에 대한 신뢰도와 존경심은 크게 변하지 않고 있다. 이는 아직도 일부 사회공헌활동이 연말연시에 행해지는 이벤트성 활동이나 양적인 확대만을 위해 행해지는 의무적 봉사활동으로 채워져 사회공헌의 진정성에 대한 의미를 퇴색시키고 있기 때문이다(박평록, 2014. 5. 13.).

아직 우리 현실에서 기업의 사회공헌활동은 언론대행술(press agentry)을 위한 전략의 수준을 벗어나지 못하고 있고, 자신들에게 유리한 정보를 널리 알리는 수준에 머물러 있다고 할 수 있다. 따라서 적어도 현재까지는 이상적 · 윤리적인 사회공헌활동이 실천되고 있다고 보기는 어렵다. 최근 스마트폰의 급속한 보급과 이를 통한 소비자 간의 교류 및 연대가 기업과 소비자 간의 관계에서 소비자의 목소리를 좀 더 낼 수 있는 가능성을 열어 주고 있지만, 여전히 권력(power)은 생산자인 기업 쪽으로 기울어져 있다. 특히 우리나라에서 기업과 소비자 간 힘의 관계가 생산, 유통 및 가격 모두에서 기업 우위의 구조가 아니라고 말하기에는 현실적인 근거가 약하다.

사회공헌활동이 공중과의 지속적이고 장기적인 관계 구축을 통하여 기업의 이익은 물론 공중에게도 이익이 되는 실천적 행위이고 결국은 공동체의 이익실현을 목적으로 하고 있다는 차원에서 보면, 이는 사회자본이 지니는 특징과 맥락을 같이 하고 있다. 사회자본은 사람들 사이의 네트워크가 형성됨으로써 생겨 나는 규범, 상호호혜, 협력, 신뢰와 같은 경향성을 일컫는다. 이같은 사회자본은 공공문제를 민간부문 및 시민 간의 상호관계와 협력에 의해서 해결하고 있는 현대사회에서 무엇보다도 중요해지고 있다. 특히 지역사회의 다양한 문제해결을 위해서 매우 필요한 요소로 분류되고 있다(박희봉, 2009).

결국 사회공헌활동이 지향하는 궁극적인 목적은 사회적 자본이 형성된 사회에서의 긍정적인 측면과 맥이 닿아 있다. 현재 기업들이 자신들의 이기적인 목적만을 추구하는 것이 아니라 공중, 나아가 사회 구성원을 대상으로 한 우호적인 관계경영(relation management)을 통하여 중요한 사회 구성원으로서의 책임과 의무를 다하려는 것은 스스로의 현실적 선택이기도 하지만 기업 외부로부터 요구되는 소명이기도 하다. 특히 최근에 급속한 확산 추세를 보이고 있는 소셜미디어는 기업의 사회적 문제에 대한 관심을 필수적인 것으로 만들고 있다. 소셜미디어 시대를 맞아 기업은 새로운 가치와 철학에 대한 진지한 고민을 하지 않을 수 없게 되었고, 공동체 내지는 인류 전체의 보편적 이익에 대해 적극적인 관심을 표명하지 않을 수 없게 되었다.

2) CSR에서 CSV로의 이동

한편, 현실적으로 이익을 추구하는 기업에게 일방적으로 사회로의 환원이나 기여를 요구하는 것도 한계가 있다. 자본주의 원리를 따라 자신들의 이익을 극대화하려는 기업의 욕구를 보장하면서도 사회적 이슈를 해결할 수 있는 방안을 모색해 보아야 한다. 이러한 가운데 **공유가치 창출**(Creating of Shared Value: CSV) 모델이 하나의 대안이 될 수 있다. CSV는 **기업의 사회적 책임**(Corporate Social Responsibility: CSR)에서 진일보한 개념으로 기업이 목표 추구와 사회적 문제 해결을 동시에 실현하는 것을 이상적인 것으로 삼는다.

포터와 크래머(Porter & Kramer)가 2011년 『Harvard Business Review』의 「Creating of Shared Value」라는 논문에서 이 개념을 제안한 이래 많은 사람들이 관심을 가지게 되었고, 이제는 매우 일반적인 의제(agenda)가 되었다(Porter & Kramer, 2011). 다음 〈표 9-1〉에서 보여 주듯이, CSR은 대체로 고객이나 시민의 요구에 의해 기업이 착한 일을 수행하는 것이다. 대체로 주어진 예산 안에서 이루어지게 되며 이를 통해 기업 평판이 좋아짐으로써 장기적으로 기업의 이익에 기여하기는 하지만, 근본적으로 기업의 이윤 극대화와는 거리가 멀다. 그러다보니 기업은 주어진 예산 내에서 기부 행위를 하거나 일회적이고 단일 공중 대상의 이벤트에 집중하는 양상을 보여 왔다.

그러나 기업이 이러한 CSR을 위해 무작정 예산을 늘릴 수도 없고 경쟁 기업 모두가 유사한 형식과 내용의 CSR 활동을 전개해서 기업 평판의 제고로 이어지지도 않을 뿐만 아니라 고객의 기대수준만을 높이는 부작용이 나타나기도 한다. 이런 차원에서 공유가치 창출은 기본적으로 기업의 이윤 극대화와 결부되고 비용 대비 사회경제적 혜택을 극대화할 수 있기 때문에 기업으로서는 다양한 이해관계자들과 공유할 수 있는 가치 창출에 적극적으로 나서는 것이 바람직하다. 어떤 의미에서 CSR은 자본주의 원리를 부정하는 측면이 있는 반면, CSV는 자본주의 원리를 인정하면서도 기업의 사회 문제 해결에 참여할 수 있는 기회를 제공한다.

표 9-1 CSR과 CSV의 특징 비교

CSR	CSV
(가치) 선한 일을 행함	(가치) 비용 대비 사회경제적 혜택
시민의 자질, 박애주의, 지속가능성	기업 가치와 지역사회 가치의 결합
자유 재량 혹은 외부 압력에 의한 실행	기업 경쟁의 일부로서 통합
이윤 극대화와 별개	이윤 극대화와 결부
의제가 외부의 견해와 개인적 선호에 의해 결정	의제가 기업의 특징을 반영하고 기업 내부로부터 생성됨
기업의 역량과 CSR 예산에 의해 효과 제한됨	기업 전체 예산에 영향 미침
예: 공정무역 제품 구매	예: 제품의 질과 산출량 증진을 위해 조달 구조를 변경

출처: Porter & Kramer (2011), p. 15.

그러나 CSV의 실천을 위해서는 선결 과제가 있다. 우선 기업의 최고경영자가 CSV에 대한 확고한 비전을 보여 주어야 한다. 그리고 기업이 지향하는 사회적 가치에 대한 구성원 간 합의가 전제되어야 한다. 기업이 추구하는 사회적 가치에 합의하면 한국의 만성적 노사 갈등의 해법도 찾을 수 있다. 마지막으로 시민과 사회의 모든 이해관계 당사자들이 협동의 가치를 공감하고 소통하고 나눌 때 기업의 CSV는 성공을 거둘 수 있다(안충영, 2014). 이를 위해 CSV 담당자의 전문성을 계발하고 일반 임직원들에게 CSV에 대한 기초적 교육을 제공하는 교육 프로그램이 필요하기도 하다. 학교 및 전문 연구기관 등의 외부 기관과 교육 파트너십을 고려하는 것도 하나의 방안이 될 수 있다.

저자가 지난 2014년도 1학기 '광고PR세미나' 강좌에서 미국 은행을 비롯한 외국 은행들이 벌이고 있는 CSR 활동 관련 핵심 키워드를 조사해 본 결과, 지역사회 관계(community relations), 다양성(diversity), 종업원 관계(employee relations), 환경 이슈(environmental issues), 제품 이슈(product issues) 등이 핵심 키워드로 밝혀졌다.

우선 한국 기업들은 자신들의 궁극적인 목적이 무엇인지에 대해 진지하게 성찰해야 한다. 그리고 그러한 목적에 도달하기 위하여 어떤 전략을 활용하는 것이 가장 효과적인가를 고민해야 한다. 다양한 이해관계자들과 어떤 가치를 공유할 수 있으며, 그러한 가치를 실현할 수 있는 전술적 방안에 대하여 내부 · 외부 전문가들의 독창적인 아이디어를 구해야 한다. 특히 기업에 이익을 가져다줄 수 있는 CSV를 위해서는 이해관계자들과의 커뮤니케이션에 보다 많은 노력을 기울여야 한다. 특히 젊은 층과의 소통을 위해 SNS 채널을 가동하는 등 효과적인 소통 채널을 구축하는 것이 바람직하다.

무엇보다도 기업 특징을 충실히 반영하고 이해관계자 및 기업 모두에게 이익을 가져다줄 수 있는 의제 개발이 중요하다. 기업의 상품 기획 및 생산, 유통, 광고 · PR · 마케팅 등 전 과정에 걸쳐서 다양한 이해관계자들과 공유할 수 있는 가치를 개발하고 효과적인 실현방안을 모색해야 한다. 아울러 기업의 CSV 활동이 그 기업의 신뢰도 구축 요인과 어떤 관계를 맺게 되는지를 구조적으로 밝혀야 하고, 그것에 대해 기업이나 이해관계자들이 스스로 어떤 혜택으로 받아들이는지를 상호 비교하는 것이 필요하다.

4. 윤리적 기업이 최고의 마케팅

최근 에이플랙 서베이(Aflac survey)가 윤리적 상거래와 기업 자선사업이 미칠 잠재적인 비즈니스 영향에 대해 조사한 결과에 따르면, 밀레니얼(millennials: 1980년대 초부터 2000년대 초 사이에 출생한 세대) 소비자 중 92%는 윤리적 기업으로부터 제품을 구매하기를 원하며, 82%는 윤리적 브랜드가 윤리적 원칙에 대한 의지가 결여된 비슷한 회사들의 브랜드보다 뛰어나다고 생각하고 있다. 브랜드의 진정성은 비즈니스의 성공에 있어 그 어느 때보다 중요성이 커졌으며, 수익에만 매달리지 않고 사회적으로 헌신한 기업들이 매출액에 있어서 눈부신 발전을 보여 주고 있다.

이 절에서는 **윤리적 마케팅**이 무엇인지를 이해하기 위하여 5가지 브랜드 사례를 제시하고자 한다(Shewan, 2018). 이 사례들은 왜 대의(大義)를 옹호하는 것이 효과적인지는 물론 윤리적 마케팅의 실제적 원칙을 이해하는 데 도움을 준다.

윤리적 마케팅이란 기업이 자사 제품이나 서비스가 고객에게 주는 혜택뿐만 아니라 사회적 책임이나 환경적 문제에 있어서 어떤 기여를 하고 있는지에 초점을 맞추어 마케팅하는 과정을 말한다. 어떻게 보면 윤리적 마케팅은 전략이 아니고 철학이라 할 수 있다. 따라서 정직하고 신뢰할 수 있는 광고를 실행하는 것에서부터 CSV를 통해 소비자와의 강력한 관계를 구축하는 데 이르기까지의 모든 과정을 포함한다. 윤리적 마케팅 실현을 위해 노력하는 기업은 특정 마케팅이 기업에게 어느 정도의 수익을 가져다줄 것인지와 같은 비즈니스적 관점보다는 어떤 의사결정이 '옳은' 것인지 또는 도덕적으로 바람직한 것인지와 같은 도덕적 관점을 중요시한다.

1) 사례 1: 탐스(TOMS)

'탐스'는 2006년 블레이크 마이코스키(Blake Mycoskie)가 아르헨티나를 여행한 후에 설립하였다. 그는 이 여행에서 아르헨티나의 가난한 지역에 살고 있는 사람들이 어떻게 신발 없이 살고 있는지를 직접 목격하였다. 여행에서 이러한 문제에 관심을 가진 마이코스키는 기부를 염두에 두고 회사를 설립하기로 하였다.

2006년 이후, '탐스'의 신발사업부는 도움을 필요로 하는 전 세계 어린이들에게 6천만 켤레 이상의 신발을 기증하였다. 또한 '탐스'의 안경지원부는 안과 치료를 받지 못하는 시각장애인들에게 40만 개 이상의 안경을 제공하기도 하였다.

이후에는 커피사업 부문을 통해 깨끗한 물을 제공하는 사업을 전개하는 등 사업 영역을 보다 다각화하였다. 가방 생산 라인은 개발도상국의 임산부들에게 출산 키트를 제공하고 출산보조원 교육을 위한 프로젝트를 지원하였다. 현재까지 '탐스'는 2만 1천 명 이상의 여성이 안전하게 아기를 출산할 수 있도록 도움을 주었다.

'탐스'는 자사 브랜드의 모든 온라인 공간에서 사회적 · 환경적 활동을 소개한다. 이는 잠재 고객들에게 자신들이 어떤 회사인지를 알려 줄 뿐만 아니라 '탐스'의 브랜드 가치를 강화시키기 위한 것이다. 일례로, '탐스'의 홈페이지를 보면 회전식 컨베이어 바로 아래에 회사가 판매하는 모든 제품에 대해 도움을 필요로 하는 사람에게 제공된다는 사실을 보여 주고 있다.

'탐스'는 단지 돈을 빨리 벌기 위해 자선사업에 몰두하지 않는다. 자선활동 자체가 회사의 가치이자 브랜드의 핵심적인 부분이다. 이러한 '탐스'의 활동은 회사의 브랜딩에 매우 중요하기 때문에, 판매하는 제품과 동등한 수준으로 웹사이트를 강조한다. 사실 '탐스'가 전 세계 사람들을 어떻게 돕고 있는지를 보지 않고 '탐스' 사이트를 탐색하는 것은 불가능하다.

'탐스'의 이러한 노력은 의미 없는 제스처나 그럴듯한 판매전략을 이용하려는 것이 아니다. 많은 디스플레이 광고가 브랜드 인지도를 높이고 소비자들 사이에서 최고의 인지도 확보를 위해 고안된 것처럼, '탐스'의 자선사업은 웹사이트와 마케팅 자료 전반에 걸쳐 지속적으로 강조된다. 결과적으로, 회사의 다양한 사회적 도달 프로젝트와 기업 제공 이니셔티브를 생각하지 않고서 '탐스' 브랜드로 생각하는 것은 불가능하게 된 것이다.

[그림 9-2] 탐스의 홈페이지 내 기부 관련 페이지

출처: 탐스코리아 홈페이지.

2) 사례 2: 에버레인(Everlane)

의류제조업은 세계에서 가장 논란거리가 되는 산업 중의 하나이다. 지난 20년 동안 우리가 입는 옷이 주로 어디서, 어떻게 만들어졌는지에 대한 관심이 증가되었다. 2012년 방글라데시의 의류제조 공장에서 화재가 발생해 117명이 사망하는 사건이 발생했는데, 여기서 만든 옷은 미국의 소매체인인 월마트(Walmart)와 시어즈(Sears)에 판매되었다.

노동자 착취에 대한 관심이 증가함에 따라 최근 몇 년 동안 윤리적으로 제작된 의류에 대한 관심이 급증했다. 그래서 '에버레인'을 비롯하여 많은 의류 판매 기업들이 생산방법을 바꿔 보려고 하였다. 2010년 마이클 프레이스먼(Michael Preysman)이 설립한 '에버레인'은 과감하게도 윤리적인 생산방식을 고수하겠다는 약속을 했다. 그래서 '에버레인'은 노동자의 처우에 있어서 엄격한 실석 기준을 충족시키는 공장에서만 의류를 생산하도록 했다. 노동자의 복지에 대한 강한 의지를 보여 주는 제조업체만을 협력사로 하는 '에버레인'은 마케팅 과정에서 이러한 사실을 자랑으로 내세웠다.

다른 윤리적 브랜드와 마찬가지로 '에버레인'의 웹사이트 'Everlane's About'은 회사가 어떻게 노동자들의 권리와 복지를 옹호하고 있는지를 포함하여 자사의 브랜드 스토리를 소개하고 있다. 하지만 '에버레인'의 가장 흥미로운 점은 철저하게 투명성을 유지하겠다는 약속을 하고 있다는 사실이다.

'에버레인'은 단순히 의류가 윤리적으로 제조 · 판매된다는 것을 말해 주는 것에 만족하지 않는다. 회사는 또한 고객에게 스타일리시하고 미니멀한 의복 하나하나의 구체적인 생산비용을 공개한다. 재료비, 인건비, 운송비, 물류비, 소비세 및 관세는 물론 심지어 지퍼와 버튼 같은 부품의 세부 가격도 공개한다. 예를 들어, '에버레인'의 엘리멘츠(Elements) 재킷은 생산비용 60달러와 함께 소매가격에 영향을 미친 제조 및 물류 요소들의 비용이 각각 얼마인지를 구체적으로 알려 준다. 대체로 상업적으로 판매되는 의류의 생산 비용은 철저히 비밀에 부친다. 이것은 생산비용이 공개될 경우 특정 품목에 대한 잠재적 이윤이 그대로 드러나기 때문만이 아니라, 의류제조업체 노동자의 급여 수준과 나쁜 노동 조건이 그대로 드러나기 때문이다.

3) 사례 3: 닥터브로너스(Dr. Bronner's)

윤리적으로 생산되는 클린징 제품에 대한 소비자 수요는 최근 몇 년 동안 꾸준히 증가하고 있다. 미국시장에는 현재 수백 개의 브랜드 비누가 판매되고 있지만 유기농 액체 비누, '닥터브로너스' 만큼 잘 팔리는 브랜드는 없을 것이다. 만약 '닥터브로노스' 비누를 사거나 본 적이 있는 소비자라면 판매회사가 뭔가 특별하다는 사실을 인지했을 것이다. 우선 이 제품 포장에는 1940년대 후반 미국의 한 강연회에서 회사

설립자인 자칭 박사, 엠마뉴엘 브로너(Emanuel Bronner)가 주장한 우주원리에 관한 3만 단어의 긴 문장이 인쇄되어 있다. 브로너는 자신의 강의에 참석한 사람들에게 자신의 유명한 페퍼민드 액상 비누를 공짜로 선물했는데, 대부분의 사람들은 무료 비누를 받기 위해 그의 강연장을 찾아 갔다.

사회적 · 환경적 활동에 대한 헌신을 보여 준 것은 엠마뉴엘 브로너만이 아니었다. 브로너의 손자인 데이비드(David)는 2012년 백악관 밖의 일정한 공간에서 삼베를 공개적으로 수확한 혐의로 체포되었는데, 이는 삼베 생산에 대한 미국 연방정부의 지나친 감독에 항의하기 위해 계획된 시위의 결과였다. 이 사건 이후 수년간 데이비드 브로너는 유전자 변형 성분 제품에 대한 표시 강화 노력을 포함하여 많은 사회 및 환경 관련 이슈를 위해 적극적으로 활동했다.

'닥터브로노스' 비누는 창립자의 기이한 점 때문에 아주 독특한 브랜드가 되었다. 실제로 제2차 세계대전 직후 브로너가 강의한 '도덕적 ABC'가 무엇인지를 알지 못한다면 '닥터브로노스' 브랜드가 얼마나 특별한지를 이해할 수 없다. 회사의 독특한 창립의 결과로, '닥터브로노스' 비누는 마케팅에서 윤리적 제조의 역사를 내세울 수 있

[그림 9-3] 닥터브로노스의 GMO 라벨링: 유전자 변형 성분을 사용하지 않는다는 표시
출처: 닥터브로너스 홈페이지.

는 이점을 누리게 되었다. 이 제품의 독특함을 가장 잘 나타내는 포장은 회사의 철학을 완벽하게 소개하는 역할을 한다. 많은 소비자들은 샤워를 하면서 도덕성 실천을 위한 ABC를 읽을 수도 있었다.

물론 이른바 '건설적 자본주의'에 대한 회사의 헌신은 이례적인 포장이나 회사 사명(mission)에서 언급된 진술을 훨씬 뛰어 넘는 수준이다. '닥터브로노스' 비누는 '합법적인 목표에 따라 사회와 환경에 긍정적인 영향을 미치는' 영리를 목적으로 하는 기업이어야 한다고 명시한 이익회사(B-Corp)[1]에 해당한다고 할 수 있다. 이를 위한 브로너의 성공은 놀랄 만하다. 이 회사는 주요 환경 및 사회 문제에 대한 인식을 제고하고, 가능한 한 미국 농무부(United States Department of Agriculture: USDA) 인증을 받은 공정거래 원료를 사용하고, 임원 급여는 하위 직원의 5배 이하로 제한하는 공평한 보상 구조를 마련하는 등 몇 가지 가시적인 목표를 내세우고 있다.

4) 사례 4: 컨셔스커피(Conscious Coffees)

세계적으로 커피산업은 세계의 최빈곤층 1억 2천만 명 이상의 생계를 직접적으로 지원하고 있다. 커피 생산만큼 기후변화에 민감한 산업도 없을 것이다. 따라서 전지구적인 기후 변화에 적극적으로 대처하지 않는다면 2050년까지 세계 커피 농장의 절반에 달하는 토지가 유실될 수 있다.

많은 기업들은 전 세계의 커피 생산 농가와 생산자 처우 개선을 위해 노력하고 있으며, '컨셔스커피' 가장 대표적인 기업이라 할 수 있다. 콜로라도(Colorado)주 볼더(Boulder)에 본사를 두고 있는 '컨셔스커피'는 1996년 마크 글렌(Mark Glenn)과 멜리사 글렌(Melissa Glenn) 부부에 의해 설립되었는데, 나중에 현재 소유자인 크레이그 램버티(Craig Lamberty)가 회사를 인수했다.

---

1 미국에서 '이익회사'를 의미하는 B-Corp(Benefits Corporation)는 일종의 영리법인이며, 35개 주와 워싱턴 DC에서는 기업의 최고 이익에 사회, 근로자, 지역사회 및 환경에 미치는 긍정적 영향을 포함하도록 명시하고 있다. 전통적인 C-Corp와 비교된다.

설립 이후 '컨셔스커피'는 남아메리카 전역의 재배자, 농부, 공급자들에게 혜택을 주기 위한 생산 파이프라인 개선을 위해 노력해 왔다. '닥터브로노스' 비누처럼, '컨셔스커피' 역시 이익회사(B-Corp)이며, 지역사회 영향력 점수에서 전 세계 이익회사 중 상위 10% 안에 들기도 했다. '컨셔스커피'에 대한 모든 것은 회사명과 로고 등에 잘 나타나 있는데, '컨셔스커피'가 사명감과 윤리적 생산 철학이라는 브랜드로서의 원칙을 충실히 구현하고 있는 것만큼 굳이 윤리적 마케팅을 추가적으로 할 필요성을 느끼지 못하고 있다.

'컨셔스커피'는 윤리적 생산 과정과 공정 거래 상거래에 대한 강한 의지와 더불어, 광범위한 지역사회 관계 활동에도 참여한다. 일례로, 그들이 운영하는 CAFE(Coffee and Farmer Equity) 생활 프로그램은 지속적인 훈련 워크숍과 지원 프로그램을 통해 엘살바도르, 과테말라, 멕시코, 니카라과 사람들이 자신들의 커피 사업을 소유하고 운영할 수 있도록 도움을 준다. 또한, 이 회사는 정기적으로 지역사회 자전거(Community Cycles) 프로젝트에 커피를 기부하는데, 이 프로젝트는 볼더 전 지역의 자전거 애호가들이 오래된 자전거와 중고 자전거의 수리 · 유지 · 개조를 돕기 위한 프로젝트이다. 의식 있는 커피 전문가들로 구성된 커피즈(Cofes)팀은 미국 국제개발처(United States Agency for International Development: USAID)가 지원하는 F2F(Farmer to Farmer: 개발도상국의 농민, 농장그룹 및 농업기업에 지속가능한 역량 구축을 촉진하기 위한 자발적인 기술지원 프로그램) 이니셔티브의 일환으로 재배자와 농부들에게 기술적 조언과 지원을 제공한다. 이 이니셔티브는 남아메리카 전역의 커피 재배자들이 수확량을 극대화하고 북아메리카 유통업자들과 공정한 거래 관행을 맺을 수 있도록 노하우를 제공해 준다.

5) 사례 5: 파머다이렉트(Farmer Direct Co-op)

북아메리카에서 농업이 가장 어려운 직업일 뿐만 아니라 가장 비윤리적인 산업이라는 사실을 알고 있는가. 대기업 소유 농장의 기업화 문제에서부터 가축에 가해지는 잔인함과 비참함에 이르기까지 농업은 보통 사람이 생각하는 목가적인 풍경과는 다소 거리가 멀다.

바로 농업의 이러한 점이 캐나다의 '파머다이렉트' 사에게 흥미진진한 요소로 다가왔다. 전적으로 노동자 소유 협동조합인 '파머다이렉트'는 사명감을 가지고 농업에 임하고 있다. 남부 앨버타(Alberta), 매니토바(Manitoba), 서스캐처원(Saskatchewan)에 걸쳐 있는 60개 이상의 민간 소유 및 운영 농장으로 이루어진 협동조합 네트워크는 코누코피아 연구소(Cornucopia Institute)나 페어 월드 프로젝트(Fair World Project)와 같은 지속가능한 농업과 책임 있는 환경 보호를 기치로 내세우는 조직들과 제휴를 맺었다.

'파머다이렉트'가 판매하는 모든 협동조합의 농산물은 유기농 인증을 받은 콩, 완두콩, 귀리 등을 포함하며 북아메리카 전역의 슈퍼마켓 체인(Whole Foods Market)에서 판매되고 있다. 윤리적 마케팅은 '파머다이렉트' 운영의 핵심적인 가치라 할 수 있다. '파머다이렉트'는 소셜미디어와 블로그 및 뉴스레터를 통해 다양한 건강한 식습관, 조리법 및 기타 재미있는 콘텐츠를 제공하고 있는데, 이 모두가 소비자가 음식에 대해 더 나은 결정을 내리고 보다 건강한 삶을 살 수 있도록 하기 위한 것이다.

'파머다이렉트'는 농업단체로서는 드문 일이지만, 소셜플랫폼 핀터레스트(Pinterest)에서 뛰어난 프로필을 유지하고 있다. 핀터레스트 프로필은 항상 페이스북과 트위터의 메인스트림과 함께 항상 볼 수 있어서 기업의 미션과 가치를 전달하는 데 효과적으로 작동한다. '파머다이렉트'의 임무는 이 게시물에 등장하는 다른 기업들보다 조금 더 도전적인 내용을 담으려 한다. 그들은 무언가를 팔려고 하거나 유기농 농산물에 대한 수요를 진작시키기 위한 것이 아니라 사람들이 음식에 대해 생각하는 방식과 우리의 음식이 어디에 왔는지에 대한 생각을 바꾸고 싶어 했다. 지금까지 산업화된 농업은 바람직하지 않는 방향으로 우리의 먹는 방식을 변화시켜 왔기 때문에 '파머다이렉트'의 이러한 목표는 매우 야심찬 것이 아닐 수 없다.

'파머다이렉트'가 추구하는 윤리적 마케팅의 또 다른 요소는 단순한 환경적 관점에서 실제로 지속가능한 농업을 위해 헌신적인 노력을 한다는 것이다. 많은 농장들

[그림 9-4] 파머다이렉트 페이스북

출처: 파머다이렉트 공식 페이스북 페이지.

은 가축이 자유롭게 돌아다닐 수 있는 환경에서 키웠다는 유기농 인증이나 아름다운 목장을 강조하고 있는 반면, '파머다이렉트'는 토사 침식과 같은 요소들이 어떻게 농촌을, 심지어 개별적인 농장을 황폐화시킬 수 있는지에 대한 인식을 높이고자 했다.

윤리적 마케팅은 재화가 어떻게 생산되는지, 어떻게 유통되고 판매되는지, 그리고 이 과정에서 공정하고 윤리적인 거래방식에 대한 기존의 인식을 바꾸기 위한 것이다. 윤리적 마케팅은 기업의 가치가 고객들의 이상적인 가치에 부합하도록 조정하면서 고객들의 브랜드에 대한 충성도를 높이고자 한다.

지금까지 살펴본 5가지 윤리적 기업 사례는 기업들로 하여금 어떻게 조직의 박애주의적 원칙을 수립하고, 이러한 원칙을 판매하는 제품에 실현할 수 있는지에 아이디어를 제공해 줄 수 있다. 물론 모든 회사가 윤리적 마케팅에 적합한 것은 아니다. 그러나 적어도 자신의 기업에 적합한 윤리적 마케팅이 무엇인지를 고민하고, 이의 구체적인 실행 방안이 무엇인지를 찾으려는 노력은 모든 회사에게 필수적인 요소라 할 수 있다.

5. 윤리적 마케팅의 미래

1) 마케팅이 직면한 윤리적 문제

윤리적 마케팅은 광고, 조사 및 데이터의 사용, 경쟁 및 회사 정책상의 우위를 점하기 위한 전략이 될 수 있다. 그러나 윤리적 마케팅 전략을 실현하는 과정에서 다음과 같은 문제에 직면할 수 있다.

- 무책임한 시장 조사: 부적절한 시장 조사와 집단화는 바람직하지 않은 믿음과 태도를 형성하여, 결과적으로 마케팅 행동에 영향을 미칠 수 있다. 예를 들어, 모든 여성이 분홍색을 좋아한다는 가정하에 모든 광고 캠페인이 이러한 믿음에 근거한다면 엄청난 실수가 될 수 있다.
- 특정 시장의 수용자만을 선택: Boundless에 따르면, 선택적 마케팅 관행의 사용은 기업들에 의해 일련의 소비자 장난들이 제외되어 종종 사회적 불평등과 불안을 야기한다. 빅토리아 시크릿(Victoria Secrets)의 '완벽한 몸매 캠페인'은 모든 여성을 화나게 만들고, 다리가 길고 날씬하며 잘 다듬어진 슈퍼모델이 등장한 광고를 본 소비자가 이 회사로부터 멀어지게 할 수도 있다.
- 비윤리적 광고 및 판촉: 제품의 기능이나 중요성에 대해 허위로 진술하는 것은 비윤리적 이익추구 방안이다. 수년 동안 네슬레는 특히 모유수유를 대체하고자 하는 가난한 국가의 여성을 대상으로 교묘하고 공격적인 마케팅을 수행했는데, 그 결과 네슬레의 유아용 음식은 자주 소비자의 보이콧 대상이 되었다. 이러한 조작적 마케팅 기법은 유아 및 그 가족에게 많은 피해와 손실을 입혔다.

- 소비자를 귀찮게 하기: 텔레마케팅을 통한 전화권유(cold calling) 방식의 마케팅은 소비자를 귀찮게 할 뿐만 아니라 판매회사를 신뢰하기 어렵게 만든다. 소비자에게 강제적으로 다가가 귀찮게 하는 방식은 다이렉트 마케팅과 동의어가 되었으며, 소비자로부터 최악의 마케팅으로 평가받고 있다. 오늘날 소비자는 TV 광고, 스팸, 다이렉트 메일 등을 어떻게 해서든 피하려는 경향을 보인다.
- 비윤리적 소비지 유인: 많은 회사는 값싼 가격을 미끼로 내세워 고객을 끌어들인 다음, 광고한 제품이 기본적인 사양이기 때문에 사용하기 어렵다거나, 불충분하거나, 또는 가치가 없다는 이유를 내세워 슬쩍 값비싼 제품으로 대체해 권유한다. 많은 온라인 설문조사나 가정에서의 업무는 이러한 비윤리적 마케팅 기법을 활용하고 있다.
- 가격 전략: 시장을 잠식하고 경쟁에서 이기기 위해 제 살 깎아 먹기 수준의 가격 책정이나 공격적인 가격 정책은 비윤리적인 마케팅이다. 또한, 중소기업이 시장에 진입하는 것을 막기 위해 장벽을 설치하는 것도 비윤리적이다.

2) 피해야 할 비윤리적 관행

마케팅 진행과정에서 윤리적인 기업은 정직한 주장을 해야 하며 소비자의 요구를 만족시키는 데 있어서 경쟁기업보다 우월해야 한다. 이러한 관행은 시간이 지남에 따라 브랜드 진실성에 대한 소비자의 신뢰를 구축하고, 브랜드 충성도 증가로 이어지며, 소비자와 직원을 유지하고, 소비자와의 관계를 형성하며, 소비자의 좋은 평가가 확산되면서 사업이 발전하게 된다.

비윤리적인 마케팅 관행은 정반대의 결과를 가져와서 기업을 법률적 소송에 휘말리게 하거나 나쁜 평판과 소비자의 부정적인 경험을 확산시키게 된다. 다음은 회사를 망치지 않기 위해 피해야 하는 몇 가지 비윤리적인 마케팅 관행이다.

- 착취: 소비자를 위협하는 전술이나 강매방식을 피하고, 어린이나 노인과 같은

취약한 소비자를 보호하기 위해 노력해야 한다.

- 스팸: 소비자에세 다가가기 위해 일방적이거나 공격적인 보이스메일, 사서함, 전자메일 또는 다른 수단들을 남용해서는 안 된다.
- 비방 경쟁: 제품의 가치와 이익에 중점을 두고 제품의 독창적인 측면(usp)을 강조하는 마케팅을 해야 한다. 소비자는 제품을 비교해 보고 더 나은 제품을 선택할 수 있을 정도로 현명하다는 사실을 기억해야 한다.
- 허위의 광고 및 정보: 과장된 주장 또는 정직하지 못한 약속은 소비자로 하여금 회사를 불신하게 만들고 브랜드에 대해 구매동기를 찾기 어렵게 만든다.
- PR 목적의 박애주의적 제스처: 단지 세금을 줄이기 위해 자선단체에 기부하는 것은 회사를 이기적으로 보이게 하며, 소비자는 이러한 회사를 좋아하지 않게 된다. 반면, 소비자는 뭔가 인간적이고 자비롭다고 느끼는 회사에 대하여 돈을 지출하려는 경향을 보인다.

3) 기업 윤리의 진화

향후 기업은 사회적 이슈 해결에 적극적으로 나서야만 할 것이다. 광고 크리에이티브가 제품이나 브랜드의 소비자 대상 커뮤니케이션으로서 어느 정도 역할을 하겠지만, 결국은 제품이 소비자의 특정 문제나 상황을 해결할 수 있다는 사실을 충실히 전달하는 내용이 핵심이 될 것이며, 이러한 사실이 소비자의 구매 결정과정에서 얼마나 확신을 가지게 할 것인가가 관건이 될 것이다. 그러나 무엇보다도 중요한 것은 특정 제품이 어떤 기업의 제품이며, 그 기업이 사회적으로 얼마나 의미 있고 이타적(altruistic)인 행동을 하는지에 대한 사회적 평판일 것이다.

초기 자본주의 시대에는 기업의 이익추구 행위가 결국은 전체 사회의 발전을 도모하고, 사회의 발전이 구성원들의 이익증대로 이어질 것이라고 여겨졌다. 자유방임주의와 시장제도를 통한 자유로운 경제활동을 주장한 경제학자들의 주장은 기업의 무한한 이익추구 행위를 선(善)한 것으로 바라보는 측면이 강했으며, 이기적인 기업이 경쟁적으로 이윤을 추구하는 과정에서 최대의 효율성이 실행되며, 이 과정에서 생겨나는 문제점들은 '보이지 않는 손'에 의해 자동적으로 조정되어 바람직한 방향으로 나아갈 것이라는 믿음이 지배적이었다.

그러나 이러한 낙관적인 믿음들은 현실적으로 실현되지 않았으며 사회집단 내 '차이'를 발생시켰고, 비가역적인 자원과 에너지의 무분별한 사용으로 오염과 재해의 결과를 낳기도 하였다. 1990년대에 들어와서는 기업과 다양한 모습으로 관계를 맺고 있는 이해관계자들(stakeholders)을 고려해야 한다는 주장이 등장하는 등 기업의 일방적 행위에 대한 반성적 목소리들이 등장하였다. 이러한 주장의 핵심에는 기업이 사회적 권한을 가진 만큼 사회적 책임도 져야 하고, 모든 이해관계자를 동등하게 존중해야 하며, 진정성을 가지고 대해야 한다는 내용이 포함되어 있다. 또한, 기업은 이해관계자들과 항상 상충관계에 있지 않으며, 기업은 고객이 원하는 제품을 생산하면서 직원에게 좋은 대우를 해 주고 공급사의 풍요로운 이익이나 사회에 대한 성실한 공헌을 실현시키며 자신의 이익도 창출할 수 있는 방법을 생각해 봐야 한다고 주장하였다(Freeman, 1984).

2011년 미국에서 시작된 금융위기가 전 세계적으로 확산되자, 현재의 위기가 자본가나 거대 기업의 끝없는 욕심으로부터 촉발된 것이며, 지금까지의 자본주의는 '천사의 모습을 한 악마'에 지나지 않기 때문에 정부가 적극적으로 나서서 자본과 기업의 탐욕을 억제해야 한다고 주장하였다. 또한, 기업들이 마지못해 적선(積善)하는 정도의 책임으로는 더 이상 소비자의 불만을 잠재울 수 없고, 자본주의의 혜택이 일부 자본가나 기업들에게만 돌아가서는 안 되며, 구성원 모두에게 골고루 돌아갈 수 있는 방안을 적극적으로 모색해 봐야 한다는 주장이 제기되었다(Kaletsky, 2010).

초기 자본주의하에서 자본가나 기업은 이윤을 추구하는 행위 자체가 자본주의 발전을 위해 필수불가결한 것이기 때문에 무한한 자유를 보장받았다. 이 시기에 기업은 최소한의 법적 규범만을 지키면 되었다. 그러다가 기업도 사회로부터 이익을 얻고 어떤 의미에서 구성원의 희생을 바탕으로 기업의 성장이 가능한 것이기 때문에 일정 수준 사회적 책임을 인식해야 하고, 실천적인 행위로 이어져야 한다는 요구들이 늘어나게 된다. 〈표 9-2〉에서 보여 주듯이, 초기 자본주의 시대의 기업은 징계를 회피하기 위해서나(징계회피단계) 실용적 복적을 위해서(실용단계) 행동하면 되었다. 그러나 오늘날 기업은 기업 본래의 목적 실현보다는 하나의 시민(citizen)으로서 사회적 이슈에 적극적인 관심을 보이는 것은 물론 이의 해결에 적극적으로 나서야 하며, 이 과정에서 기업의 사회적 유용성을 인정받게 될 뿐만 아니라 결과적으로 기업의 목적도 실현할 수 있게 된다는 주장들이 힘을 얻게 되었다(Parkinson & Ekachai, 2014, pp. 19-21).

기업의 윤리적 실천단계 또한 최소한의 회피단계에 머물러서는 안 되며, 기업이 공동체의 일원으로서 소비자 복지와 공공선을 실현하는 단계로 발전해 가야만 할 것이다. ■

표 9-2 윤리적 실천의 수준별 단계

1. 징계회피단계: 목적이 수단을 정당시하며, 법이나 규정을 위반하지 않으면 윤리적으로 인정받음
2. 실용단계: 개인적 이익이나 기쁨을 최대화 하는 것이 바람직하며, 즐겁다고 느껴지는 대로 행동해 쾌락을 최대화하는 것이 바람직함
3. 협력단계: 가장 가까운 가족, 친구, 동료들이 행복해하는 것만을 행하는 것이 바람직함
4. 조직단계: 조직의 공식적인 규칙을 따르고, 직업적인 동료들 사이에 정당화될 수 있는 것만을 실천하며, 직업 공동체의 목적과 이익을 촉진하기 위하여 행동하고, 조직의 목적과 관심을 촉진하기 위하여 행동하는 것이 바람직함
5. 원칙에 의거한 단계: 공리주의, 정의의 원칙, 보편원리, 이타주의와 공감, 다원주의, 자율성에 근거하여 행동하는 것이 바람직함
7. 철학적 단계: 다른 사람들이 준수해야 할 원칙이 될 수 있도록 행동하고, 스스로 공동체의 구성원으로서 행동하며, 공공선을 위한 행위일지라고 그로 인해 고통받는 사람을 최소화해야 하고, 무엇이 옳은가에 대한 반성 및 개방성을 바탕으로 한 직관에 의해 행동하기

출처: Snell (1993), p. 31.

제10장

광고비평의 실제

차유철(우석대학교 광고홍보이벤트학과 교수)

1. 광고비평이란 무엇인가
2. 광고비평의 대상
3. 광고비평가
4. 광고비평의 독자
5. 광고비평방법
6. 광고읽기와 광고비평

◈◇◈

'**광고비평**은 가능한가?'라는 질문과 '광고는 문화예술의 한 장르로서 체계적이고 객관적인 비평방법이 적용되어야 한다.'는 주장은 서로 대립적인 의견이 아니다. 그동안 적지 않은 광고비평 연구가 진행되어 왔고, 비평들이 출판되어 왔다는 것은 광고비평이 가능성을 넘어 실행의 단계에 들어선 것이라고 할 수 있다.

그러나 광고비평에 대한 개념은 광고비평가 혹은 광고비평을 비평하는 연구자들 사이에 충분한 합의가 이루어진 것처럼 보이지는 않는다. 실제로 광고비평이라는 타이틀을 내세운 책이나 기고문들을 읽다보면 과연 '광고비평이란 무엇인가?'라는 원초적인 의문을 갖게 된다.

이쯤에서 여러 비평가들 혹은 연구자들의 의견을 수렴해서 광고비평의 개념과 방법을 정리할 필요가 있다. 또한, 다른 문화예술과 광고의 근본적인 차이에 따른 광고비평의 특성도 짚어보고자 한다.

1. 광고비평이란 무엇인가

'광고비평'이라는 용어는 한편으로는 매우 익숙하면서 다른 한편으로는 매우 낯설다. 전자의 이유는 비평이 국어사전에 나온 의미 중 "남의 결점을 드러내어 좋지 않게 말함"이라는 뜻으로 자주 사용되고 있기 때문이다. 초등학교 교과서에서조차 광고를 비판적으로 읽어야 할 대상으로 묘사하고 있는데, 여기에서의 '비판'은 가치중립적인 의미가 아니라 '경계'를 의미하는 것으로 보인다. 후자의 이유는 광고비평이

다른 문화예술 비평처럼 폭넓게 논의되고 있는 분야가 아니기 때문이다. 따라서 친숙해질 만큼 주목받지도, 접촉할 기회도 많지 않았다.

비평(criticism)의 어원은 그리스어 'kritik'에서 온 것이라고 하는데, 이 말은 '분할' '구별'을 의미한다. 분할과 구별이란 '판단'을 의미하므로, 문화예술 비평에서의 비평이란 문화현상이나 예술작품에 대한 가치판단이라고 할 수 있다. 판단에는 기준이 필요한데, 그 기준에 따라 작품의 좋고 나쁨, 장점과 단점을 판별하고 평가를 내리는 것이라고 할 수 있다(노동자의 책 홈페이지).

사실 광고비평이라는 영역이 정립되어 있는지는 불분명하다. 용어도 있고, 관련 출판물도 다수 있다는 점에서 존재를 의심할 수는 없다. 그러나 개념이 존재한다고 해서 실질적으로 누구나 인정할 만한 위상을 갖고 있다고 단언하기는 어렵다.

강준만(1991)은 "광고비평이 외면되고 있는 이면에는 몇 가지 이유가 있다. 첫째, 비평행위 자체의 만족감이나 '보도효과'에 있어서 광고는 일반 프로그램에 미치지 못한다. 둘째, 비평행위의 구체적 실천에 있어서도 광고는 일반 프로그램에 비해 까다롭고 지루하다. 셋째, '광고는 원래 그렇고 그런 것'이라고 포기하는 경향이 있어 비평행위에 따른 개선효과에 대해 비판적이다."라고 하였다. 이후 많은 시간이 흘렀지만, 여전히 이러한 언급은 유효한 것으로 보인다.

바로 이 점이 광고비평에 대한 논의의 출발선이어야 하지 않을까 한다. 즉, 광고비평에 대한 개념 정리, 광고비평의 대상, 광고비평의 독자, 광고비평방법, 광고비평의 지향 등을 논의함으로써 존재와 위상을 함께 정립해 나가야 할 것이다.

광고비평에는 크게 2가지 범주가 있다고 본다. 하나는 비평이라는 단어의 의미 그대로, 광고의 좋고 나쁨, 옳고 그름, 아름답고 추함 등의 가치를 판단하는 것이다. 이는 다른 문화예술 비평과 다를 것이 없다. 광고를 문화현상의 하나 또는 예술의 한 형태로 간주하고, 그에 맞는 비평적 접근을 하는 것이다. 다른 하나는 비평이라기보다는 비난이라고 하는 것이 더 적합한 부정적 접근이다. 이러한 시각은 개개의 광고물에 대한 평가 이전에, 광고 또는 광고산업 전반이 사회에 끼치는 부정적인 측면에 주목하고 있다. 'criticism of advertising'이라는 구절과 연관된 자료들 대부분이 광고가 비판 또는 비난받는 부분이 어떠한지를 다루고 있다. 이는 광고의 출발이 상업적이라는 선입견이 크게 작용한 것으로 보인다.

전자의 경우도 처음부터 문화예술비평의 하나로 시작한 것은 아니다. 원용진(1997, p. 22)은 "기존의 광고비평은 광고 제작자들의 크리에이티비티를 평가하고 광고산업에 도움을 주고자 행해졌다. 광고가 얼마나 의도했던 만큼 효과를 거둘 수 있을까 등에 초점을 맞추어 왔던 것이다. 그런 의미에서 본격적인 광고비평이라기보다는 산업적 편의를 위한 광고평가 정도에 머물렀다."라고 하였다. 광고평가와 광고비평이 동의어라고 할 수는 없으나 무관하다고 할 수도 없다. 아마 이러한 접근은 후에 마케팅적 비평으로 변신하였을 것이다.

원용진은 또한 "광고의 진위 여부를 중심으로 비평하고자 하는 움직임이 있었다. 광고의 진실성/허위성을 따지는 비평이 바로 그것이다."(원용진, 1997, p. 22)라고 하였는데, 이는 후자의 접근과 가까워 보인다. 문학이든 예술이든 진실성과 허위성을 비평의 가치기준으로 삼는 경우는 거의 없을 것이다. 광고에 이런 기준을 적용한다는 것은 광고를 비평해야 할 작품으로 인식하는 것이 아니라 검열하거나 심의해야 할 대상으로 간주한 것이다.

1990년대부터 최근까지 광고비평에 관한 이론서들과 광고비평 사례서들이 나오면서 광고비평에 관한 논의가 자리잡아 가고 있는 것으로 보인다. 이들 외에 미디어에서 광고비평을 다루는 경우도 종종 눈에 띄고, 정규 교과에서도 다뤄지고 있다는 점은 고무적이기는 하다. 그러나 실천적이고 대중적인 광고비평까지는 아직 가야 할 길이 많이 남은 듯하다.

2. 광고비평의 대상

문학비평의 대상은 당연히 문학작품이고, 미술비평의 대상은 미술작품이다. 물론 문학사조나 미술사조도 비평의 대상이 될 수 있다. 광고비평은 이들에 비해 대상이 조금 더 확장되어야 하지 않을까 한다.

원용진(2004)은 미디어 비평에서 프로그램, 산업, 법제를 비평의 대상으로 보고 있다. 이를 광고에 적용하면, 광고물, 광고산업, 광고관련 법규들이 될 것이다.

다른 문화예술처럼 작품이라고 할 수 있는 개별 광고물이 주된 비평의 대상이어야 하겠으나, 실제로 하나의 광고물을 심층적으로 다룬 비평보다는, 여러 광고물을 함께 살펴봄으로써 경향에 주목하거나 사회적 맥락에 초점을 두는 비평을 더욱 쉽게 접할 수 있다. 또한, 광고가 다른 문화예술들과는 달리 경쟁적이라는 면을 고려하면, 특정 광고뿐 아니라 경쟁관계에 있는 광고도 함께 비평할 수 있을 것이다.

광고산업을 비평하는 경우는 아마 광고라는 업에 대한 의혹, 경계, 비난 등이 주류를 이루지 않을까 한다. 실제로 그동안 광고비평의 주된 주제는 광고가 사회에 끼치는 혹은 끼친다고 의심받는 해악들을 지적하는 경우가 많이 있었다. 그러나 광고라는 산업을 문화예술로서의 광고물을 생산하는 주체로 보는 접근도 필요할 것이다.

우리나라의 광고 관련 법규는 「옥외광고물 등의 관리 및 진흥에 관한 법률」을 제외하고는 '광고법'이라는 이름으로 제정된 것이 아니라 대부분 파편적으로 여러 분야에 흩어져 있다. 따라서 각 미디어별 광고심의규정이나 윤리규정도 검토해 볼 만한 대상일 것이다.

3. 광고비평가

누가 광고비평을 하는가? 왜 광고를 비평하는가? 그들은 광고를 어떻게 인식하고 있는가?

비평과 평론을 동의어로 본다면, 대중문화평론가, 미술평론가, 문학평론가, 음악평론가 등은 미디어나 출판물을 통해 적지 않게 접해 본 직업이다. 그러나 광고비평가 또는 **광고평론가**라는 직업은 익숙하지 않다. 직업이라는 단어가 적합하지 않을 수도 있지만, 적어도 이름 앞에 비평가나 평론가라는 호칭을 붙이려면 그것이 그 사람의 중요한 업이어야 할 것이다.

미국에서도 광고비평가가 하나의 업으로 자리잡고 있는지는 단언하기 어렵다. 구글에서 광고비평가(advertising critic)를 검색해도 이렇다 할 광고비평가가 나오지는 않는다. 히스토리 채널에서 제작한 〈광고의 역사(A History of Advertising)〉(Sell & Spin, Historchannel.com)에서는 『애드위크(Adweek)』의 바바라 리퍼트(Barbara Lippert)가 광고비평가로 소개되고 있다. 바바라 리퍼트의 공식 직함은 『애드위크』의 편집자이지만, 여러 기고문에서 광고비평가라는 타이틀을 내세워 왔고, 실제로도 2010년까지 『애드위크』에 20년 이상 광고비평을 게재해 왔다. 그 이후에는 옴니콤 그룹의 계열사인 GS&P(Goodby, Silverstein & Partners)에서 대중문화 큐레이터(curator of popular culture)로 활동하고 있다.

『저널 오브 마케팅(Journal of Marketing)』에 실린 「광고-비평가의 관점(Advertising-A Critic's View)」(Colston, 1962)에서도 비평가라는 직업이 등장한다. 저자인 콜스톤은 암허스트대학(Amherst College)의 경제학 교수이자 소비자조합(Consumers Union)의 공동설립자이다. 이 논문에서 콜스톤은 허위광고, 기만광고, 식역하광고, 광고의 진실성 등을 다루면서, 광고를 비이성적이고 부적절한 것이며, 종종 소비자 조작의 도구로 이용된다고 비난하였다.

우리나라에도 광고평론가 혹은 광고비평가를 자처하거나 타인으로부터 그렇게 불리는 이들이 더러 있다. 그러나 정말 광고비평가라고 부를 만큼 광고비평이 그 사람의 중요한 업인지는 확언하기 어렵다. 이희복 교수는 광고비평가를 자처하는 사람은 많아도 실제 광고비평을 하는 사람은 많지 않으며, 직업적인 광고비평가는 전무하다고 보았다. 저널리즘 종사자들이 광고주의 보도자료를 인용해서 광고비평이라고 포장하는 경우도 있고, 전공 학생이나 일반인이 감상이나 평을 남기는 형태가 대부분이라고 하였다(이희복, 권혁렬, 2009).

다른 문화예술 영역에서도 비평가 혹은 평론가라고 해서 모두 비평을 주된 업으로 삼고 있는 것은 아니다. 바바라 리퍼트처럼 관련 분야 전문지의 편집인일 수도 있고, 콜스톤처럼 관련 분야 학자일 수도 있다. 혹은 그 분야의 작가일 수도 있다. 어떤 형태로든 전문적인 식견을 가진 사람은 비평가가 될 수 있을 것이다.

문화평론가인 진중권(2012)은 양식의 변화가 빈번한 20세기 이후 비평은 입법의 역할을 하므로 비평가는 입법자(立法者)의 역할을 한다고 하였다. 이미 존재하는 기준에 따른 작품 평가가 아니라 얼마나 새로운지를 평가한다는 것이다. 광고비평가 역시 전문적인 식견에 새로움을 접목할 수 있는 안목이 필요할 것이다.

우리나라 대학교에 광고학과를 처음 만든 리대룡 교수는 "광고를 비평하는 사람은 광고에 애정을 갖고 있어야 한다."라고 하였다. 이희복 교수 역시 광고를 좋아하고 즐겨할 때 비평이 가능하다고 주장하고 있다. 광고를 잘 안다고 비평가가 되는 것은 아니라는 의미일 것이다. 광고뿐 아니라 다른 분야에서도 명심해야 할 비평가의 덕목이 아닐까 한다.

4. 광고비평의 독자

어떤 분야의 비평이든 독자가 없다면 비평의 필요도 없을 것이다. 그럼에도 비평을 한다면 자기만족이나 자기과시를 위한 글쓰기이거나 정말 순수한 문예로서의 창작활동일 것이다.

"누가 읽고 또는 언제 어디서 왜 읽는가를 문제 삼지 않는"(정정호, 1998, p. 158)다고 한 것처럼, 비평은 독자를 특정하거나 읽는 이유를 반드시 정할 필요가 없는 것은 아닐까?

"새로운 창작과 비평에 대한 논의가 아직 도래하지 않은 독자를 상정하면서 이루어졌다는 사실은, 그간 가시화되지 않았던 독자를 중심으로 문학의 의미를 재규정 혹은 해체하고자 하는 시도가 최근에야 이루어지고 있다는 점에서 아이러니하다. 그간 문학은 전문 독자인 비평가의 역할이 점차 강화되던 시간이었다고 할 수 있는데, 실상 전문 독자 너머의 독자에 대한 논의를 어렵게 한 주요 원인 가운데 하나가 비평가의 비중이 커지던 사정과 무관하지 않기 때문이다."(오혜진, 2016; 소영현, 2017:

소영현, 2019에서 재인용)라는 지적 역시 비평에서도 독자의 중요성을 인식해야 함을 의미한다.

미술평론가인 심상용(2017)은 "비평이 미술계 너머의 일반 대중을 독자로 온전하게 고려해 본 적이 있었을까?"라는 비판적 질문을 제기하였다. 바꿔 말하면, 미술비평의 독자는 미술계 내부에 한정되어 있다는 것이다. 그는 일반인 독자가 비평이 어려워서가 아니라 동의할 수 없어서 외면하는 것일 수 있음을 지적하고 있다. 일반인의 흥미를 끄는 대중문화나 영화 등을 제외한 대부분의 문화예술 비평이 미술비평과 크게 다르지 않을 것이다. 그 업과 관련된 집단이 주된 독자층이라고 할 수 있다.

그렇다면 광고의 경우는 어떨까? 대중문화처럼 대중적이고, 영화처럼 영상콘텐츠들이 있고, 더구나 무료로 제공되는 만큼 누구나 쉽게 접할 수 있다. 그렇다면 광고비평 역시 일반인이 독자라고 생각할 수 있지 않을까?

원용진(2004)은 "미디어 비평은 문예비평에 비해 훨씬 더 대중적인 독자를 갖고 있다."라고 하였다. 또한 원용진(1997)은 광고비평의 독자를 두 부류로 구분하였다. 하나는 광고 수용자인데, 이들에게는 광고가 만들어 내는 의미와 광고 제작과정, 광고가 가능해지는 조건을 전달해야 한다. 다른 하나는 광고 제작자인데, 이들에게는 광고계 동향과 전망, 대중문화 형식으로서의 중요성을 전해 줌으로써 자긍심을 심어 주어야 한다.

그런데 정말 광고 수용자는 광고비평에 관심이 있을까? 광고를 비평하면서까지 분석적으로 보려고 할까? 비평이 분석해야 이해할 수 있는 광고라면 광고로서의 기능을 이미 상실한 것은 아닐까? 비평의 독자로서의 광고 수용자는 단순한 수용자가 아니라 깊은 관심을 가진, 이를테면 광고를 배우거나 전문적이지는 않더라도 연구하는 일부 수용자가 아닐까 한다. 아니면 비평을 우연히 접한 일반인—일반인들은 누구나 광고 수용자라고 간주할 수도 있을 것이다—일 수도 있겠다. 후자는 적극적 혹은 자발적 독자가 아니라 소극적이고 수동적인 독자라고 할 수 있다.

마찬가지로, 광고 제작자들이 광고비평의 독자인지도 확신하기 어렵다. 자신이 만든 광고에 대한 비평이 어딘가에 발표된다면(또한 그것을 접할 기회가 있었다면) 당연히 관심을 갖게 될 것이다. 이런 상황은 대부분 미디어를 통해 비평이 발표된 경우에나 유효할 것이다. 광고 제작자는 보편적인 광고비평의 독자라기보다는 간헐적 독자일 가능성이 있다.

이들 외에 광고비평의 독자로 추정할 수 있는 부류들이 있다. 자사의 광고에 대한 평가에 관심을 갖는 광고주와 광고비평 자체에 관심을 갖는 비평가 집단일 것이다. 광고주 입장에서는 비평이 평가뿐 아니라 홍보의 수단으로 간주될 수 있다.

5. 광고비평방법

광고비평방법은 광고비평가들 사이에서 독창적으로 만들어진 것이 아니라 기존 문화예술 분야의 방법론들을 차용하고 있다. 실제로 지금까지의 광고비평에 그러한 방법론들이 두루 적용되고 있는지는 확인하기 어렵다. 다만, 광고비평을 주제로 한 출판물들에서 광고비평에 적용할 수 있는 방법들로 열거하고 있다는 것은 확인 가능하다.

물론 다른 문화예술 비평 역시 일거에 정립된 것은 아님은 주지의 사실이다. 문예비평을 역사의 흐름에 따라 개략적으로 요약하면, **재단비평**과 **인상비평**, **효용비평**과 **심미비평**, **전통적 비평**과 **신비평** 등으로 정리할 수 있다(한국도서관협회, 2010).

재단비평(裁斷批評)이란 미리 정해져 있는 객관적 기준에 따라 평가를 내리는 접근인 데 비해, 인상비평(印象批評)은 기존의 척도를 사용하는 대신 비평가 개인의 주관적인 인상을 중심으로 접근하는 것이다. 효용비평(效用批評)은 실용비평(實用批評)이라고도 하는데, 작품이 독자에게 미치고자 한 영향의 목적을 어느 정도 달성했는가에 따라 가치를 판단하는 것이다. 심미비평(審美批評)은 주관적인 접근이라는 점에서는 인상비평과 유사하지만, 초점이 미적 쾌감을 모색하는 데 있다. 전통적 비평(傳統的 批評)은 작품과 작가의 내면세계의 관계에 주목하는 전기적 접근인 데 비해, 신비평(新批評, new criticism)은 작품은 작품 자체적으로 판단되어야 한다는 입장을 취하고 있다.

이명재와 오창은(2009)은 현대비평의 여러 양상을 다음과 같이 정리하였다.

- 역사주의 비평: 원전비평, 전기비평, 역사비평
- 마르크스주의 비평
- 정신분석학적 비평, 테마비평
- 신화 · 원형 비평
- 형식주의 뉴크리티시즘
- 구조주의와 해체비평
- 기호학적 비평
- 독자반응 비평
- 여성주의 문학비평
- 대화비평과 담론이론
- 신역사주의 비평
- 문화연구적 비평
- 한국의 전통비평

이들을 모두 광고비평에 적용할 수 있다고 보기도 어렵거니와 적용할 필요도 없을 것이다. 다만, 관련된 연구들과 문헌들을 통해 광고비평가들이 적용할 수 있는 방법들을 선별하여야 한다. 해밀턴과 보들(Hamilton & Bodle, 2017, p. 4)은 "오늘날 실행되고 있는 광고활동은 전통적인 비평방식의 범위를 넘어선 것 같다."라고 하였다. 이들이 편집한 책에서는 조나단 하디(Jonathan Hardy), 올가 페도렌코(Olga Fedorenko) 등을 비롯한 여러 저자들이 비평적 정치경제학, 이데올로기 비평, 비평적 텍스트 분석, 수사학적 분석을 비롯해서 계층의 문제, 윤리의 문제 등을 비평의 기준으로 다루고 있다.

바트라(Batra, 1987)는 광고를 포함한 TV의 역할을 비평하는 데 기호학적 방법, 장르비평, 구조주의적 접근, 마르크스주의 방법, 정신분석학적 방법, 사회학적 방법 등 기존의 문예비평의 방법론들을 적용하였다.

아사 버거(Berger, 2005)는 미디어 분석방법으로 기호학적 분석, 마르크스주의적 분석, 정신분석학적 비평, 사회학적 분석을 적용하면서 분석과 비평이라는 용어를 함께 사용하였다. 분석대상 미디어 콘텐츠로 〈오리엔트 특급 살인〉, 풋볼, 뉴스전용 라디오와 미국 부르주아, 새로운 예술형태로서의 비디오 게임 등을 다루었는데, 특히 뱀과 여자가 등장하는 향수광고를 기호학적으로 분석하였다.

비록 국내에 광고비평의 실천이 다소 미흡하다고 하더라도, 비평방법에 대한 연구가 없었던 것은 아니었다. 김광수(1994)는 비평이라고 하면 대단한 이론이나 중대한 문제를 설명한다는 연상을 하게 되지만, 소비자가 모르는(이해하지 못하는) 광고는 문제가 있는 것이므로 소비자의 관점에서 비평해야 할 필요성이 있음을 주장하였다. 최창섭과 문영숙(1992)은 제도적 접근방법, 마르크스주의적 방법, 기호학적 방법, 정신분석학적 방법, 사회학적 방법 등으로 구분하였다. 원용진(2004)은 미디어 비평의 유형으로 기존 문예비평의 방법론을 그대로 적용하는 대신, 비평대상, 발표방식, 비평방식, 비평기준, 비평주체 등에 따라 체계적으로 분류하였다([표 10-1] 참조).

표 10-1 여러 기준에 따른 미디어 비평의 분류

비평대상	발표방식	비평방식	비평기준	비평주체
프로그램(텍스트) 비평 산업비평 법제비평	단평 리뷰 학술비평 전문비평	이론비평 실제비평 창조비평	신화비평 페미니즘비평 사회규범비평 역사비평	저널리즘비평 수용자비평 전문가비평 모니터링

출처: 원용진(2004), p. 28.

한편, 김외곤(2006)은 문학비평과 방송광고의 연관성을 모색하면서 전통적인 문학비평과 현대적인 문학비평방법들의 적용가능성과 적용사실을 기술하였다. 전통적인 문학비평으로 역사주의 비평, 형식주의 비평, 구조주의 이론, 사회문화적 비평, 심리주의 비평, 신화형성 비평 등을 들었으며, 현대의 문학비평이론으로 독자반응비평, 페미니즘 비평, 탈구조주의와 해체주의 비평, 포스트모더니즘, 신역사주의와

문화적 유물론, 탈식민주의 비평, 게이-레즈비언-퀴어 비평, 생태비평과 사이버비평 등을 제시하였다.

비평의 대중성을 모색하는 것도 바람직하고, 기존의 문예비평의 방법론을 적용하는 것도 고려해 볼 수 있다. 혹은 여러 기준을 적용하여 분류할 필요도 있을 것이다. 이 모든 것을 광고비평에 접목하는 것이 적절한 것인지는 판단하기 어려운 일이다. 김병희(2009)는 기존의 미디어 비평에서 공통적으로 언급된 비평방법과 광고에만 적용되는 비평방법들을 정리하여 다음의 10가지로 구분하였다.[1]

1) 기호학적 비평

기호학적 비평은 메시지를 이해하는 데 인간의 의미 생산 및 상호작용에 초점을 두는 접근방법이다. 기호학은 기호를 대상으로 한 학문으로 일종의 메시지 연구라고 할 수 있다. 대표적인 학자로는 피어스(Pierce)와 소쉬르(Saussure)를 들 수 있으며, 롤랑 바르트(Roland Barthes)는 광고의 기호학적 분석을 시도한 대표적인 인물이다.

피어스는 기호(sign)를 도상(icon), 지표(index), 상징(symbol)으로 구분하는데, 대상의 특성이나 유사성을 공유하는 것이 도상, 대상과 연결됨으로써 인과관계로 표현되는 것이 지표, 관습에 의해 그 대상으로 해석될 가능성이 높은 것을 상징으로 간주한다.

기호학 분석에서 의미는 외연(denotation)과 내포(connotation)에 의해 2단계로 작용한다. 1단계는 기표와 기의가 합쳐져 생성된 기호를 말하고, 2단계는 1단계에서 생성된 기호가 새로운 기표가 되어 새로운 기의와 결합하면서 특정 의미를 지닌 내포를 형성한다(안주아, 2004).

광고에서는 광고 메시지를 구성하는 기호체계, 즉 카피, 영상, 비주얼, 음악 등과 같이 드러나 있는 기표를 출발점으로 한다. 기표와 그것의 의미를 함축하는 기의의

1 이하 10가지 광고비평방법은 『광고비평방법』(원용진, 김병희, 강승구, 2009)에서 김병희가 저술한 내용을 기반으로 추가적인 문헌들을 참고하여 정리하였다.

관계를 구조적으로 살펴보는 것인데, 외연적 카피 내용이나 형태에 초점을 두기보다는 기호, 상징, 이미지 분석을 통해 광고에 내표된 의미를 드러내는 것이 기호학적 비평의 목적이다.

2) 신화비평

신화비평에서 의미하는 신화는 대체로 2가지 의미를 갖는다. 첫째, 신화들의 총체, 즉 사회종교적 차원에서 고대사회의 종교적 체계나 태초의 문화체계를 설명하는 것이고, 둘째, 오늘날 신화로 이해될 수 있는 추상적이고 환상적인 의미들 뒤에 숨겨진 의미를 찾는 것이다. 여기서 주목하는 신화비평은 후자의 의미를 갖는다(조성애, 2010).

신화비평이라는 용어는 질베르 뒤랑(Gilbert Durand)이 만든 것인데, 신화에 관해서는 인류 역사만큼의 오랜 역사가 있기 때문에 이에 대한 의미도 시대별로, 주장하는 이들에 따라 달라져 왔다. 뒤랑이 말하는 신화비평에 따르면, 하나의 텍스트에서 반복에 의해 강박적으로 자주 나타나는 이미지들을 신화소로 간주하게 된다. 신화비평은 예술을 여러 구성요소들이 복합적으로 어우러져 형성한 독특하고 개별적 구조물로 이해하면서, 구성요소들 간의 상호적 · 역동적 관계를 살펴보는 것이다.

광고에서 신화비평은 광고의 형식에 주목한다. 형식이라는 구조에 내재된 관념들을 추적하여 광고의 의사소통 체계를 규명하는 것이다. 광고에서 포착된 신화는 대상이나 개념이라기보다 의미작용의 한 양식에 가깝다. 광고의 메타언어적 속성을 해부하고, 신화소의 연결관계를 바탕으로 광고 메시지의 의미 작용과정과 형식을 알아내는 것이다.

3) 이데올로기 비평

'이념(理念)'이라고 번역할 수 있는 용어임에도 불구하고 이데올로기라는 말로 더

빈빈히 사용된다. 이데올로기라는 단어가 관념의 기원이 선천적인 것인가 후천적인 것인가를 다루는 의미로 사용된 것은 데스튀트 드 트라시(Destutt de Tracy)의 '이데올로기 원론'에 처음 나타났다(Mannheim, 1929).

마르크스주의에서는 이데올로기란 관념 자체를 의미한다기보다는 사회의 하부구조와 대비되는 개념, 즉 상부구조로서의 관념을 의미한다. 상부구조로서의 관념이란 계급사회에서 특정 계층의 이익을 위해 특정 이념을 정당화함으로써 하부구조를 억압하는 것, 즉 지배체제를 강화하는 것이다. 결국 사회와 개인은 이데올로기로부터 자유로울 수 없다(Tyson, 2012). 이데올로기 비평과 마르크스주의 비평이 동의어는 아니지만 종종 같은 의미로 사용되기도 하고 그 연장선이라고 할 수 있다.

이데올로기 비평의 관점에서는 광고를 체제 유지의 수단으로 간주하여, 광고가 사회 구성원들의 일상생활을 통제함으로써 사회관계를 지배한다고 보는 것이다. 광고는 단기적으로는 소비자를 설득하여 상품을 판매하는 것이지만, 장기적으로는 지배계급의 체제 유지를 위해 소비자 태도, 가치, 관습 등을 변화시키려는 시도로 보고 있다. 즉, 광고는 자본주의 체제를 유지하기 위해 소비자의 관념을 조작하는 것으로 단정하고 있기 때문에 광고물 또는 광고의 작동방식 자체를 비판적 · 부정적으로 접근한다.

4) 페미니즘 비평

페미니즘(feminism)이라는 말을 처음 사용한 것은 샤를 푸리에(Charles Fourier)라고 하는데(Goldstein, 1982), 이를 부정하는 주장들도 있다. 페미니즘은 1800년대 프랑스에서 여성 해방이라는 뜻으로 사용되었다고 한다. 영어 단어로 페미니즘은 단순히 '여성적 성질, 특성'을 나타내는 뜻으로 사용되었으나 20세기 들어서면서 여성의 권리와 성평등을 주장하는 여성주의로 의미가 달라졌다.

그런데 우리나라에서 페미니즘을 '여성주의'로 번역해서 사용하는 경우는 보기 드물다. 주된 이유는 페미니즘의 의미가 단순히 여성에만 국한되어 있지 않기 때문이 아닐까 한다. 이는 페미니즘의 역사를 대략적으로만 살펴보아도 다양한 분파가 있고, 주장하는 바가 다른 부분들이 많다는 점으로 미루어 짐작할 수 있다.

자유주의 페미니즘, 급진적 페미니즘, 교차 페미니즘, 트랜스 페미니즘, 사회주의 페미니즘, 마르크스주의 페미니즘, 포스트모던 페미니즘, 보수주의 페미니즘, 영적 페미니즘, 포스트 식민주의 페미니즘, 생태 페미니즘, 다원주의 페미니즘, 무정부주의적 페미니즘 등 수많은 분파들이 있었고, 지금도 생겨나고 있다.

분파가 얼마나 되든, 기본적으로 페미니즘은 여자(woman)를 '남자 혹은 인간(man)이 아닌(wo, 非)' 존재로 보는 오랜 고정관념에 대한 저항으로부터 출발하였다. 페미니즘 비평 역시 광고에 여성이 어떻게 보이는가에 주목하고 있다. 남성보다 열등한 존재, 여성스러움, 여성이 해야 하는 일, 여성적 사고 등을 지적하는 데 초점을 맞추는 한편, 남성의 우월성, 남성이 할 일, 남성다움, 남성적 사고 등도 주시한다. 대표적으로 가부장적인 관점이나 고정적인 남녀 성역할 관념에 의한 표현에 비판적이다. 성평등에 기여한다는 긍정적인 역할을 하고 있으나 맹목적인 남성 공격의 우려도 있는 것으로 보인다.

5) 사회학적 비평

창작자는 사회라는 관념의 틀을 통해서만 세계를 경험할 수 있고, 작품은 그러한 경험의 표상으로 간주하는 것이 사회학적 비평의 시발점이다. 기원을 멀리에서 찾는다면, 문학이 사회적 의미와 효과를 지니고 있다고 한 플라톤까지 이르게 되지만, 19세기 프랑스의 이폴리트 아돌프 텐(Hippolyte Adolphe Taine)이나 마르크스, 엥겔스 등에 의해 시작된 것으로 보고 있다.

사회학적 영화비평가인 애니 골드만(Annie Goldmman)은 영화는 사회를 드러내 주는 미디어이므로, 관객에게 우리가 사는 현실 속에서 눈에 보이는 힘의 방향이나 숨어 있는 경향을 발견하게 한다고 하였다(지명혁, 2000).

같은 맥락에서, 광고 역시 사회를 드러내 주는 미디어로서, 독자나 시청자에게 우리가 사는 현실에서 눈에 보이는 힘의 방향이나 숨어 있는 경향들을 발견할 수 있게 한다. 광고의 사회학적 비평은 포괄적인 접근방법인데, 광고의 사회적 역할과 광고가 창출하는 가치 등을 폭넓게 논의하게 된다. 광고에 나타난 가치는 성, 정치, 교육 등 다양한 사회 환경에 영향을 미치므로, 광고에 나타난 가치와 사회 구성원의 가치체계 사이의 함수관계에 관심을 갖게 된다. 사회심리가 집단적으로 수용되는 과정에도 주목하며, 광고가 의도한 결과뿐 아니라 의도하지 않은 결과까지도 논의의 대상이다.

6) 제도적 비평

제도적 비평은 예술가들이 그들의 작품을 구입하거나 전시하는 기관(institutions, 즉, 전시장, 미술관 등)의 요구에 부응하는 작품 활동을 하게 된 1960년대 후반에 시작되었다. 당시 이들 기관은 심미적 · 정치적 · 이론적으로 압박을 가하는 일이 있었기 때문에 '문화적인 속박'의 장소로 여겨지곤 하였다. 1990년대 아트 갤러리나 전시장에서 비평적 논의를 하는 것이 유행하면서 이들 기관이 문제이기도 하지만 해결책이기도 하다는 인식이 자리 잡았다(TATE 홈페이지).

'제도적 비평'에서 '제도(institutions)'란 사회제도라기보다는 전시장이나 미술관 같은 기관을 의미하므로 기관비평이라고도 한다. 제도적 비평은 작품을 전시, 판매, 구입 또는 집필할 수 있는 체계가 작품 자체만큼이나 정치적으로 건전하다고 요구한다. 작품이 정치적 투쟁을 부각시키거나 억압받는 사람들을 대변하는 경우, 그것은 현 상태를 영구히 유지하거나 억압을 강화하는 체제로 전환되어서는 안 된다(The Art Story 홈페이지).

광고에서의 제도적 비평은 광고가 사회적 풍요를 가져온다고 보고, 광고의 사회경제적 기능을 분석하는 데 초점을 맞추고 있다. 이때 광고를 사회제도로서의 광고와 제도유지 수단인 광고물로 구분하여 그 개념을 다르게 고찰한다. 특히 광고 텍스트보다 광고의 사회제도적 맥락에 주목함으로써 광고산업의 변화에 따라 대안적 광고제도를 제안할 수 있다는 점도 이 방법의 매력이다.

7) 수용자반응 비평

문학에서는 **독자반응 비평**(reader response critique)으로 더 잘 알려져 있다. 개별적인 독자나 특정 계층, 종족, 연령대, 성별에 속하는 독자층이 작품을 어떻게 수용하는가를 분석한다. 수용에 초점을 두고 있으므로 수용미학이나 수용이론으로 불리기도 한다(김외곤, 2006).

작품 자체의 심미적 분석을 중시한 신비평가인 윌리엄 윔사트(William K. Wimsatt)와 먼로 비어즐리(Monroe Beardsley)는 저자의 의도를 중시하는 것을 '의도적 오류(intentional fallacy)'라고 하고, 독자의 반응을 중시하는 것을 '감정적 오류(affective fallacy)'라고 하였다(김성곤, 2016). 신비평가들에 따르면, 작자와 독자보다 중요한 것은 작품 자체이다. 그러나 같은 작품에 대한 독자의 개별적 반응이 다르다는 점은 작품 해석이나 비평에서 매우 중요한 의미를 갖는다.

1960년대 초 문학을 가르치던 교수들은 같은 작품이라도 학생들의 해석이 각기 다른 것을 발견하였다. 기존의 객관적 읽기나 단일 결말이라는 전제에 문제가 있는 것으로, 각기 다른 해석이 모두 수용할 만한 것임을 인정해야 한다는 것이 독자반응 비평으로 이어진 것이다. 이러한 등장 배경으로 인해, 수용자반응 비평은 작품을 일정한 의미를 지닌 완성된 구조물로 보는 대신 '텍스트'라고 한다. 물론 비평방법은 텍스트 그 자체의 심미성이 아니라 수용자가 어떻게 반응하는가에 초점을 두고 있다.

광고에서의 수용자반응 비평은 텍스트의 의미를 고정된 것으로 보지 않고, 수용자의 접촉 행위를 통해 다양한 모습으로 재구성되는 것으로 본다. 즉, 광고는 수용자의 적극적 참여를 통해 의미가 완결되는 열린 구조를 갖게 된다. 비평의 초점은 광고 텍스트가 일방적으로 전달되는 것이 아니라 수용자와 광고 텍스트 사이의 상호작용에 맞춰진다. 비평가는 광고 제작자와 수용자 사이에서 서로 완전히 동의할 수 있는 해석을 공통분모를 찾아내어야 하는데, 이렇게 해서 수용자와 광고 텍스트 사이에 간격 메우기(gap filling)를 하는 것이다.

8) 마케팅적 비평

마케팅적 비평이 비평의 방법론으로 과거부터 존재했다는 문헌은 찾아보기 어렵다. 필립 도허티(Philip Dougherty)가 1985년 『뉴욕타임즈(New Your Times)』 전국판에 'Advertising; A Marketing Critique'이라는 글을 기고했는데, 여기에서 'Marketing Critique'은 마케팅 비난이라는 의미로 사용되었다(Dougherty, 1985). 이를 비롯해서 마케팅 비평 혹은 'marketing critique'과 관련된 문헌은 대부분 비평방법이라기보다는 마케팅에 대한 부정적 시각을 반영한 내용들이다.

마케팅적 비평에 대해 김병희(2009)는 광고 텍스트의 내용이나 형식, 문화적인 영향력, 미학적 완결성에 대해서는 거의 주목하지 않고, 오로지 '광고가 상품을 팔아주었는가'라는 광고의 판매 기여도에 따라 광고 효과를 평가하는 비평방법이라고 설명하고 있다. 문화비평의 관점에서는 무미건조한 방법으로 보일 수 있으나 효과를 가장 큰 미덕으로 평가하는 광고의 기능에 비추어 볼 때 도외시할 수 없는 방법이라고 하였다.

같은 책에서 강승구(2009)는 마케팅적 비평을 다른 관점에서 접근하고 있다. 일반적으로 광고비평이라고 할 때 광고에 보내는 의혹과 비난의 시선들, 예를 들면 상품가격 상승, 시장독점 조장, 비정상적 구매, 충동구매, 귀족마케팅, 불공정거래행위, 부당 비교광고, 허위광고, 과대광고, 기만광고 등을 경계해야 한다고 하였다.

이것이 비평방법으로 받아들여지기 위해서는 효과에 대한 개념을 정리해야 할 필요가 있다. 광고효과는 단순히 판매로만 측정되지 않는다. 1961년 러셀 콜리(Russel H. Colley)가 개발한 고전적인 광고목표 모델인 DAGMAR(Defining Advertising Goals for Measured Advertising Results)에서 제시하고 있듯이, '인지(awareness) - 이해(comprehension) - 확신(conviction) - 행동(action)'으로 구분할 수 있다. 단순히 이 모델만을 고려하더라도 마케팅적 비평은 광고가 설정한 목표의 달성 여부(예: '인지'가 목표라면 인지를 구축했는지, 했다면 어떤 아이디어를 적용했는지, 소비자가 인지하는 텍스트나 이미지는 어떤 것인지, 왜 그것이 작동했는지, 그 함의는 무엇인지 등)를 비평의 내용으로 삼아야 할 것이다. 물론 판매(혹은 행동)가 목표라면, 단순히 판매에 도움이 되었는가 아닌가가 아니라 어떻게 판매에 기여했으며, 그 과정에서 비평해야 할 부분들을 찾아내야 할 것이다.

효과는 DAGMAR의 4단계로만 구분할 것이 아니다. 광고기획서에 '커뮤니케이션 목표' '크리에이티브 컨셉트' 등으로 표현되는 정성적인 목표를 효과분석의 기준으로 삼을 수도 있다.

9) 담론분석

담론분석은 미셸 푸코(Michel P. Foucault)의 『지식의 고고학(L'archeologie du savoir)』(1969)에서 출발한 것으로 알려져 있다(문학이론연구회, 2002). 담론(discourse)이란 언어학적으로는 한 문장 이상으로 이루어져 의미를 이루는 집합체이다(Crossley, 2005). 원용진(1999)은 담론은 중립적인 말이나 글이 아니라 의도를 가지고 하는 말이나 글이라고 정의하였다. 정승혜(2015)는 담론분석의 특성과 광고 연구 분야에서의 유용성을 다음과 같이 정리하고 있다.

첫째, 담론분석은 사회과정이나 사회문제의 언어적이고 기호적인 측면들을 분석하는데, 그 초점은 언어나 언어 사용 자체가 아니라 사회적이고 문화적인 과정과 구조가 가진 언어적 특성에 있다.

둘째, 담론분석을 이해할 때 중요한 것은 담론이 사회와 문화를 구성한다는 것이다. 담론을 통해 구성되는 영역은 재현(representation), 사회적 관계(social relation), 정체성(identity)이다. 예를 들어, 광고에 등장한 스포츠카는 '멋있는 인생'으로 재현된다.

셋째, 담론분석에서 다루는 담론은 맥락에서 벗어나서 생산되는 것이 아니므로 맥락을 고려해야 하는 역사적인 것이다.

넷째, 담론분석은 해석적이면서 설명적인데, 정보의 양과 종류에 따라 다양한 방식으로 해석될 수 있다.

다섯째, 담론분석은 언어에만 주목하지 않고, 커뮤니케이션의 맥락들, 즉 어떤 사람이 누구와 왜 소통하는지, 어떤 사회와 상황에서 어떤 미디어를 이용하는지 등과 의사소통 주체들의 상호관계들에 대해 고찰한다.

김병희(2009)는 담론분석이 메시지의 특성이나 이데올로기적 판단 같은 텍스트의 내용에는 거의 주의를 기울이지 않는 대신, 광고를 구성하는 담론의 구조와 메시지 전달 형식에 대해 구체적으로 분석한 다음, 각 구성요소들의 맥락관계를 형성하는 내적 원리를 담색하게 된다고 정리하였다.

10) 정신분석학적 비평

정신분석학자인 지그문트 프로이트(Sigmund Freud)는 신경과의사로서뿐 아니라 여러 편의 에세이를 출판한 저술가이기도 하다. 자신의 정신분석이론을 문학과 예술 작품 분석에 적용한 저술들이 정신분석학적 비평의 시작이다. 칼 융(Carl Jung)은 집단 무의식 개념을 접목하여 프로이트의 정신분석학적 비평의 방향을 바꾸어 놓았으나, 그렇다고 프로이트의 개념들이 자리를 잃은 것은 아니었다. 1960년대에는 자크 라캉(Jacques Lacan)이 구조언어학적인 정교함을 더해 정신분석학적 비평의 내용을 풍부하게 하였다.

마르크스주의 비평가들이나 페미니즘 계열의 비평가들에게 지나치게 개인 중심적이라거나 가부장적이라는 등의 비판을 받고는 있다. 그러나 무의식의 세계를 작품 비평에 접목한 점에서는 독특하면서도 강한 설득력이 있어서 오늘날에도 중요한 비평방법으로 사용되고 있다.

특히 소비자의 심리를 겨냥한 광고에서는 그 심리를 분석하는 정신분석학적 접근이 매우 유용하다고 할 수 있다. 성, 방어기제, 집단 무의식, 상징계 등의 개념들은 광고 텍스트를 분석하는 데 효과적으로 적용된다. 이러한 개념은 수용자의 내면(실제로는 제작자의 내면일 가능성이 더 큼)이나 인간의 욕망 구조 등에 대한 설명력이 매우 높다.

6. 광고읽기와 광고비평

초등학교 국어활동 6-1에 '광고읽기' 단원이 있는데, '광고의 표현 특성 알기'와 '광고를 보고 신뢰성을 평가하는 방법 알기'로 구성되어 있다. 신뢰성 평가의 수업 목표는 "광고를 비판적으로 읽을 수 있다."라는 내용이 있다. 그 이유로 "광고에 허위 · 과장 광고가 많고, 잘못된 정보로 소비자가 잘못된 판단을 할 수 있으므로, 바른 선택을 위해 광고의 비판적 읽기가 필요하다."라고 하고 있다. '비판적 읽기'란 결국 광고의 허위와 과장을 가려내는 판별을 의미한다. 어떤 시각으로 접근하든, 바른 소비를 위해서나 커뮤니케이션 능력 향상을 위해 광고를 읽는 제대로 읽는 교육은 반드시 필요하다.

중학교 1학년 국어 교과서(창비, 2012)에는 '광고비평' 단원이 있다. 내용은 인쇄광고 또는 TV 광고의 캡처 이미지를 제시하고, 각 질문에 대한 자신의 생각을 기술하는 것인데, 그 문항은 다음과 같다.

[그림 10-1] 대한항공 케냐 직항 광고

1. 광고 내용과 기획 의도를 파악해 보자.

- 광고에서 소개하는 상품은 무엇인가?
- '진짜가 왔다. 대한항공 아프리카 케냐 직항'이라는 문구의 의미는 무엇일까?
- 광고제작자는 이 광고를 통해 소비자에게 상품의 어떤 면을 특히 알리려 한 것일까? 추측한 내용을 서술하시오.

2. 위 광고에서 나타난 설득 전략을 파악해 보자.

- 광고의 주인공으로 내세운 대상이 누구인지 쓰시오. 그것을 주인공으로 삼았을 때 얻을 수 있는 효과는 무엇일까?
- 소비자가 광고를 더욱 인상 깊게 받아들이기 위해 광고 제작자가 사용한 방식은 무엇일까?
  - 이미지 사용 방식:
  - 글의 표현 방식:

이 교과서에는 이 단원의 내용을 '광고비평'이라고 했는데, 어떤 비평방법이 적용된 것일까? 앞서 제시한 10가지 광고비평방법 중에서 찾기보다는 '광고읽기'라고 분류하는 것이 더 적합하지 않을까 한다.

이희복과 권혁렬(2009)도 '광고비평'이라는 말과 '광고읽기'라는 말을 거의 대등한 개념으로 사용하고 있다. 특정 광고물을 비평한다기보다는 '광고를 어떻게 만들어야 하는가?' '광고의 작동 원리는 무엇인가?' '광고의 트렌드는 어떠한가?' '어떤 접근이 필요한가?' 등을 주제로 삼고, 거기에 맞는 광고들을 예시하는 형식을 취하고 있다([그림 10-2] 참조). 광고인에게는 광고 크리에이티브의 접근방법을 일깨워 주고, 소비자에게는 광고를 보는 시각을 열어 주는 책이라고 할 수 있다.

강준만과 전상민(2007)의 『광고, 욕망의 연금술』에서는 1990년대의 광고를 연도별로 4~7편씩 모두 53편을 다루고 있는데([그림 10-3] 참조), 이들에 대한 접근방법도 기존의 문예비평방법 중 어느 하나라고 콕 집어서 이야기하기는 어렵다. 말 그대로 특정 광고물들 살펴본 것인데, 어떤 광고가 나온 배경에 대한 논의가 있다는 점에서는 역사비평이라고 할 수도 있을 것이다. 실제로 머리말의 제목이 '광고는 역사

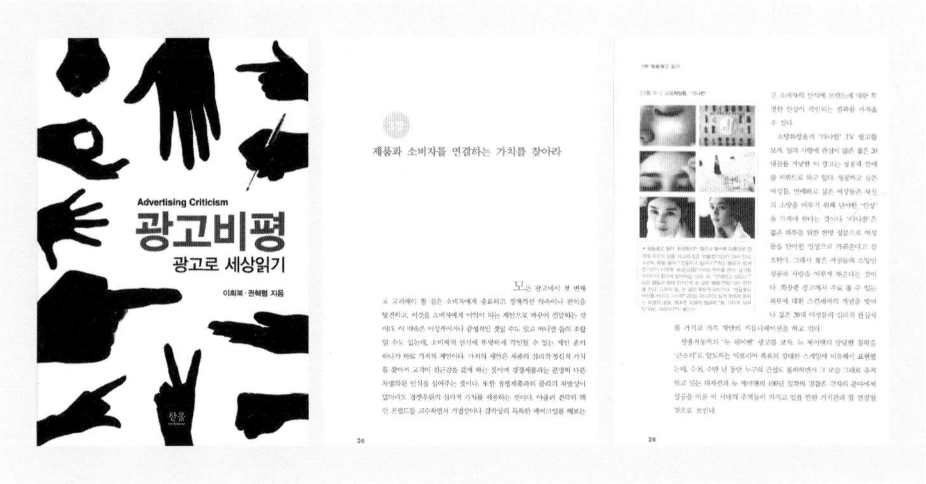

[그림 10-2]『광고비평』(이희복, 권혁렬, 2009)의 표지와 내용 일부

[그림 10-3]『광고, 욕망의 연금술』(강준만, 전상민, 2007)의 표지와 내용 일부

다'이다. 그렇다고 역사비평이라고 하는 것은 적절하지 않은 듯하다. '광고, 욕망의 연금술'이라는 제목이 주는 선입견—이를테면, 소비 욕구 충족의 도구라거나 물신주의를 조장한다거나—과는 달리, 광고의 역사적 가치, 광고의 문화적 지위, 사회 형성과 정의 기능 등에 초점을 두었다. 특정 광고를 이해하는 데 혹은 그 광고가 발표

된 시기의 사회 상황이나 기업 상황을 이해하는 데 유용하다는 면에서 보면 광고 리터러시에 도움을 준다.

한국방송광고공사에서 발행했던 광고전문지 『광고정보』에 연재된 '세기의 대결'이라는 코너는 모두 세 편의 책으로 출판되었다. 『아트와 카피의 행복한 결혼』(제일기획 홍보부, 1994), 『아트와 카피의 행복한 결혼 II』(제일기획 홍보부, 1995) 그리고 『광고로 배우는 광고』(차유철, 2001)이다. '세기의 대결'이라는 코너 제목에서 알 수 있듯이, 세계적으로 유명하면서도 경쟁 관계에 있는 두 브랜드의 광고를 평가하는 내용이다. 광고를 정신분석학, 페미니즘 혹은 이데올로기적으로 보는 대신에, 주로 그 광고들이 가진 의미, 크리에이티브의 독특함이나 적절함 등을 광고인의 입장에서 해설하고 있다.

차유철(2001)의 『광고로 배우는 광고』에는 "어느 자리에서 필자의 다음 번 꿈이 'Ad. J'라고 했더니 고개를 갸우뚱하는 사람이 많았다. DJ, VJ도 있는데 '애드 자키' 라고 없으란 법도 없다. 점잖게 '광고평론가'라고 할 수도 있겠지만 굳이 Ad. J라고 한 이유가 있다. 만일 이번 광고들을 '콜롬비아 커피는 모자 쓴 사나이와 노새를 브랜드 캐릭터화한 브랜드 이미지 전략을 구사하고 있다. 캐릭터를 기호학적인 측면에서 고찰해 볼 때…' 그러나 정작 광고들은 난해한 평과는 달리 보는 사람들에게는 쉽고 재미있다. 쉬운 광고들인 만큼 쉽게 이해할 수 있게 하는 해석이 필요하다. … 광고의 진정한 가치를 알아주기를 바란다. 사람들의 마음을 흔들고, 시장을 움직이고, 기업을 살리는 주체로서의 광고를"(p. 71)이라는 글이 나온다.

지원배(2012)는 네티즌의 댓글을 비평으로 간주하고 있다. 국문 초록에서 지원배는 "연구에서는 네티즌의 광고비평을 알아보기 위해 TV 광고 댓글을 분석하였다. 네티즌들이 많이 이용하는 TV-CF 사이트에 있는 댓글을 분석했으며 연구결과를 요약하면 다음과 같다. 네티즌들의 광고댓글 비평을 살펴본 결과, 댓글 길이가 온라인 특성상 단문의 형태가 많았으며, 이용자 반응 유형에서는 이성적 반응이 감성적 반응보다 많았고, 이용자 반응 영역에서도 주변적 속성보다 핵심적 속성이 많았다. 상호작용 유형에는 광고물 자체를 평가하는 텍스트 반응형이 많았다. 메시지 방향성에서는 긍정적인 글이 부정적인 글보다 많게 나타났다. 광고비평의 전문성에 따라 광고 댓글 유형이 차이가 있는지를 분석한 결과에서는 댓글 이용자 반응 영역과 메시지 방향성에 있어 차이가 나타났다."라고 하였다.

'광고읽기'와 '광고비평'은 '광고비평의 독자는 누구인가?'라는 질문과 함께 생각해 볼 문제이다. 광고의 가치를 어떤 판단 기준에 의해 체계적으로 평가하는 비평의 필요성과 중요성은 두말할 필요도 없다. 그러나 광고는 다른 문화예술과 분명히 다른 점들이 있는데, 몇 가지만 살펴보면 다음과 같다.

첫째, 대부분의 문학이나 영화, 예술작품들이 돈을 지불하고 구입하거나 누리거나 감상하지만, 광고는 무료로 제공된다. 오히려 광고를 보면 돈을 받기까지 한다.

둘째, 대부분의 다른 문화예술은 수용자들이 찾아서 누리지만 광고는 수용자들을 찾아온다.

셋째, 대부분의 문화예술 작품은 게시되는 미디어가 정해져 있지만, 광고는 특정 미디어에 국한되지 않기 때문에 어느 곳에서나 접할 수 있다.

넷째, 대부분의 문화예술은 수용자가 작가들의 의도를 그대로 해석할 필요가 없지만, 거의 대부분의 광고는 수용자가 제작자의 의도를 이해하지 못했다면 실패한 것으로 간주한다. 그만큼 이해하기 쉽다는 것을 의미한다.

다섯째, 대부분의 문화예술 작품들은 작가의 의도를 창의적으로 표현한 결과물이지만, 광고는 작가가 아니라 광고주의 의도를 창의적으로 표현한 것이다.

매클루언(Marshall Mcluhan)은 일찍이 광고의 가치를 높이 평가하였다. 그는 "광고는 현대사회의 지적 · 예술적 업적을 대표한다."(1953), "언젠가 역사학자들과 고고학자들은 우리 시대의 광고가, 어떤 사회에서든 모든 사회활동을 망라한 것들보다, 사회를 가장 풍부하고 가장 신뢰할 만한 반영물임을 알게 될 것이다."(1964), 그리고 "광고는 20세기 가장 위대한 예술 형태이다."(1976)라고 하였다(Uricchio, 2014에서 재인용). 이는 광고가 예술의 총합이라는 의미도 담고 있지만, 어느 문화예술보다 광범위한 영향력을 가졌음도 의미한다. 따라서 좋고 나쁨이나 미추를 판단하는 '비평' 못지않게 의미와 의의를 파악하는 '읽기'가 중요하다.

읽기와 비평이 구분해야 할 개념인지, 상호 배타적인 의미가 있는지는 입장에 따라 다를 수 있을 것이다. 비평활동이 활발했던 문화예술 영역들과 광고의 차이를 감안한다면, 광고에서는 비평의 범위를 학문적인 차원을 넘어서 해설적인 영역으로 확대할 필요가 있다.

참고문헌

제1장 광고와 소비

마정미(2004). 광고와 이데올로기 비평. 김영찬 편. 광고비평의 이해(pp. 146-171). 서울: 한울아카데미.

문영숙(2007). 잡지광고의 정보성 변화에 대한 시차분석연구. 언론정보연구, 43(2), 101-124.

박남훈(1999). 광고와 매스미디어: 후기자본주의의 문화논리. 부산: 세종출판사.

백선기(2010). 광고 기호학. 서울: 커뮤니케이션북스.

서울신문(2005. 12. 20.) '남자의 질투' 자동차광고 새 컨셉트로. https://www.seoul.co.kr/news/newsView.php?id=20051220027003

오두범(2003). 광고와 현대사회. 서울: 전예원.

Baudrillard, J. (1991). 소비의 사회 (*La Société de Consommation*). (이상률 역). 서울: 문예출판사. (원저는 1970년에 출판).

Galbraith, J. K. (2006). 풍요한 사회 (*The Affluent Society*). (노택선 역). 서울: 한국경제신문. (원저는 1958년에 출판).

Goldman, R. (2006). 광고에서 사회를 읽는다 (*Reading Ads Socially*). (박주하, 신태섭 공역). 서울: 커뮤니케이션북스. (원저는 1992년에 출판).

Lewis, J. (2016). 소비자본주의를 넘어서: 뉴스와 광고는 상상력을 어떻게 제한하는가 (*Beyond Consumer Capitalism: Media and the Limits to Imagination*). (엄창호 역). 서울: 커뮤니케이션북스. (원저는 2013년에 출판).

O'Guinn, T., Allen, C., Scheinbaum, A. C., & Semenik, R. J. (2019). *Advertising and Integrated Brand Promotion* (8th ed.). Boston: Cengage Learning.

Resnik, A. & Stern, B. L. (1977). An analysis of Information content in television advertising. *Journal of Marketing, 41*(Jan.), 50-53.

Toynbee, A., Levitt, T., & Dillon, T. (2005). 광고에 대한 3가지 견해. (신인섭 편역). 서울: 커뮤니케이션북스.

AHC 공식 유튜브 채널(youtu.be/iQwigOG4MPo)

CJ제일제당 공식 유튜브 채널(youtu.be/GliwB03Fl_A)

LG전자 공식 유튜브 채널(youtu.be/MuIJyrgejDs)

교원웰스 공식 유튜브 채널(youtu.be/sy3yAovxvhO)

내셔널지오그래픽 어패럴 공식 유튜브 채널(youtu.be/d0jygMyeJ9A)

래미안 공식 유튜브 채널(youtu.be/jBYAVN7bqdQ)

유한양행 공식 유튜브 채널(youtu.be/aAitIyB9mqI)

한섬 홈페이지(www.thehansome.com)

한율-아모레퍼시픽 홈페이지(www.hanyul.co.kr)

제2장 광고와 어린이

김경희, 강금지(1997). 어린이 시간대 식품광고에 대한 어린이들의 수용 태도. 한국조리과학회지, 13(5), 648-660.

김국진(2012). 어린이 · 청소년 TV 보호법 제정 시급하다. 미디어미래연구소 뉴스레터 6호(2012. 10. 22.), 1-4.

김봉철, 안주아(2015). 인터넷상의 선정적 광고 제재 방안 연구. 방송통신심의위원회.

김희정(2003). 어린이 TV 광고에 나타나는 소비자 정보에 관한 연구. 한국방송학보, 17(1), 39-74.

남경태, 김봉철(2004). TV 광고에 등장하는 어린이 모델의 표상에 관한 내용 분석. 광고연구, 3, 55-77.

보건복지가족부(2005). 국민건강영양조사 보고서.

유진희(2019). 이달의 이슈2 '키즈 콘텐츠' 산업을 이끄는 성장요인과 향후 발전을 위한 과제. 웹진 문화관광, 2019년 2월호.

윤지현, 정상진, 이수경, 김효규(2015). 고열량 · 저영양 식품의 TV 광고 제한과 어린이 비만의 관계에 관한 연구. 식품의약품안전평가원 보고서.

윤희중(1991). TV 광고가 어린이 및 청소년에게 미치는 영향에 관한 연구 : 어린이 및 청소년의 소비성향에 미치는 영향을 중심으로. 광고연구, 10, 205-265.
이정은(2019. 1. 21.). 키즈산업 성장세에 관련주도 '상승세'. 파이낸셜뉴스.
임지혜, 엄소명, 이정욱(2015). 어린이 TV 광고를 활용한 미술비평 활동과정에서 나타난 성역할 고정관념에 대한 사례연구. 유아교육학논집, 19(6), 267-289.
정만수(1999). 광고와 어린이. 조재현 외. 글로벌시대의 광고와 사회. 서울: 한울아카데미.
정은혜(2019. 7. 23.). 月수익 36억 6세 유튜버 보람이, 95억 청담동 빌딩 매입. 중앙일보.
조재영(2014). 광고의 브랜디드 엔터테인먼트 전략. 한국산학기술학회 편. 2014년 한국산학기술학회 학술대회논문집(pp. 480-482). 한국산학기술학회.
지원배(2019). 엔터테인먼트. 김유미 외. 전략적 커뮤니케이션(pp. 199-225). 서울: 한경사.
한상필, 지원배(2010). 어린이 대상 식품광고의 현황과 내용분석 연구. 광고학연구, 21(4), 95-114.
현대리서치(2006). TV 시청형태 연구. 서울: 현대리서치.
현은자, 이은영, 김가영(2015). TV 상업 광고에 등장하는 어린이와 성인 모델의 이미지 분석. 한국콘텐츠학회논문지, 15(1), 44-54.
현은자, 이은영, 이나은, 김가영(2014). 퍼스의 기호학적 관점에서 바라 본 TV 광고 속 이미지와 어린이 모델의 역할 분석. 한국HCI학회 학술대회, 1217-1220.

Atkin, C. (1975). *The Effects of Television Advertising on Children: First Year Experimental Evidence*. Department of Communication. Michigan University.
Bever, T., Smith, H., Bengen, B., & Jehnson, T. (1975). Young viewers' troubling response to TV ads. *Harvard Business Review, 53*(6), 109-120.
Food Standards Agency (2005). *Nutrient Profiles: Development of Final Model* (Final Report).
Hawkes, C. (2004). *Marketing Food to Children: The Global Regulatory Environment*. World Health Organization.
KOBACO (2005). 2005년 어린이 조사. 서울: 한국방송광고공사.
Oswald, L. R. (2013). 마케팅 기호학 (*Marketing Semiotics: Signs, Strategies, and Brand Value*). (엄창호 역). 서울: 커뮤니케이션북스. (원저는 2012년에 출판).
Sheikh, A. A., & Moleski, L. M. (1977). Conflict in the family over Commercials. *Journal of Communication, 27*(1), 152-157.
Ward, S., & Wakman, D. (1973). Children's information processing of television advertising In P. Clarke (ed.), *New Models for Mass Communication Research*. Beverly Hills, CA: Sage.

Winick, C., Williamson, L., Chuzmir, S., & Winick, M. (1973). *Children's Television Commercials: A Content Analysis*. New York: Praeger.

보람튜브 유튜브 채널(www.youtube.com/channel/UCU2zNeYhf9pi_wSqFbYE96w)
TVCF 홈페이지(www.tvcf.co.kr)

제3장 공익광고

공보처(1997). 공익광고에 대한 광고전문가 의견조사. 공보처.
권중록(1997). 공익광고의 메시지 전달유형에 따른 의제설정 효과. **광고연구**, 8(2), 67-86.
권중록(2002). 공익광고에 나타난 문화적 가치와 표현기법에 관한 연구. **광고연구**, 556, 127-159.
곽병우(2014). 도덕과 창의성 교육에서 공익광고의 활용. **도덕윤리과교육**, 43, 211-247.
김민기(2009). 우리나라 공익광고 발전방안에 관한 연구. **정치커뮤니케이션연구**, 14, 5-49.
김민기, 박기태(2005). 공익광고 발전방안에 관한 연구. 서울: KOBACO.
김병희(2011). 한국 공익광고 크리에이티브의 역사. 한국방송광고공사 공익광고국. 공익광고 30주년 기념 작품집: 1981~2011(352~358). 서울: 한국방송광고공사.
김병희(2012). 주제 변화와 수상실적으로 본 공익광고 크리에이티브 30년의 변화와 전쟁. **한국광고홍보학보**, 14(2), 242-264.
김병희(2016). **공익광고의 정석**. 서울: 커뮤니케이션북스.
김태철(1983). 우리나라 공익광고의 활성화에 관한 연구: 현 공익광고 실태를 중심으로. 홍익대학교 산업미술대학원 석사학위논문.
김성훈, 양병화(2005). **사회마케팅과 공익광고 캠페인**. 서울: 커뮤니케이션북스.
박원기, 김병희, 윤영태(2018). 비상업적 공익광고 제도개선 방안 연구. 서울: 방송통신위원회.
박지원(2014). 초등학교 다문화 인권교육을 위한 공익광고 활용방안 연구. 서울교육대학교 교육전문대학원 석사학위논문.
박찬표(2006). 광고의 공적 커뮤니케이션 기능에 대한 연구. 서울: KOBACO.
박혜영(2018). 공중관계(Public Relations)에 있어서의 공익성 개념화 및 척도개발 연구. 서강대학교 대학원 박사학위논문.
배찬수(2015). 기부문화 조성을 위한 공익광고 신 사업모델 수립. 한국방송광고진흥공사 창조조직 결과보고서.
서영택(2017). 유럽의 공익광고 현황. 한국방송광고진흥공사 창조조직 결과보고서.

우에조 노리오(2005). 공익광고 연구. 서울: KOBACO.
원우현, 김태용, 박종민(2001). 공익광고 활성화방안에 관한 연구. 서울: KOBACO.
유종숙(2004). 한국공익광고의 내용변천 연구: 20년간의 인쇄광고를 중심으로. 한국광고홍보학보, 6(2), 134-172.
윤석민(2008). 2008년 초 정권교체 시점의 방송통신 정책기구 개편을 둘러싼 논의의 혼선과 쟁점들. 언론정보연구, 45(1), 29-66.
이시훈(2002). 공익광고 제도개선 방안. 한국광고홍보학회 2002 춘계학술세미나 발표문.
이시훈, 박주하(2002). 비상업적 공익광고에 대한 개념정립 및 발전방안. 서울: KOBACO.
이정아, 문성환(2013). 초등학생의 환경소양 함양을 위한 교과연계 공익광고 활용 환경교육 프로그램개발. 한국초등교육, 24(4), 297-314.
이희복(2012). 광고활용교육(AIE)이란 무엇인가? 탐색적 접근을 중심으로. 한국광고홍보학보, 14(1), 160-181.
정한아(2013). 공익광고를 활용한 초등도덕과 수업방안 연구. 서울교육대학교 대학원 석사학위논문.
정홍균(2010). 사회질서를 주제로 한 TV공익광고의 의미작용 연구. 디자인학 연구, 23(4), 367-378.
하봉준, 한희정(2012). 공익광고 종합 발전방안 연구. 서울: KOBACO
한규훈, 김지은(2016). 어린이 대상 광고 리터러시 교육의 탐색적 접근. 광고PR실학연구, 9(4), 97-113.
한미정, 이영애, 김현정(2005). 해방 이후 공익광고를 통해 본 공공캠페인 이슈 변천에 관한 분석: 시기적 구분에 따른 주제의 특징을 중심으로. 한국광고홍보학보, 7(1), 239-275.
한은경(2015). 공익광고 관련 제도개선 방안 연구. KOBACO 2014-2015 공익광고 제도개선 연구반 결과보고서. 서울: KOBACO.
허췬포(和群坡, 2012). 중국 공익광고의 역사와 현황. 한국광고홍보학회 2012 추계학술대회 공익광고 특별세미나 자료집.

AC Japan (2016). ACジャパンの歷史.
Bagozzi, R. P., & David, J. M. (1994). Public service advertisements: Emotions and empathy guide prosocial behavior. *Journal of Marketing*, *5*(Feb.), 56-70.
Dilliard, J. P., & Peck, E. (2000). Affect and persuasion: Emotional response to public service announcements. *Communication Research*, *27*(4), 461-495.
Fedrick, T. (2008). Practicing professional communication principles by creating public service announcements. *Business Communication Quaterly*, *71*(1), 58-63.

Kotler, P. (1980). *Principles of Marketing*. Englewood Cliffs, NJ: Prentice Hall.
Kotler, P., & Roberto, E. L. (1989). *Social Marketing: Strategic for Changing Public Behavior.* New York: The Free Press.
Ad Council (2005). *PSA Official Campaign Guide*.
CGS (2018). Government communication service handbook. https://gcs.civilservice.gov.uk
IAA (1980). How advertisers present of view in public affairs. In C. Gilson & H. W. Berkman (Eds.), *Advertising Concepts & Strategies*. New York: Random House Inc.

Ac Japan(www.ad-c.or.jp)
Ad council(www.adcouncil.org)
한국방송광고진흥공사 홈페이지(www.kobaco.co.kr)

제4장 정부광고 제도의 함의

문재연(2016. 4. 24.). 일 NHK 최대 광고대행사, '파나마 페이퍼스' 개입설 확산. 헤럴드경제.
제일기획(2017). 광고연감.

Zenith Optimedia (2018).

「방송광고판매대행 등에 관한 법률」
「부기관 및 공공기관 등의 광고시행에 관한 법률」

제5장 불편광고

강문영, 지영수, 강학래(2016). 소셜미디어를 기반으로 하는 모바일 네이티브광고의 사용의도에 관한 실증적 연구. 광고학연구, 27(2), 7-28.
강준만, 박주하, 한은경(1994). 광고의 사회학. 경기: 한울.
금준경(2019. 7. 10.). 구글 '나쁜 광고' 차단 시작, '헬 게이트' 열리나. 미디어오늘.
김미경, 이혜규(2016). 정보 발신자 유형과 정보 속성 유형에 따른 네이티브 광고효과 연구. 광고학연구, 27(6), 29-49.
김성훈, 김지호(2004). 인터넷 광고에 의해 유도된 감정이 광고 효과에 미치는 영향. 광고학연구, 15(1), 115-130.
김옥조(2009). 미디어법. 서울: 커뮤니케이션북스.
김요한(2003). 광고매체별 광고회피 수준 및 광고회피 결정요인에 관한연구. 중앙대학교 대학원 박사학위논문.
김정아, 이천식, 이형석(2014). 소비자 갈등: 사생활침해 우려와 온라인 맞춤형 광고의 사용에 관한 미국 대학생들을 중심으로. 광고학연구, 25(2), 161-184.
미래창조과학부(2013. 10.). 인터넷 검색서비스 모범거래기준.
박재진, 이정교, 정영권(2010). 인터넷 광고에 대한 불쾌감 형성요인: 척도개발 및 타당성 검증을 중심으로. 미디어 경제와 문화, 8(3), 169-203.
방송통신위원회(2017. 5. 1.). 인터넷 콘텐츠를 가리는 '플로팅 광고' 운영실태 점검결과.
변혜민, 심성욱(2016). 소셜 네이티브 광고태도 및 효과에 관한 연구: 페이스북 스폰서 광고를 중심으로. 광고PR실학연구, 9(3), 26-48.
서상희(2017). SNS 인게이지먼트와 지각된 침입성이 소셜미디어 네이티브 광고의 광고회피에 미치는 영향에 관한 실증적 연구: 페이스북 네이티브 광고를 중심으로. 한국소통학보, 16(3), 151-196.
소현진, 박범순(2008). 수용자의 광고 태도가 광고 회피에 미치는 영향. 광고연구, 봄호, 115-142.
심성욱, 김운한(2011). 대학생들의 소셜미디어 이용동기가 소셜미디어 광고 이용의향에 미치는 영향. 한국광고홍보학보, 13(2), 342-376.
심진보(2007). 페이스북 광고 이기는 전략. 서울: e비즈니스북.
양윤직, 조창환(2013). 광고 매체별 광고회피 수준과 요인에 관한 연구. 광고연구, 92, 355-381.
온라인광고협회(2012). 온라인광고 실무가이드라인.
유봉석, 정일권(2015). 온라인 기사형 광고의 현황과 문제점에 대한 심층면담 연구. 한국언론학보, 59(4), 227-251.
윤명(2017). 온라인 불편광고 실태조사를 통해 나타난 문제점. 국회 온라인 불편광고 개선방안 모색을 위한 토론회 발제집.
이경렬, 이희복, 홍문기(2016). 온라인 불편광고에 대해 이용자들은 어떻게 인식하는가? 광고학연구, 27(5), 53-73.
이인성, 전종우(2013). 소셜미디어를 이용한 모바일광고가 제품태도에 미치는 영향: 수용자의 자기표현 욕구와 미디어 차이를 중심으로. 광고학연구, 24(3), 155-172.
이승영(2007). 인터넷광고의 크리에이티브한 변화. 한국디자인문화학회지, 13(2), 90-103.
이정아, 류지연(2005). 인터넷 광고회피에 대한 회피 수준과 회피 예측변인들의 영향력을 중심으로. 광고학연구, 16(1), 203-223.

이주희, 문장호(2015). SNS의 인지된 상업성이 사용자 반응에 미치는 영향. 광고연구, 107, 259-289.

제일기획(2019. 2. 19.). 대한민국 총 광고비 결산 및 전망 발표 보도자료.

최익성(2016). PC와 모바일에 나타난 소셜미디어의 광고 유형과 이용 동기에 대한 수용자 인식 연구. 옥외광고학연구, 13(1), 2-53.

최지윤, 정윤재, 이희복(2018). 소셜미디어 광고 불쾌감 형성 요인에 관한 연구: 척도. 개발을 중심으로. 한국광고홍보학보, 20(1), 214-249.

허준석, 강인규, 송용택(2013). 상생발전 기반의 인터넷 생태계 활성화 전략 연구. 정보통신책연구원 보고서.

홍종필(2009). 매체유형에 따른 소비자의 광고 회피 양상과 광고 회피 예측요인에 관한 연구. 광고학연구, 20(5), 181-212.

황준호, 김경은, 정은진(2016). 매체별 광고 규제체계 개선방안 연구. 방송통신위원회 보고서.

황진주(2002). 인터넷광고의 기능에 대한 소비자평가와 자율규제 방안 연구. 서울대학교 대학원 석사학위논문.

Alwitt, L. F., & Prabhaker, P. R. (1992). Functional and belief dimensions of attitude to television advertising: Implication for copywriting. *Journal of Advertising Research*, *32*(5), 30-42.

Bartra, R., & Ray, L. M. (1986). Affective response mediating acceptance of advertising. *Journal of Consumer Research*, *13*, 234-249.

Cho, C. H., & Cheon, H. J. (2004). Why do people avoid advertising on the internet? *Journal of Advertising*, *33*(4), 89-97.

Churchill, G. A. (1979). A paradigm for developing better measures of marketing constructs. *Journal of Marketing Research*, *16*(1), 64-73.

Damasio, A. R. (2002). How the brain creates the mind. *Scientific American*, *12*(1), 4-9.

Edell, J. A., & Burke, M. C. (1987), The power of feelings in understanding advertising effects. *Journal of Consumer Research*, *14*, 421-433.

Edwards, S. M., Li, H., & Lee, J. H. (2002). Forced exposure and psychological reactance: antecedents and consequences of the perceived intrusiveness of pop-up ads. *Journal of Advertising*, *31*(3), 83-95.

DMC (2016). 디지털 미디어 & 광고마케팅 종합보고서. 서울: DMC Media.

Fishbein, M. & Aizen, I. B. (1975). *Belief, Attitude Intention and Behavior, an*

Introduction to Theory and Research Reading. Masachusetts: Addison-Wesley.

Friestad, M., & Wright, P. (1994). The persuasion knowledge model: How people cope with persuasion attempts. *Journal of Consumer Research*, *21*, 1-31.

Ghose, S., & Dou, W. (1998). Interactive functions and their impacts on the appeal of Internet presence sites. *Journal of Advertising Research*, *38*(2), 29-43.

Higgins, E. T., Shah, J., & Friedman, R. (1997). Emotional responses to goal attainment: strength of regulatory focus as moderator. *Journal of Personality and Social Psychology*, *72*(3), 515-525.

Holbrook, B. M., & Batra, R. (1987). Assessing the role of emotions as mediators of consumer responses to advertising. *Journal of Consumer Research*, *14*, 404-420.

Katz, D. H. (1973). Television as a horseless carriage. In G. Gerbner et al. (Eds.), *Communications Technology and Social Policy*. New York: Wiley.

Kelly, L., Kerr, G., & Drennan, J. (2010). Avoidance of advertising in social networking sites: The teenage perspective. *Journal of Interactive Advertising*, *10*(2), 16-27.

Kramer, A. D., Guillory, J. E., & Hancock, J. T. (2014). Experimental evidence of massive-scale emotional contagion through social networks. *Proceedings of National Academy of Science*, *111*(24), 8788-8790.

Krugman, H. E. (1972). Why three exposures may be enough, *Journal of Advertising Research*, *12*, 1-14.

Lagneau, G. (2000). 광고사회학 (*La Sociologie de la Publicité*). (김혜련 역). 경기: 도서출판 한길사. (원저는 1977년에 출판).

Mackenzie, S. B., Lutz, R. J., & Belch, G. E. (1986). The role of attitude toward the ad as a mediator of advertising effectiveness: A test of competing explanations. *Journal of Marketing Research*, *23*(2), 130-143.

Milliman, R. E. (1982). Using background music to affect the behavior of supermarket shoppers. *Journal of Marketing*, *46*, 86-91.

Morimoto, M., & Chang, S. (2009). Psychological factors affecting perceptions of unsolicited commercial E-mail. *Journal of Current Issues and Research in Advertising*, *31*(1), 63-73.

Murry, J. P., Lastovicka, J. L., & Singh, S. (1992). Feeling and liking responses to television programs: An examination of two explanations for media-context effects. *Journal of Consumer Research*, *18*(4), 441-451.

PageFair (2016). *Mobile Adblocking Report*.

Peter, J., & Olson, J. (1999). *Consumer Behavior & Marketing Strategy*. London: McGraw Hill.

Plutchick, R. (1980). *Emotion: A Psychoevolutionary Synthesis*. NY: Harpercollins College Division.

Ray, M. L., & Webb, P. H. (1986). 3 Prescriptions for clutter. *Journal of Advertising Research*, *26*(1), 69-76.

Segars, A. (1997). Assessing the unidimensionality of measurement: A paradigm and illustration within the context of information systems research. *Omega*, *25*(1), 107-121.

Speck, P. S., & Elliot, M. T. (1998). Consumer perceptions of advertising clutter and its impact across various media. *Journal of Advertising Research, 38*, 29-41.

Walter, E. T. (1997). Classical mathematical physics dynamical systems and field theories-Springer.

Zajonc, R. B. (1980). Feeling and thinking: Preferences need no inferences. *American Psychologist, 35*(2), 151-175.

제6장 선정적 광고

강준만(2008). 선샤인 지식노트. 서울: 인물과 사상사.

고규(1995). 윤리적 판단성향에 따른 성적 소구광고에 대한 평가 연구. 연세대학교 언론정보대학원 석사학위논문.

김광수(1994). 광고비평. 서울: 한나래.

김경일(2004). 여성의 근대, 근대의 여성: 20세기 전반기 신여성과 근대성. 서울: 푸른역사.

김봉철, 김유미, 안주아(2016). 성적소구광고에 대한 제3자 효과가 규제인식에 미치는 영향: 성적 소구 강도(强度), 사회적 거리를 중심으로. 광고PR실학연구, 9(4), 39-61.

김요한(1999). 성적소구광고의 효과와 규제에 관한 연구. 광고홍보연구, 7(2), 181-194.

김지영, 김재휘, 차영란(2005). 성적 소구의 인터넷 배너 광고 효과: 남녀 성차를 중심으로. 한국심리학회지, 10(3), 321-344.

리대용, 이상빈(1999). 광고인지 광고에 대한 윤리적 판단. 광고학연구, 10(1), 211-222.

박수진(1998). 성적소구광고 효과에 관한 실증적 연구. 부산대학교 경영대학원 석사학위논문.

박유식(2011). 성적소구광고에서 신체노출과 은유의 효과차이. 충북대학교 산업과 경영, 24(1), 103-119.

박은아, 박창희, 박현수, 이호배(2003). TV프로그램과 광고의 선정성이 광고 시청률에 미치는 영향 연구. 광고학연구, 14(4), 123-147.

백선기(2015). 대중문화론. 서울: 커뮤니케이션북스.

이명천, 김요한(2013). 광고전략. 서울: 커뮤니케이션북스.

이명희, 차태호(2010). 주류광고에서 나타나는 섹스어필 사례에 관한 연구: 광고자율규제와 선정성 문제를 중심으로. 정보디자인학연구, 15, 153-166.

이보라(2019. 7. 12.). 소녀는 여자가 돼야 했다… 배스킨라빈스 광고, 진짜 문제는. 경향신문.

이영돈(2014). 영상 콘텐츠 제작 사전. 서울: 커뮤니케이션북스.

하승태, 박범길, 이정교(2010). 한국 지상파 텔레비전에 나타난 선정성의 유형 및 특성에 관한 연구. 한국방송학보, 24(1), 73-112.

Alexander, M. W., & Judd, B. B. (1978). Do Nudes in Ads Enhance Brand Recall? *Journal of Advertising Research*, *18*(1), 47-50.

Baker, M. J., & Churchill, G. A. (1977). The Impact of Physically Attractive Models on Advertising Evaluations. *Journal of Marketing Research*, *14*(November), 538-555.

Belch, M. A., Holgerson, B. E., Belch, G. E., & Koppman, J. (1981), Psychophysical and Cognitive Responses to Sex in Advertising. In A. Mitchell (Ed.), *Advances in Consumer Research*, 9(pp. 424-427). Ann Arbor, MI: Association for Consumer Research.

LaTour, M. S., & Tony, L. H. (1994). Ethical judgements of sexual appeals in print advertising. *Journal of Advertising*, *23*(3), 81-90.

Ogilvy, D. (2004). 광고 불변의 법칙 (*Ogilvy on Advertising*). (최경남 역). 서울: 거름. (원저는 2003년에 출판).

Peterson, R. A., & Kerin, R. A. (1977). The female role in advertisements: Some Experimental Evidence. *Journal of Marketing*, *41*(4), 59-63.

Raid, L. N., & Soley, L. C. (1981). Another lood at the decorative female model: The recognition of visual and verbal ad components. *Current Issues and Research in Advertising*, *3*, 122-133.

Reichert, T., & Alvaro, E. (2001). The effects of sexual information on ad and brand processing and recall. *Southwestern Mass Communication Journal*, *17*(1), 9-17.

Reichert, T., Heckler, S. E., & Jackson, S. (2001). The Effects of Sexual Social Marketing Appeals on Cognitive Processing and Persuasion. *Journal of Advertising*, *30*(1), 13-27.

Richmond, D., & Hartman, T. P. (1982). Sex Appeal in Advertising. *Journal of Advertising Research*, *22*(5), 53-61.

Severn, J., Belch G. E., & Belch, M. A. (1990). The Effects of Sexual and Non-Sexual Advertising Appeals and Information Level on Cognitive Processing and Communication Effectiveness. *Journal of Advertising*, *19*(1), 14-22.

Sciglimpaglia, D., Belch, M. A., & Cain, R. F. (1979). Demographic and Cognitive Factors Influencing Viewers' Evaluations of 'Sexy' Advertisements. In W. L. Wilke (Ed.), *Advances in Consumer Research, 6*(pp. 62-66). Ann Arbor, MI: Association for Consumer Research.

Steadman, M. (1969). How Sexy Illustrations Affect Brand Recall. *Journal of Advertising Research*, *9*(1), 15-19.

네이버(www.naver.com)

제7장 광고와 스테레오타입

김광옥, 하주용(2007). 지상파텔레비전 광고에 나타난 여성의 이미지. 한국언론학보, 51(2), 453-478.

김수아, 김세은(2017). 포스트페미니즘 시대의 광고와 여성 재현. 한국광고홍보학보, 19(2), 135-172.

김희정(2007). TV 광고에 나타난 성역할 이미지의 변화에 관한 연구. 한국방송학보, 21(4), 7-68.

문영숙(2014). 텔레비전 광고의 소수 인종 재현에 관한 연구. 한국소통학보, 23, 139-173.

박재영(2011). 역사교과서를 매개로 한 역사교육 주체들의 스테레오타입(Stereotype) 분석을 위한 시론. 다문화콘텐츠연구, 10, 119-163.

양정혜(2011). TV 광고가 재현하는 고령화 시대의 노인. 커뮤니케이션 이론, 7(1), 72-106.

이슬기, 백선기(2013). TV 광고의 성역할 표상과 이데올로기적 함의. 한국광고홍보학보, 15(4), 197-237.

현성용, 김교헌, 김미리혜, 김아영, 김현택, 박동건, 성현기, 유태용, 윤병수, 이봉건, 이순묵, 이영호, 이재호, 이주일, 진영선, 채규만, 한광희, 황상민(2015). 현대 심리학의 이해. 서울: 학지사.

Allport, G. W. (1954). *The Nature of Prejudice*. New York: Addison-Wesley.

Aronson, E., Wilson, T. D., & Akert, A. M. (2005). *Social Psychology* (5th ed.). Upper Saddle River, NJ: Prentice Hall.

Bandura, A. (2001). Social cognitive theory of mass communication. *Media Psychology, 3*, 265-299.

Courtney, A. E., & Lockeretz, S. W. (1971). A woman's place: An analysis of the roles portrayed by women in magazine advertisements. *Journal of Marketing Research, 8*(1), 92-95.

Folkes, V. S., & Kiesler, T. (1990). Social cognition: Consumers' inferences about the self and others. In T. S. Robertson & H. H. Kassarjian (Eds.), *Handbook of Consumer Behavior* (pp. 281-315). Englewood Cliffs, NJ: Prentice Hall.

Gantz, W., Gartenberg, H. M., & Rainbow, C. K. (1985). Approaching Invisibility: The Portrayal of. *The Elderly Market: Selected Readings, 763*(40), 120.

Gerbner, G., Gross, L., Morgan, M., & Signorielli, N. (1986). Living with television: The dynamics of the cultivation process. *Perspectives on Media Effects, 1986*, 17-40.

Greco, A. J., Johnson, E. B., & Swayne, L. E. (1997). Will older models turn off shoppers? *International Journal of Advertising, 16*(1), 27-36.

Greenberg, B., & Atkin, C. (1982). Learning about minorities from television: A research agenda. In G. L. Berry & C. Mitchell-Kerman (Eds.), *Television and the Socialization of the Minority Child* (pp. 215-243). New York: Academic Press.

Hall, S. (2001). *The Multicultural Question*. Pavis Centre for Social and Cultural Research, The Open University.

Harwood, J., & Giles, H. (1992). Don't make me laugh: Age representations in a humorous context. *Discourse & Society, 3*(4), 403-436.

Johar, G. V., Moreau, P., & Schwarz, N. (2003). Gender typed advertisements and impression formation: The role of chronic and temporary accessibility. *Journal of Consumer Psychology, 13*(3), 220-229.

Lafky, S., Duffy, M., Steinmaus, M., & Berkowitz, D. (1996). Looking through gendered lenses: Female stereotyping in advertisements and gender role expectations. *Journalism & Mass Communication Quarterly, 73*(2), 379-388.

Lippmann, W. (1922). *Public Opinion*. New York, NY: MacMillan Co.

Loken, B., & John, D. R. (1993). Diluting brand beliefs: when do brand extensions have a negative impact? *Journal of Marketing, 57*(3), 71-84.

Macrae, C. N., Milne, A. B., & Bodenhausen, G. V. (1994). Stereotypes as energy-saving devices: A peek inside the cognitive toolbox. *Journal of Personality and Social Psychology*, *66*(1), 37-47.

Mastro, D. E., & Stern, S. R. (2003). Representations of race in television commercials: A content analysis of prime-time advertising. *Journal of Broadcasting & Electronic Media*, *47*(4), 638-646.

Matthes, J., Prieler, M., & Adam, K. (2016). Gender-role portrayals in television advertising across the globe. *Sex Roles*, *75*(7-8), 314-327.

McArthur, L. Z., & Resko, B. G. (1975). The portrayal of men and women in American television commercials. *The Journal of Social Psychology*, *97*(2), 209-220.

Paek, H. J., Nelson, M. R., & Vilela, A. M. (2011). Examination of gender-role portrayals in television advertising across seven countries. *Sex Roles*, *64*(3-4), 192-207.

Putnam, H. (1975). *The Meaning of 'Meaning'*. Philosophical papers, 2.

Shrum, L. J. (1995). Assessing the social influence of television: A social cognition perspective on cultivation effects. *Communication Research*, *22*(4), 402-429.

Signorielli, N., & Bacue, A. (1999). Recognition and Respect: A content analysis of prime-time television characters across there decade. *Sex Roles, 40*, 527-544.

Simcock, P., & Lynn, S. (2006). The invisible majority? Older models in UK television advertising. *International Journal of Advertising*, *25*(1), 87-106.

Smythe, T. C. (1996). Growing old in commercials: A joke not shared. *Images that Injure: Pictorial Stereotypes in the Media*, 113-116.

Stroebe, W., & Insko, C. A. (1989). Stereotype, prejudice, and discrimination: Changing conceptions in theory and research. In *Stereotyping and Prejudice* (pp. 3-34). New York, NY: Springer.

Stuart Hall (1992). Race, Culture, and communications: Looking backward and rorward at cultural studies. *Rethinking Marxism*, *5*(1), 10-18.

Tajfel, H. (2001). Social stereotypes and social groups. In M. A. Hogg & D. Abrams (Eds.), *Key readings in social psychology. Intergroup relations: Essential Readings* (pp. 132-145). New York, NY: Psychology Press.

Taylor, C. R., & Stern, B. (1997). Asian-Americans: Television advertising and the "model minority" stereotype. *Journal of Advertising*, *26*(2), 47-61.

Taylor, S. E. (1981). A categorization approach to stereotyping. Cognitive processes in stereotyping and intergroup behavior, 832114.

Williamson, J. (1978). *Decoding Advertisements: Ideology and Meaning in Advertising*. New York, NY: Marion Boyars.

TVCF 홈페이지(tvcf.co.kr)
더 가디언 홈페이지(theguardian.com)
영국 광고기준위원회 홈페이지(asa.org.uk)
올웨이즈 홈페이지(always.com)
인디펜던트 홈페이지(independent.co.uk)
캠페인라이브 홈페이지(campaignlive.co.uk)
핀터레스트(pinterest.co.kr)

제8장 부당광고

김광수(1994). **광고비평 · 광고표현. 그 이론과 원칙**. 서울: 한나래.

김두진(2017). 소비자문제연구. **광고학연구**, 48(3), 157-186.

김상중(2011). 부당표시 · 광고에 대한 민사법적 규율: 그 내용과 한계에 관하여. 한국법제연구원 워크숍 자료집.

김태구(2000). 표시 · 광고의 공정화. 권오승 편저. **공정거래법강의II**. 경기: 법문사.

박성용(2007). 표시광고 규제 합리화 방안 연구. 한국소비자원 정책연구보고서.

박성용, 오동현(2017). 광고매체로서 인터넷 포털 사업자의 광고법상 법적 책임에 관한 연구. **소비자문제연구**, 47(1), 69-87.

성승제(2011). 상품과 서비스에 대한 표시 · 광고 공정화법 개선방안 연구. 한국법제연구원 연구보고서.

손수진(1996). 부당광고의 규제에 관한 연구: 독점 규제 및 공정거래에 관한 법률을 중심으로. **광고연구**, 32, 255-297.

신현윤(2010). **경제법**. 경기: 법문사.

심재원(2004). 부당광고 유형에 관한 소비자 인식 연구. 한양대학교 대학원 석사학위논문.

안승철, 장홍섭(1997). "부당광고에 대한 소비자 인식에 관한 조사 분석. **자원문제연구**, 16, 117-130.

유주선(2011). 독일 부정경쟁 방지법상 부당한 영업행위에 대한 논의. **경제법연구**, 10(2), 137-155.

육소영(2016). 비교광고, 경쟁 그리고 상표: 한국법과 미국법을 중심으로. **법학연구**, 47, 577-

605.
이병규(2010). 미국법상 부당광고의 범리에 관한 연구. 법조, 59(10), 222-260.
정원준(2014). 표시 · 광고 행위의 부당성 판단 기준. 법학논총, 38(4), 381-414.
조성국(2009). 부당한 표시 · 광고의 규제에 관한 연구. 법학논문집, 33(1), 171-194.
조재영(2017). 비교 광고의 효과와 규제에 대한 연구: 부당한 비교의 정의와 적용을 중심으로. 한국산학기술학회논문지, 18(3), 270-276.
최윤형, 변혜민(2017). 그대 말을 철석같이 믿었었는데 거짓말 거짓말 거짓말: 무첨가 표기 식품 광고와 개인 변인이 제품 태도 및 행동 의도에 미치는 영향. 광고홍보학보, 19(2), 300-331.

Arker, D. A., & Mayers, J. G. (1982). *Advertising Management* (2nd ed.). NJ: Prentice-Hall.
Vukowich, W. T. (2002). *Consumer Protection in the 21st Century: A Global Perspective*. New York: Transnational Publishers.

제9장 광고의 사회적 책임

박평록(2014. 5. 13.). 진정성 있는 사회공헌 활동. 경기일보.
박희봉(2009). 사회자본: 불신에서 신뢰로, 갈등에서 협력으로. 서울: 조명문화사.
안충영(2014. 9. 5.). 한국형 공유가치를 창조(CSV)할 때. 중앙일보.

Dan, S. (2018). Ethical marketing: 5 Examples of companies with a conscience. https://www.wordstream.com/log/ws/2017/09/20/ethical-marketing
Edelman (2014). Edelman Trust Barometer, Annual Global Study Report.
Fombrun, C. J., & Shanley, M. (1990). 'What's in a name? Reputation building and corporate strategy. *Academy of Management Journal*, *33*(2), 233-258.
Freeman, E. (1984). *Strategic Management: A Stakeholder Approach*. Boston: Pitman.
Hunt, S. D., & Vitell, S. (1986). A general theory of marketing ethics. *Journal of Macromarketing*, 5-16.
Kaletsky, A. (2010). *Capitalism 4.0: The Birth of a New Economy in the Aftermath of Crisis*. New York.
Lamb, C. W., Hair, Jr., Joseph F., & MaDaniel, C. (2000). *Essentials of Markeing*. Mason,

OH: South-Western Cengage Learning.
Parkinson, M. G., & Ekachai, D. (2014). 국제 PR 기획과 사례 (*International and Intercultural Public Relations: A Campaign Case Approach*). (오창우 역). 서울: 커뮤니케이션북스. (원전은 2005년에 출판).
Porter, M. E., & Kramer, M. R. (2011). How to reinvent capitalism-and unleash a wave of innovation and growth. *Harvard Business Review*, Jan.-Feb., 1-16.
Pride, W. M., & Ferrell, O. C. (2006). *Marketing-Concepts and Strategy*. Boston · New York: Houghton Mifflin Company.
Shabbir, H., & Thwaites, D. (2007). The use of humor to mask deceptive advertising. *Journal of Advertising, 36*(2), 75-85.
Shewan, D. (2018). Ethical marketing: 5 Examples of companies with a conscience. https://www.wordstream.com/log/ws/2017/09/20/ethical-marketing
Snell, R. (1993). *Developing Skills for Ethical Management*. London: Chapman & Hill.
Wikipedia (2019). Marketing ethics. https://en.wikipedia.org/wiki/Marketing_ethics

닥터브로너스 홈페이지drbronnerskorea.com/shopinfo/company.html)
탐스코리아 홈페이지(tomskorea.co.kr/giving)
파머다이렉트 공식 페이스북 페이지(facebook.com/farmerd:reet26)

제10장 광고비평의 실제

강승구(2009). 마케팅적 비평; 매출 증대와 사회적 책임 사이, 올바른 균형점을 찾아서. 김병희, 강승구, 원용진 공저. 광고비평방법. 경기: 나남.
강준만(1991. 6.). 광고는 비평의 사각지대. 시사저널.
강준만, 전상민(2007). 광고, 욕망의 연금술. 서울: 인물과 사상사.
김광수(1994). 광고비평. 서울: 한나래.
김병희(2009). 광고비평방법을 찾아서. 김병희, 강승구, 원용진 공저. 광고비평방법(pp. 29-35). 경기: 나남.
김성곤(2016). 포스트모더니즘 이후의 문예사조 11. 문학사상, 3월호.
김외곤(2006). 방송광고와 문학비평. 김병희, 윤태일, 마정미, 이희복, 정기현, 이재록 외 공저. 방송광고와 광고비평. 경기: 나남.
문학이론연구회(2002). 담론 분석의 이론과 실제. 서울: 문학과 지성사.

심상용(2017). 서울시립미술관 주최 '2017 한국 현대미술비평 집담회' 자료집.

안주아(2004). 애니메이션 영화 〈슈렉〉의 기호학적 분석-등장인물의 이미지 및 이데올로기를 중심으로. 사회연구, 8, 261-285.

오혜진(2016). 퇴행의 시대와 K문학/비평의 종말. 문화과학, 2016년 봄.

소영현(2017). 실천적 행위로서의 비평 혹은 독서. 올빼미의 숲. 서울: 문학과 지성사.

소영현(2019). 비평시대의 젠더적 기원과 그 불만. 문학은 위험하다. 서울: 민음사.

원용진(1997). 광고문화 비평. 서울: 한나래.

원용진(1999). 텔레비전 문화연구. 서울: 한나래.

원용진(2004). 미디어 비평의 이론적 논리: 세계의 미디어 비평. 한국언론재단 편. 경기: 한울아카데미.

이명재, 오창은(2009). 문학비평의 이해와 활용. 경기: 도서출판 경진.

이희복, 권혁렬(2009). 광고비평-광고로 세상읽기. 경기: 한울아카데미.

정승혜(2015). 광고연구의 질적 방법론. 서울: 커뮤니케이션북스.

정정호(1998). 전환기의 문학과 대화적 상상력(p. 158). 서울: 한신문화사.

제일기획 홍보부(1994). 아트와 카피의 행복한 결혼.

제일기획 홍보부(1995). 아트와 카피의 행복한 결혼 II.

조성애(2010). 신화학적 분석과 신화비평. 유럽사회문화, 4, 103-129.

지명혁(2000). 사회학적 비평방법을 통해 본 로베르 브레송의 영화. 영화교육연구, 2, 321-338.

지원배(2012). 네티즌의 광고비평에 관한 연구: TV광고 댓글을 중심으로. 광고PR실학연구, 5(1), 26-51.

진중권(2011). 진중권의 미학에세이-비평가는 누구인가. 씨네21, 2012. 11.

차유철(2001). 광고로 배우는 광고. 경기: 도서출판 양지.

창비(2012). 중학교 국어. 경기: (주)창비.

최창섭, 문영숙(1992). 광고비평에 대한 이론적, 방법론적 접근. 광고연구, 15, 205-209.

한국도서관협회(2010). 문헌정보학용어사전.

Batra, N. D. (1987). *The Hour of Television: Critical Aaproaches*. Metuchen, NJ: Scarescrow Press.

Berger, A. A. (2005). *Media Analysis Techniques* (3rd ed). London: Sage Publications.

Colston, E. W. (1962). Advertisng-A critic's view. *Journal of Marketing*, *26*(4), 10-14.

Crossley, N. (2005). *Key Concepts in Critical Social Theory*. London, UK: Sage.

De Tracy, D. (1801). *Les Éléments d'idéologie* (3rd ed). (1817). p. 4. cited by: Mannheim, K. (1929). *Ideologie und Utopie*, 2nd footnote in the chapter The problem of "false consciousness".

Dougherty, P. (1985. 2. 8.). Advertising: A marketing critique. New York Times.

Goldstein, L. F. (1982). Early feminist themes in french utopian socialism: The St.-Simonians and Fourier. *Journal of the History of Ideas, 43*(1), 91-108.

Hamilton, J. F., & Bodle, R. (2017). *Explorations in Critical Studies of Advertising*. New York, NY: Routledge.

Mannheim, K. (1929). *Ideologie und Utopie* (footnote).

Tyson, L. (2012). 비평이론의 모든 것 (*Critical Theory Today*). (윤동구 역). 서울: 엘피. (원전은 2006년에 출판).

Uricchio, W. (2014). The greatest art form of the twentieth century. *Journal of Visual Culture*, 2014. 3, 104-106.

History channel 홈페이지(www.history channel.com)

TATE 홈페이지(www.tate.org.uk)

The art story 홈페이지(www.theartstory.org)

노동자의 책 홈페이지(www.laborsbook.org/dic)

찾아보기

내용

❖ 저자 소개

이희복(Lee, Hee Bok)

현재 상지대학교 미디어영상광고학부 교수이다. 언론학박사(광고PR 전공)로 한국광고PR실학회 회장 · 편집위원장, 한국광고홍보학회 · 한국광고학회 편집이사와 편집위원, 공익광고위원, 미국 캘리포니아주립대학교 풀러턴 방문교수를 역임하였다. 한국광고자율심의기구 · 건강기능식품 광고심의위원, 행정안전부 · 대한적십자사 자문교수, KT스카이라이프 시청자위원, CJ영서방송 시청자위원장, 대학생 광고대회 집행위원으로 있다.

소현진(Soh, Hyeon Jin)

현재 성신여자대학교 미디어커뮤니케이션학과 교수이다. 고려대학교와 미국 조지아대학교에서 매스커뮤니케이션 석사 및 박사 학위를 취득하였고, 제일기획 마케팅팀에서 실무를 익혔다. 광고전략과 소비자 행동, 설득전략에 관한 여러 저서 및 논문을 발표하였다. 기업과 소비자 모두에게 도움이 되는 광고 · PR 실행에 관심이 많다.

지원배(Ji, Won Bae)

현재 한신대학교 미디어영상광고홍보학부 교수이다. 한양대학교에서 광고학으로 박사학위를 취득하였다. 락애드컴 브랜드전략연구소와 한라대학교 교수로 근무하였고, 한국광고학회와 한국광고PR실학회 총무이사로 활동하였다. 저서로『디지털 융합시대의 광고와 PR의 이론과 실제』(공저, 학지사, 2018)를 비롯한 여러 저서를 출간하였고,「영상광고 유형별 디지털 이용자의 댓글 내용분석에 관한 연구」(2018) 등 다수의 논문을 발표하였다.

서영택(Seo, Young Taek)

현재 한국방송광고진흥공사 미디어다양성팀 차장으로 재직 중이다. 연세대학교 언론홍보대학원, 한양대학교 언론정보대학원에서 광고홍보 전공으로 석사 및 박사 학위를 취득하였고, 중국 커뮤니케이션대학교(Communication University of China)에서 방문학자로 한 · 중 광고미디어 교류를 담당하였다. 중국광고, 공익광고, 기업PR광고 등에 관심을 두고 연구하고 있다.

최일도(Choi, Il Do)

현재 문화체육관광부 산하 준정부기관이자 정부광고 수탁기관인 한국언론진흥재단에서 정부광고 제도 및 정책 담당 연구위원으로 재직하며 정부기관 정책홍보 분야의 자문을 맡고 있다. 한국외국어대학교에서 광고학으로 박사학위를 취득하였다. 『언론사 통합 마케팅 방안』(공저, 한국언론진흥재단, 2016), 『정책브랜딩 방안』(공저, 한국언론진흥재단, 2014)을 비롯한 다수의 저서와 「미디어 수용자의 매체 소비 예측에 따른 정부광고 효율화 방안에 관한 연구」(2017) 등 30여 편의 논문이 있다.

안주아(Ahn, Joo Ah)

현재 동신대학교 상담심리학과 교수이다. 경희대학교에서 문학사와 언론학 석사 및 박사 학위를 취득하였고, 동신대학교에서 매스커뮤니케이션 및 설득커뮤니케이션과 마케팅 관련 과목을 가르치고 있다. 한국광고학회 및 한국광고PR실학회 부회장을 역임하였다. 소비자 심리와 뉴미디어 광고에 많은 관심을 가지고 연구하고 있으며, 『소셜 미디어 시대의 PR』(공저, 커뮤니케이션북스, 2015), 『조직커뮤니케이션』(공역, 커뮤니케이션북스, 2006) 등의 저서와 역서가 있다.

정승혜(Chung, Sung Hye)

현재 서울여자대학교 언론영상학부 교수이다. 한국외국어대학교, 런던정치경제대학교(LSE)를 거쳐 고려대학교에서 박사학위를 취득하였고, 한국광고학회 연구이사 및 한국광고PR실학회 편집이사를 역임하였다. 『광고 연구의 질적 방법론』(커뮤니케이션북스, 2015), 「이동통신 광고 15년, 그 변화와 의미: 1996~2012년 TV광고의 내용분석」(2013) 등 다수의 저서와 논문이 있다.

최민욱(Choi, Min Wook)

현재 남서울대학교 광고홍보학과 교수이다. 한양대학교 신문방송 학사, 한양대학교 광고홍보 석사 및 박사 학위를 취득하였다. 오리콤 광고기획 대리, 금강기획 광고기획 국장으로 근무하였다. 『미디어 경제와 문화』 편집장으로 활동하고 있으며, 주요 관심 분야는 뉴미디어 광고홍보, 광고 제도 및 정책, 브랜디드 콘텐츠 등이다.

오창우(Oh, Chang Woo)

현재 계명대학교 광고홍보학과 교수이다. 독일 보쿰(Bochum)대학교에서 언론학으로 박사학위를 취득하였다. 한국PR학회 부회장, 한국광고홍보학회 연구이사 · 총무이사, 대구도시브랜드위원회 자문위원 등을 역임하였다. 저서로 『소셜미디어와 기업의 평판 관리』(커뮤니케이션북스, 2019), 『연필로 쓰는 광고기획론』(개정판, 계명대학교출판부, 2018), 『마케팅이 강한 병원』(커뮤니케이션북스, 2016), 『로빙』(커뮤니케이션북스, 2015) 등이 있고, 논문으로는 「한국에서의 사회갈등 논의의 의미연결망 분석」(2017), 「공중의 심리적 기저 '인정받기'의 개념적 논의: 악셀 호네트의 '인정투쟁'을 바탕으로」(2017) 외 다수가 있다.

차유철(Cha, You Cheol)

현재 우석대학교 광고홍보이벤트학과 교수이다. 경희대학교에서 박사학위를 취득하였다. 오리콤, MBC애드컴, 금강기획에서 카피라이터 및 크리에이티브 디렉터로 18년 4개월간 근무하였고, 2002년부터 교수로 재직 중이다. 광고활용교육, 스토리텔링, 크리에이티브 등에 관한 저서 및 역서를 다수 출간하였다. 관심 분야는 광고심리, MICE산업, 옥외광고 등이다.

광고지성총서 03

광고와 사회 그리고 광고비평

Advertising, Society, and Advertising Criticism

2020년 1월 10일 1판 1쇄 인쇄
2020년 1월 20일 1판 1쇄 발행

지은이 • 이희복 · 소현진 · 지원배 · 서영택 · 최일도
안주아 · 정승혜 · 최민욱 · 오창우 · 차유철

펴낸이 • 김진환
펴낸곳 • (주) 학지사
04031 서울특별시 마포구 양화로 15길 20 마인드월드빌딩
대표전화 • 02)330-5114 팩스 • 02)324-2345
등록번호 • 제313-2006-000265호

홈페이지 • http://www.hakjisa.co.kr
페이스북 • https://www.facebook.com/hakjisa

ISBN 978-89-997-2003-1 93320

정가 18,000원

저자와의 협약으로 인지는 생략합니다.
파본은 구입처에서 교환해 드립니다.

이 도서의 국립중앙도서관 출판시도서목록(CIP)은 서지정보유통지원시스템 홈페이지(http://seoji.nl.go.kr)와 국가자료공동목록시스템(http://www.nl.go.kr/kolisnet)에서 이용하실 수 있습니다.
(CIP 제어번호: CIP2019045497)